동아시아사로 가는 길

트랜스내셔널 역사학과 식민지근대

동아시아사로 가는 길

윤해동 지음

책과함께

차례

머리말　7

서장 | 왜 동아시아인가?　19

동아시아, 어떻게 볼 것인가? | 동아시아란 무엇인가?

동아시아 논의의 흐름 | 아래로부터의 동아시아

1부 | 트랜스내셔널 역사학과 식민지근대

1장 방법론적 동아시아사 ― 트랜스내셔널 히스토리와 동아시아사　45

일국사를 넘어서 ― 트랜스내셔널 히스토리

국제관계사와 비교사 연구 비판 | 트랜스내셔널 동아시아사

2장 인식론적 동아시아사 ― 식민지근대 혹은 근대를 보는 눈　71

세계체제와 식민지근대 | 일국적 근대성 비판 | 전 지구적 근대성

2부 | 제국과 동아시아

1장 제국과 근대국가　101

머리말 | 근대제국 ― 중국과 일본의 경우 | '조선의 길'

2장 트랜스내셔널 동아시아와 한국　125

머리말 | '이주'하는 동아시아 | '교역'하는 동아시아

'소통'하는 동아시아　연동하는 동아시아의 근대적 변용

3부 | 동아시아와 한국

1장 동아시아 식민주의와 한국   157

식민지 지배와 '식민주의' | 일본의 동아시아 지배와 식민주의 | 21세기의 식민주의

2장 트랜스내셔널 한국사   187

머리말 | '자주와 종속' — 제국질서와 '조선'

'분리와 통합' — 제국과 '식민지 사회' | 제국과 조선

4부 | 동아시아의 기억과 평화

1장 동아시아의 기억을 만드는 방법   211

'기억의 터'란 무엇인가? | 만보산 사건과 동아시아 삼국인의 기억

해방 후 한국인들의 기억 | 동아시아 '기억의 터'를 위하여

2장 '평화헌법'과 동아시아의 평화   251

왜 평화헌법인가? | 일본의 해석개헌 | 평화헌법 | 동아시아

평화헌법을 '세계문화유산'으로 만들자

종장 | 냉전과 동아시아   281

다시, 트랜스내셔널 동아시아에 대하여 | 냉전과 동아시아

주   297

찾아보기   340

동아시아는 어디를 말하는 것일까? 조금은 이상하다 싶은 이 질문으로부터 이야기를 시작해보려 한다. '동아시아사'를 구성하는 지역, 곧 '동아시아'는 자연스럽게 전제되는 개념처럼 생각하기 쉽다. 동아시아 없이 동아시아사가 있을 수는 없을 터이므로, 이런 상상은 당연한 것처럼 보인다. 그러나 모든 '지역' 개념이 그러하지만, 동아시아라는 지역을 불변의 실체로 볼 수는 없다. 동아시아는 매우 구성적인 개념이며, 동아시아가 그런 만큼 동아시아사는 더욱 그렇다. 동아시아와 동아시아사가 가진 이런 개념의 속성을 이해할 때, '트랜스내셔널 동아시아사'라는 역사를 새로 구성해나갈 필요성도 이해할 수 있을 것이다.

다시 말하면 동아시아는 지구상의 어느 지역을 가리키는 것이 아니라, 동아시아를 말하는 사람들의 마음속에 존재하는 지리상의 지역을 지칭하는 것이 된다. 이를 심상지리 (imaginative geography)라고도 하는데, 심상지리로서의 동아시아는 이를 호명하는 주체와 시대에 따라 달라질 수 있음을 함의한다. 아시아는 처음에 유럽인들에 의해 호명되었으며, 동아시아는 미국의 냉전적 요구에 의해 경계지어지고 새로이 불리게 되었다. 하지만 아시아인들 스스로 이런 지역명을 자신의 이름으로 만들어나가지 않은 것은 아니다. 일본은 아시아와 '동양'을 자신의 목적에 걸맞게 경계지어 이름 붙였고 이를 적극적으로 활용했다. 그렇다고 이런 작업을 서구와 일본만이 해왔다고 할 수는 없다. 조금씩 차이는 있지만 모든 아시아인은 이런 작업에 참여해왔다. 아시아 혹은 동아시아는 아시아인들이 공동으로 참여해 만든 심상지리이기도 한 것이다.

이런 점에서 시대에 따라 동아시아의 지역 범위가 달라졌다는 것은 오히려 당연한 일이라 할 수 있다. 현재의 중국이 청 왕조 때 확대된 영역을 바탕으로 통치 범위를 확장함으로써 만들어졌다는 사실은 상식에 속한다. 시기를 거슬러 올라갈수록 중국이 지시하는 영역이 좁아진다는 것 역시 엄연한 역사적 사실이다. 이는 다른 나라의 경우에도 대부분 적용되는 사실이다. 동아시아라는 영역 또한 마찬가지다. '역사적 동아시아'는 넓어져왔다고 볼 수도 있지만, 호명하는 주체에 따라서는 좁아질 수도 있는 일이다. 예를 들어 동남아시아 혹은 베트남이 동아시아에 포함되느냐 아니냐 하는 문제는 역사를 기술하는 주체에 따라 달라질 수 있고, 그에 따라 동아시아라는 영역은 넓어지기도 하고 좁아지기도 하는 것이다.

다음으로 이 책을 끌고 가는 2개의 바퀴에 대해 말해둘까 한다. 하나는 '트랜스내셔널 히스토리(transnational history)' 그리고 그와 관련된 역사학의 방법론이고, 다른 하나는 '식민지근대(colonial modern)'라는 근대인식 혹은 시대인식과 관련한 인식론적 틀이다. 트랜스내셔널이라는 방법론과 식민지근대라는 인식론적 근거, 이 2개의 바퀴는 모두 근대 혹은 민족-국가 인식과 깊은 관련을 가지고 있다.

한때 민족주의의 유용성에 대한 논의가 무성했지만, 이제는 누구도 과도한 민족주의가 초래하는 부작용에 대해 이의를 제기하지 않는다. 하지만 아직도 민족주의는 '뜨거운 감자'처럼 놓아버릴 수도 그렇다고 쥐고 있기도 어려운, '고약한' 존재임이 분명하다. '트랜스내셔널'이라는 문제의식은 이런 점에서 유용하다. 민족주의가 입지한 문제의식을 살리되 그것을 넘어서보자는 의도를 담고 있기 때문이다. 트랜스내셔널이란 이처럼 일종의 '양다리 걸치기' 같은 것인데, 그것을 통해서 새로운 대안을 만들어보자는 의도를 담고 있는 것이다.

민족사 혹은 일국사를 넘어선 지점에서 비로소 성립할 수 있는 것이 '동아시아사' 같은 '지역사'라면, 동아시아사 인식과 기술에 트랜스내셔널 문제의식을 적극적으로 활용할 필요가 있다는 데는 누구라도 쉬이 동의할 것이다. 동아시아사의 무용성을 주장하는 사람이라면 모를까, 몇 개의 일국사를 모자이크하는 것으로 동아시아사가 성립한다고 생각할 수는 없기 때문이다. 여기에서 방법론적 동아시아사로서 트랜스내셔널 히스토리가 필요해지는 것이다.

그렇다면 식민지근대란 무엇인가? 식민지근대란, '근대성

(modernity)' 논의를 넘어선, 근대를 보는 새로운 시각을 담고 있는 논의다. 기존의 근대 논의는 대부분 일국적 차원의 근대성(national modernity) 논의에 기반을 두고 있었다. 반면 식민지근대 논의는 전 지구적 차원의 근대성(global modernity) 논의에서 출발한다. 따라서 식민지근대 논의는 근대 성립의 범위가 일국적 차원에서 이루어질 수 있다고 보지 않는다. 근대는 전 지구적 차원에서만 성립하는 것이고, 따라서 식민지 지배와 무관할 수 없다는 입장이다.

유럽의 근대가 식민지 지배와 관계없이 성립한 것이 아니라는 사실은 누구나 인정하면서도, 근대의 성립에 식민지도 큰 영향을 미쳤다는 데에는 수긍하지 않는 사람이 많다. 이런 근대에 대한 태도야말로 유럽중심주의의 영향으로부터 벗어나지 못한 것이 아니겠는가? 이런 태도에 대한 발본적인 성찰이 필요하며, 식민지근대 논의는 그런 반성으로부터 출발한다. 유럽의 식민지 본국과 식민지는 지배하고 지배받는 관계에 있었으나, 불평등하지만 서로 무역하고 소통하고 왕래했으며, 또 그런 교류를 통해 서로 영향을 주고받았던 것이다. 이런 본국과 식민지와의 상호작용 아래서 이루어진 근대가 바로 식민지근대인 것이다. 그러므로 유럽만이 향유한 근대는 없으며, 식민지만의 근대가 있었다고도 할 수 없다. "모든 근대는 식민지근대다"라는 명제는 이런 차원에서 타당한 것이리라.

이 책은 '트랜스내셔널 히스토리'와 '식민지근대'라는 2개의 바퀴로 굴러간다고 했다. '트랜스내셔널 히스토리'에는 '내셔널'이라는 전제조건이 필요하다. 그 전제조건을 구성하는 것이 식민지근대론이다. 내셔널 히스토리에 입각하면서 그것을 넘어서는 곳, 거기에 트랜스내셔널 히스토리가 자리하게 될 것이다. 따라서 내셔널한 근거가 마련되는 시기, 곧 '늦어도 16세기 이후, 이르면 11세기 이후의 동아시아사'에는 이런 2개의 바퀴를 적용할 수 있을 것이다. 거꾸로 그 이전의 동아시아사에는 이런 바퀴가 곧바로 적용되기 어려울 것이다. 이런 조건은 동아시아사가 세계체제에 기반을 둔 글로벌 히스토리의 한 구성요소가 됨을 의미하는 것이기도 하다. 이상의 논의가 이 책을 구성하는 가장 크고 중요한 문제의식이다.

이 책의 구성을 간단히 소개하겠다. 이 책은 서장과 종장을 포함하여 전체 4부, 10개 장으로 이루어져 있다. 서장에서는 동아시아란 무엇인가를 우선 살펴보았다. 앞에서 본 바와 같이 구성적 입장에서, 동아시아란 무엇인가를 이해하려 했다. 동아시아란 어떤 지역인가? 이에 관한 논의는 어떤 흐름을 형성하며 이어져왔던가? 앞으로 바람직한 동아시아를 만들어나가기 위해서는 무엇이 필요한가? 등에 대해 논의해보았다. 이는 동아시아사에 관한 논의를 전개하기 위한 전제가 되기 때문이다.

1부 '트랜스내셔널 역사학과 식민지근대'에서는 동아시아사를 '구성'하기 위한 방법론적·인식론적 접근방식에 대해 논의했다. 앞에서 이를 두고 이 책을 끌고 가는 '2개의 바퀴'라고 했듯이, 1장에서는 방법론적 전제를 트랜스내셔널 히스토리를 중심으로 논의했고, 2장에서는 식민지근대론을 중심으로 동아시아사에 대한 인식론적 바탕을 살펴보았다. 방법론적·인식론적 차원의 동아시아론이므로, 이에 관심을 가진 독자들은 이 부분을 정독하기를 권한다.

2부 '제국과 동아시아'에서는 근대 이후 제국과 국민국가의 관련성을 중심으로 동아시아 3국의 변화를 살펴보았다. 17세기 이후 만주족 왕조 청은 두 차례에 걸쳐 '근대제국'을 건설하려는 시도를 했으나 실패했다. 반면 일본은 19세기 후반 근대화와 함께 국민국가-제국을 건설하는 데 성공했으며, 조선은 식민지가 되었다. 식민지와 제국이 교차하는 이런 복잡한 동아시아의 근대를 특징짓는 것은 트랜스내셔널한 관련을 유지하고 있던 동아시아 네트워크였다.

3부 '동아시아와 한국'에서는 근대적 '식민주의'가 한국을 어떤 방식으로 변화시키고 있었으며, 그런 지배를 통해 한국은 스스로 어떻게 변화하고 있었는지를 살펴보았다. 동아시아에 제국질서가 형성되는 가운데 조선에는 근대국가의 위상이 구축되었으며, 이어 식민지 조선에 '사회적인 것'이 형성되면서 트랜스내셔널 사회가 만들어지게 되는 과정을 추적했다. 2부의 논의와 연결하여 이해하면 한국과 동아시아의 트랜스내셔널한 연계를 이해하는 데 도움이 될 것이다. 새로운 방식으로 '동아시아사'를 인식하고 기술해나가는 데 참조할 수 있을 것이다.

4부 '동아시아의 기억과 평화'에서는 아래로부터의 동아시아를 만들어나가는 데 중요한 두 가지 키워드, 기억과 평화를 이해하기 위한 두 편의 글을 실었다. 아래로부터의 동아시아를 만들어나가는 데서 동아시아 차원의 '기억의 터'를 만드는 것이 얼마나 중요한가를 '만보산 사건'의 사례를 통해 살펴보았다. 그리고 동아시아의 평화는 이미 일본의 '평화헌법'을 통해 커다란 발걸음을 떼었다는 사실을, 평화헌법의 성립과 그 유지를 위한 노력을 통해 이해하려 했다. 기억을 공유하는 '동아시아 기억공동체'를 만드는 일은 '평화로운 동아시아공동체'로 가는 튼튼한 토대가 되어줄 것이다.

약 7년 전 처음으로 이 책을 쓰겠다고 마음먹었을 때, 나는 동아시아사에 관한 입문서를 상상하고 있었다. 입문서라는 게 초심자를 위해 풀어쓴 책이라는 걸 염두에 두면, 이런 결정은 그다지 현실적이지 않은 것이었다. 우선 대중용 입문서를 쓸 만한 연구의 축적이 충분하지 않은 상황이었다. 게다가 대중서 혹은 입문서 같은 비연구자를 대상으로 하는 글을, 나는 그때까지 한 번도 써본 적이 없었다.

2011년에 나는 한양대 비교역사문화연구소(인문한국사업단) 소속으로 자리를 옮겼고, 그 때문에 사업단의 연구 어젠다였던 '트랜스내셔널 인문학'을 나의 연구 주제와 연관시킬 필요가 있었다. 이런 연유로 일단 '트랜스내셔널 역사학'이라는 분야를 주제로 삼되, 구체적인 분야는 동아시아사를 대상으로 하게 되었다. 따라서 동아시아에 관한 문제의식을 우선 학술적인 논문으로 쌓아나갈 필요가 있었다. 이 책의 바탕이 된 개별 논문들은 대개 이런 필요를 감안하여 쓰인 것들이다.

단행본 집필을 위한 전체적인 윤곽이 아직 희미한 상태에서 학술논문을 통해 문제의식을 확장하는 것은 생각만큼 쉬운 일이 아니었다. 입문서 혹은 길잡이로서의 형식을 갖추려 했으나, 전체적으로 일관성이 약한 것은 이 때문이다. 지금 와서 돌이켜보면, 오히려 항로 없는 동아시아사로 항해하는 데에 필요한 나침반, 또는 그게 아니더라도 미지의 영역을 더듬어나가는 데 도움이 되는 탐침(探針) 노릇이라도 하기를 바라고 있었다는 느낌이다.

이 책을 엮는 데 토대가 된 글들의 제목과 처음 발표된 지면은 다음과 같다.

① 〈강의: '동아시아 시민사회'의 형성과 동아시아공동체〉, 《근대역사학의 황혼》, 책과함께, 2010.
② 〈트랜스내셔널 히스토리의 가능성—한국근대사를 중심으로〉, 《역사학보》 200호, 2008(〈トランスナショナル・ヒストリーの可能性—韓國近代史を中心に〉, 《季刊日本思想史》 76, 日本思

想史學會, 2010(윤해동,《근대역사학의 황혼》, 책과함께, 2010 수록)).

③〈植民主義と近代〉, 國立歷史民俗博物館 編,《〈韓國倂合〉100年を問う》, 岩波書店, 2011.

④〈동아시아 식민주의의 근대적 성격〉,《아시아문화연구》22, 2011(윤해동,《탈식민주의 상상의 역사학으로》, 푸른역사, 2014 수록).

⑤〈만보산 사건과 동아시아 '기억의 터'—한국인들의 기억을 중심으로〉,《사이》14, 국제한국문학문화학회, 2013(윤해동 편,《트랜스내셔널 역사학 탐구》, 한양대학교 출판부, 2017 수록).

⑥〈동아시아사로서의 한국사를 보는 방법—제국과 근대국가 그리고 지역〉,《동북아역사논총》40, 동북아역사재단, 2013.

⑦〈트랜스내셔널 동아시아의 근대적 변용—한국사를 중심으로〉,《역사학보》221, 2014.

⑧〈日本の解釋改憲, 平和憲法, 東アジア〉,《思想》2015年 6月號, 岩波書店, 2015(〈일본의 해석개헌, 평화헌법, 동아시아〉, 윤해동 편,《트랜스내셔널 지구공동체를 향하여》, 한양대학교 출판부, 2017 수록).

또한 위의 글들 이외에도 여러 학술회의나 강의, 강연 등에서 발표한 자료들을 활용하고 있다. 이처럼 이 책은 여러 경로를 통해 이미 발표된 글들을 대거 활용한 것이다. 원문을 고치지 않고 거의 그대로 둔 부분은 4부의 1장 '동아시아의 기억을 만드는 방법'(17쪽의 5번 글)과 2장 "평화헌법'과 동아시아의 평화'(17쪽의 8번 글)뿐이다. 그 밖에 대부분은 부와 장의 구성에 맞게 새로 편집하고 또 보완하거나 삭제하고 수정했다. 일부 중복되는 내용이나 거슬리는 부분이 있더라도 널리 헤아려주시기 바란다. 깔끔하게 정리하지 못한 나의 책임이다.

한양대 비교역사문화연구소의 모든 임직원 및 교수님과 전현임 소장님께 마음으로부터 깊은 감사를 드린다. 이분들의 지원과 후의가 없었다면, 이 책은 출발도 하지 못했을 것이다. 이처럼 변변치 못한 결과로나마 고마움을 표하고 싶다. 그리고 오랜 시간 인문한국 연구지원을 담당해온 한국연구재단의 관계자들에게도 깊은 사의를 표한다. 마지막으로, 이번에도 좋은 편집과 장정으로 책을 만들어준 책과함께 편집부와 류종필 대표께도 심심한 감사를 드린다.

2018년 3월

윤해동

왜 동아시아인가?

동아시아, 어떻게 볼 것인가?

'동아시아사'를 말하기 전에 먼저 동아시아인들이 '동아시아'를 어떻게 보고 있는가를 살펴보아야 한다. 동아시아사 이전에 동아시아가 무엇인지 명확히 해둘 필요가 있기 때문이다. 동아시아를 보는 시각 가운데 아마도 일반 대중의 시선을 가장 강렬하게 끌어당기는 것은 반서구적인 문명담론의 모습을 띤 동아시아 논의가 아닐까 싶다. 이제 곧 동아시아 문명이 서구문명을 압도하고 서구보다 우위를 차지하는 시대가 도래할 것이라거나, 서양으로부터 '동양'으로의 대대적인 힘의 이동이 진행될 것이라는 논의가 있다. 동아시아 인들의 자의식을 만족시키는 이런 속류 동아시아 논의들은 탈냉전 이후 이른바 '아시아적 가치' 혹은 '옥시덴탈리즘'이 라는 이름으로 정치담론과 언론의 지면을 장식해왔다.[1] 마 하티르 빈 모하맛 전 말레이시아 총리와 이시하라 신타로 전 도쿄도지사의 논의도 이런 범주에서 크게 벗어나지 않 을 것이다.[2]

다음으로 주목할 필요가 있는 것은 동아시아 지역의 여 러 정부와 관변의 지식인들 사이에서 제기되는 국민국가 중 심의 다양한 논의가 아닐까 싶다. 언뜻 보아 반서구적 문명 담론에 기반한 위의 논의와 상당한 차이가 있는 듯하지만, 동아시아 지역 중심의 특수성을 내세운다는 점에서는 서로 상당한 유사성이 있다. 2000년대 초반 한국의 노무현 정권 시기에 제기되었던 '동북아 균형자론' 혹은 '동북아경제 중 심국가론'을 국민국가 중심적인 대표적인 사례로 들 수 있을 것이다. 그 구체적 현실성이나 가능성을 떠나, 이런 논의들 이 가진 함의는 적지 않을 것이다. 그럼에도 이런 논의들은 국민국가로서의 한국의 역할을 강하게 의식하고 있다는 점 에서, 지역으로서의 동아시아가 가진 가능성을 미리 제약해

버리는 측면도 없지 않다.

중국에서 제기되는 동아시아론은 대개 이런 종류의 것이 많은데, 대표적으로 옌쉐퉁(閻學通)의 논의를 들 수 있다. 옌쉐퉁은 중국이 주도하는 동아시아가 가까운 미래(2023)에 세계의 중심으로 우뚝 서게 될 것이라고 전망한다. 세계는 미국과 중국이라는 두 초강대국의 양극체제 혹은 G2체제로 전환하게 될 것이라는 주장이다.[3] 이런 가능성과 무관하게 시진핑(習近平) 집권 이래 중국의 공식 담론을 지지하는 논의 가운데 하나라고 해도 좋을 것이다. 현대 중국에서 유학이 부흥하고 보수주의와 민족주의가 강력하게 부상하고 있는 것도,[4] 다양한 개혁담론 혹은 동아시아 관련 담론들이 국민국가 중심의 논의를 지지하게 되는 것과 관련되어 있을 것이다. 21세기 중국은 과거 중화제국의 유산을 계승하여 새로운 제국으로의 변신을 시도하고 있으며, 시진핑 정권이 내세우는 이른바 중국몽(中國夢)은 또 다른 제국몽(帝國夢)이라는 해석이 지나쳐 보이지 않는 것은 이런 이유 때문일 것이다.[5]

이처럼 한편에서는 반서구적 문명담론의 모습을 띤 '동아시아' 중심의 '속류적' 논의, 그리고 다른 한편에서는 국민국가 중심의 '편의적인' 동아시아 지역 논의가 대중의 눈길을 끌어왔다고 할 것이다. 이런 와중에 지역 논의의 차분한 전개를 방해하는 또 다른 걸림돌이 있다. 바로 '아시아의 패러독스'와 관련한 것이다. 동아시아 지역의 경제적 상호의존에 상응하는 제도화가 이루어지지 않음으로써 그것이 초래하는 평화 효과(pacifying effect)가 매우 제한적이라는 논의가 바로 '아시아의 패러독스'다. 하지만 '아시아 패러독스'라는 개념 자체가 서구중심주의의 산물일 수 있음에 유의해야 한다. 동아시아 지역의 경제적 상호의존이 갈등을 완화하고 분쟁의 확산을 방지하는 데 크게 기여하고 있는 것 또한 명확한 사실이다.[6] 따라서 유럽연합(EU)을 정치통합이 우선하는 지역통합의 사례로 볼 수 있다면, 동아시아 지역의 경우 시장통합이 정치통합을 끌어가는 사례라고 보아야 할 것이다.[7] 동아시아는 유럽을 능가하는 경제적 상호의존 체계를 이미 만들어내고 있으며, 이에 따른 정치적 효과 역시 만만치 않다는 사실을 미리 확인해둘 필요가 있겠다.

21세기는 동아시아의 시대가 될 것이라고들 한다. 미국 중심의 세계가 쇠퇴하고 동아시아가 중심이 되는 시대가 도래할 것이라는 지적은, 동아시아 지역이 이미 북미·유럽과 아울러 세계경제의 3대 축을 형성하고 있으며, 앞으로 세계경제의 가장 역동적인 지역으로 부각될 것이라는 전망에 바탕을 둔 논의다. 앞으로 동아시아 지역이 세계경제의 견인차 역할을 담당할 것이라는 예상에 기반하고 있는 것이다. 인구와 경제의 규모 면에서 이미 동아시아는 세계에서 가장 규모가 큰 지역이다. 따라서 앞으로 이 지역이 경제적으로 통합될 뿐만 아니라 정치·군사적으로도 안정을 이루고 또 정치사회적 통합을 수행하게 되면, 동아시아가 지구의 중심이 되는 시대가 도래할 것이라는 예상은 그저 허황된 꿈이 아닐런지도 모른다.

돌이켜보면 한국전쟁 이후 비록 냉전이 강고하게 지속되었지만, 동아시아 지역은 오랜 기간 동안 평화를 유지했다. 이른바 '냉전 아래에서의 평화'라 하겠다. 물론 그 성격에 대해서는 논란이 있지만, 이런 장기간의 평화를 바탕으로 이 지역은 급속한 경제성장을 이룩할 수 있었다. 그리하여 냉전이 해체된 1990년대 이후 지역 내의 경제적 상호교류와 상호통합 역시 놀랄 만큼 빠르고 폭넓게 진행되고 있으며, 지역 내 각국의 상호의존도 매우 심화되고 있다. 이것이 바로 동아시아를 진지하게 논의해야 하는 현실적인 기반이다. 21세기 들어 세계는 유럽연합을 중심으로 전 지구적 차원의 '지역통합'이 확대되고 있다. 그 사이에 다양한 차원에서 진행되어왔던 동아시아의 지역통합 논의도 이런 세계적 추세와 무관하지 않다. 지역통합과 관련하여 '동아시아경제권', '동아시아경제공동체', '동아시아공동체' 등 다양한 층위에서 다채로운 논의가 이루어지고 있는 것은 매우 바람직한 일이다.

한편 1990년대 이후 무역과 자본 이동을 중심으로 한 경제 분야와 정치·군사 부문에서의 협력, 곧 위로부터의 동아시아 교류가 활발히 진행되어왔다. 현재 동아시아는 중국을 중심으로 비약적으로 무역을 확대하고 있으며, 그중에서도 역내무역, 곧 한-중, 중-일, 한-일 간 무역의 비율이 급속하게 상승하고 있다. 아세안(ASEAN, 동남아시아국가연합)을 포함하면 역내무역의 비중이 더욱 높아지고 있지만, 한·중·일 사이의 역내무역도 상당히 높은 편에 속한다. 동아시아 지역의 경제적 상호의존은 나날이 심화되고 있다고 하겠다. 아직 동아시아에서 역내투자의 흐름은 충분하지 않은 것으로 보이지만, 그것은 주로 일본의 지역 내 투자가 미비한 탓이다. 앞으로 동아시아 지역 내 다자간 FTA 체결이 마무리

된다면, 경제적 상호의존도는 더욱 심화될 것이다.

이 밖에 환경 분야, 에너지 분야, 농업 분야, 통화·금융 분야에서도 상호협력의 가능성이 매우 높다. 예컨대 '동아시아환경공동체'를 형성하는 것은 환경문제를 공동으로 해결하기 위해서 반드시 필요한 일이다. 예를 들어 중국 내륙지역의 사막화가 초래하는 한국과 일본의 미세먼지 혹은 황사 피해처럼, 동아시아가 공동으로 직면하고 있는 심각한 환경문제를 일국이 독자적으로 해결하기는 매우 어렵다.

또 다른 예로 '동아시아통화공동체'를 형성하려는 움직임은 이미 1990년대 말 동아시아 외환위기 때에 시작된 바 있다. 물론 중국의 주도로 2016년 AIIB(Asian Infrastructure Investment Bank, 아시아인프라투자은행)가 설립됨으로써 미국 주도의 통화체제에 대항하는 움직임이 나오긴 했으나, 이것이 곧바로 동아시아 지역의 통화체제 형성에 심대한 균열을 초래하는 것이라고 보기는 어렵다.

군사적·정치적 측면에서의 '동아시아공동안보협력체제' 형성은 경제 분야보다 상대적으로 뒤처진 것으로 보인다. 그러나 적대감을 고조시키는 '북한 핵문제'의 궁극적인 해결을 위해서라도, 동아시아 공동의 안보협력체제를 구성하려는 노력을 포기해서는 안 될 것이다. 지금까지 동아시아 공동의 안보협력체제를 구축하는 데 미국의 패권주의와 양자주의(bilateralism)가 가장 큰 걸림돌이 되는 것처럼 간주되기도 했다. 그러나 경제적 측면에서 공동협력이 진전되면, 정치적·군사적 분야에서의 협력도 진전될 가능성이 높다. 또 미국이 동아시아의 역내협력 체제에서 반드시 배제되어야 한다고 볼 수도 없다. 동아시아의 불안정한 군사적 상황으로 보건대, 미국의 군사력이 얼마 동안은 군사적 균형자 역할을 수행할 수도 있을 것이다. 그러나 북한 핵문제가 어떤 방식으로든 해결되고 이를 바탕으로 궁극적으로는 동아시아에 의한 동아시아의 안보협력체제를 구축하려는 시도가 필요하게 될 것이다.

그러나 더 중요한 것은 아래로부터 형성되고 있는 동아시아다. 1990년대 후반부터 '한류'가 동아시아를 강타하고 있다. 한류 이전에 이미 일류(日流)가 있었지만 한류만큼 주목받지는 못했다. 한류든 일류든 상업적 대중문화가 동아시아에 급속하게 확산되는 것은, 문화의 교류라는 점에서 대단히 바람직한 일이다. 한류를 자본의 논리가 관철되는 공간으로 방치해선 안 되는 것도 이 때문이다. 한국의 문화가 다른 지역으로 확산된다는 것은, 다른 나라의 문화를 한국에서도 수용하여 한국의 문화를 더욱 풍부하게 만들어나가야 한다는 것을 의미한다.

다른 한편 일본을 필두로 한국과 뒤이어 중국에서도 '인구의 노령화'가 급속하게 진행되고 있거나 진행될 것이다. 이에 따라 동북아시아 3국의 노동력이 감소하고 있거나 감소하게 될 것인바, 외부로부터 노동력을 수용하지 않으면 자국의 경제를 유지할 수 없게 된다. 이미 '고령사회'가 된 한국과 일본으로 유입되는 동남아시아 지역의 노동자들이 기하급수적으로 늘고 있다. 이런 점에서 동아시아는 이미 동남아시아를 적극적으로 포괄하는 지역으로 확대되고 있는 셈이다.

또 동아시아 각국의 지식인들과 문화인들의 교류도 활발하게 이루어지고 있다. 아직 높은 단계에 이르지는 못했지만, 다양한 수준에서 개별 국가를 넘어선 '동아시아인식공동체'가 형성되고 있는 상황이다. 이처럼 동아시아 역내에서는 이미 국경을 넘어 문화와 노동의 교류와 이동이 활발하게 이루어지고 있으며, 이를 바탕으로 각국의 시민사회는 이미 '다문화사회'로 변화하고 있다. 이런 여러 측면들이 아래로부터 새로운 동아시아가 형성되고 있다고 볼 수 있는 근거가 될 것이다.

최근 동아시아의 지역통합 논의를 주도하고 있는 것은 아세안이다. 아세안은 1967년에 지역협력기구로 만들어졌지만 그동안 큰 역할을 하지 못했다. 그러나 1990년대 후반부터 동북아 3개국, 즉 한국, 중국, 일본을 포함한 아세안+3 정상회의를 개최하면서, 중요한 역할을 수행하고 있다. 아래로부터 진행되고 있는 광범위한 노동과 문화의 교류를 감안한다면, 동북아시아만이 아니라 동남아시아까지 포괄하는 동아시아 지역통합 논의가 필요한 상황이라고 볼 수 있다.

동아시아공동체를 실현하기 위해서는 우선 경제 분야에서의 협력체제를 견고하게 만드는 것이 중요하다. FTA를 비롯한 폭넓은 경제협력을 중심으로 '동아시아경제공동체'를 형성할 수 있다면, 이를 바탕으로 정치·안보 면에서의 지역협력을 포함하는 '동아시아공동체' 구축에 대해 논의할 수 있게 될 것이다. 이런 점에서 현재의 상황이 매우 나쁘다고만 할 수는 없다. '아래로부터 형성되고 있는 동아시아'가 공고한 동아시아공동체를 구축할 수 있는 바탕을 마련해줄 것이다.

동아시아란 무엇인가?

'동아시아' 또는 동북아시아(그리고 동남아시아)라는 명칭은 실은 매우 모호한 것이다. 그 지역을 가리키는 경계가 명확하지 않기 때문이다. 동아시아라는 말에는 동북아시아와 동남아시아가 모두 포함되어 있다. 그러나 한국에서 동아시아라고 할 때에는 동북아시아를 지칭하는 경우가 많다. 동아시아라는 말을 쓰기가 거북한 경우에는 아시아·태평양 혹은 인도·태평양 등의 용어를 쓰기도 한다. 그럴 경우 미국이나 오스트레일리아 혹은 인도 등의 남아시아까지 포함하기 때문에 그 범위가 훨씬 더 광범위해진다.[8]

이처럼 동아시아 지역은 정치, 경제, 종교, 역사, 인종, 민족 등의 측면에서 매우 다양한 문화와 사회를 포함하고 있다. 여기에 전근대시기 중국이 오랫동안 유지해왔던 제국질서, 곧 '중화질서'와 근대 이후 일본이 전쟁을 통해 구축하려 했던 '대동아공영권' 구상이 환기하는 지배와 침략의 역사가 대중의 기억 속에 뿌리 깊게 남아 있다. 이런 현실적·역사적 조건이 동아시아 지역통합 논의를 가로막아온 것은 분명한 사실이다. 그러나 투쟁이나 갈등에 관해서라면 유럽연합의 역사적 기억이 동아시아보다 더 평화로운 것이라고 할 수는 없다. 요컨대 동아시아의 현실적·역사적 조건이 지역 통합이나 공동체의 형성에 현저하게 불리한 것은 아니라는 말이다.

'아시아'는 본래 '타자성'을 가진 말이다. 용어의 기원이라는 측면에서 타자성은 다시 두 가지 의미를 가진다. 첫 번째 의미에서의 타자성이란 이런 것이겠다. 아시아라는 용어는 아시아에 사는 사람들이 스스로를 규정하기 위해 만들어낸 것이 아니라는 측면에서 그렇다. 아시아는 유럽인들이 만들어낸 용어다. 아시아나 아프리카 같은 지역을 지칭하는 말은 대개 정치적 강자들이 만들어낸 정치적 고안물이다. 동남아시아와 동북아시아라는 지정학적 용어 역시 그런 기원을 가지고 있다. '동남아시아'라는 용어는 2차 세계대전 후 미국이 냉전구도에서 전략적 중요성을 고려해 만들어낸 것이다. 동북아시아라는 용어 역시 지정학적 의미를 반영하고 있는 냉전의 산물이다. 서구와 미국은 지역을 정의함으로써 세계를 자국의 의도대로 재편하고자 했다.

두 번째 의미에서의 타자성은, 일본이 자신들의 제국주의적 침략을 감추기 위해 아시아라는 말을 사용하면서 형성되었다는 것이다. 19세기 후반 일본은 제국주의적 팽창의 필요성에서 '(동)아시아' 또는 '동양'이라는 새로운 지역 개념을 만들어냈다. 요컨대 동아시아는 '일본의 오리엔트'로서 만들어졌던 것이다. 일본은 아시아를 주체적으로 근대화를 수행할 수 없는 지역으로 간주했다. 지리적으로는 아시아에 속하지만 문명적으로는 이미 아시아로부터 탈피한 일본에 의해서만 근대화할 수 있는 지역이 아시아인 것이다. 마찬가지로 예컨대 20세기 초 일본에서 만들어진 '동양사'는, 아시아 지역의 기원을 설명해줄 '역사 이야기'로 새로 만들어진 것이다. 일본인들은 자신들이 고안해낸 '동양사'가 서양 중심의 국제 위계질서를 대체할 수 있을 것으로 믿었다. 그리고 이런 논리는 나중에 대동아공영권의 침략논리를 설명하는 역사 이야기로 활용되었다.

일본이 아시아라는 말을 만들면서 역설적으로 일본의 정체성은 끊임없이 이중화했다. 이에 따라 일본인들의 정체성은 지속적으로 위협받았다. 일본은 제국주의 지배의 정당성을 확보하기 위해서 탈아입구(脫亞入歐)의 필요성을 강조했다. 그럼에도 진짜 서구인이 될 수 없는 현실에서 기인하는 깊은 열등감으로 괴로워했다. 한편 서구 제국주의와의 전쟁에 아시아인들을 동원할 필요가 있을 때에는, 일본을 중심으로 아시아인들이 단결함으로써 서구로부터 해방될 수 있다고 강변했다. 일본의 정체성은 서구와 아시아 사이를 왔다 갔다 하는 진자운동을 하고 있었다.

그러니까 아시아나 동양이라는 말은 서구의 식민주의 논리 혹은 일본 제국주의의 '식민정책학'이 만들어낸 일종의 '심상지리'였다. 아시아나 동양은 실재하는 지리적 개념이 아니라, 상상 속에서 만들어진 지역 혹은 지역질서였던 것이다. 지역을 가리키는 용어들은 이처럼 대개 강자들이 만들어낸 것이지만, 역사적 역학관계의 결과이자 자본주의 세계체제의 구조적 산물이기도 하다. 그리고 그 용어 속에는 지역민의 지향이 담겨 있다. 아시아 혹은 동양이라는 말에는 지배와 저항의 모순적인 역사적 현실이 담겨 있으며, 또한 그 경계도 끊임없이 유동하고 있는 것이다.

동아시아 논의의 흐름

전근대 동아시아 지역에는 중국 중심의 '지역적 보편질서'가 형성되어 있었다. 이를 흔히 '중화질서'라고 한다. 조공-책봉의 상호성을 바탕으로 하는 중화질서는 전근대 동아시아 사회에서는 왕조를 뛰어넘는 보편질서로 작동했다. 중화질서는 중국의 명 왕조, 곧 15세기 이후에 안정화되었으나, 17세기 이후에 일정한 변화가 발생한다. 이른바 '소중화사상'을 통해 중화질서의 변화 혹은 동요 현상을 살펴볼 수 있다.

소중화사상은 17세기 이후 중화질서의 주변에서 일반적으로 나타나는데, 이는 청 왕조 수립에 대한 대응의 하나로 이해할 수 있다. '청 왕조=야만'에 대한 강렬한 배척이 오히려 사라진 '명 왕조=문명'에 대한 강한 숭배로 이어졌다. 조선을 비롯하여 일본, 베트남(越南), 류큐(琉球) 등에서 동시적으로 이런 생각이 나타났다. 소중화라는 관념은 중화질서라는 지역적 보편질서를 왕조 단위로 축소하여 내면화한 질서관념이라 할 수 있다.

소중화를 분해해보면, '소'는 현실이자 특수성을 반영하는 수식어이고, '중화'는 상상이자 보편을 지향하는 관념이다. '소'와 '중화'는 이처럼 상호 규제하면서 독특하고도 모순적인 관념체계를 형성했다. 소중화는 '명=중화'에 대한 숭배를 바탕으로 삼아 화이질서를 내면화한 관념이자, 그런 상상적 보편질서의 틀 속에서 지역적 특수 질서를 지향하는 사유라고 하겠다.

그러나 중화질서가 가지고 있던 지역질서를 지배하고 규

율하는 힘은 청일전쟁을 계기로 균열이 생기기 시작했다. 중화질서는 이제 보편질서로서 더 이상 상상되기 어려운 관념이 되어버렸다. 이런 상황에서 나타난 것이 '동아시아 연대' 구상이었다. 주로 일본에서 등장한 이 구상은 탈중화질서를 지향했으며, 근본적으로 '수평적인 보편질서'를 상상하는 새로운 지역질서에 대한 구상이었다. 그러나 이런 연대 구상은 일본이 '탈아입구'를 표방하고, 나아가 근대적 국민국가를 수립하게 되면 깨질 수밖에 없는 것이었다.

19세기 후반부터 20세기 초반 사이, 한국에서는 매우 이질적인 동아시아 연대 구상이 공존하고 있었다. '동양삼국 정립론' 또는 '삼국공영론'부터 '일본맹주론'에 이르기까지 다양한 편차를 가지고 연대론 구상이 거론되었다. 예컨대 《황성신문》은 동양삼국이 공영하는 구상을 내세웠으며, 이를 바탕으로 '동양평화론'을 주장했다. 한편 일본은 청일전쟁을 통해 자국 문명의 우수성을 보여주었으며, 러일전쟁을 통해 '황인종'의 긍지와 위신을 보여주었다는 칭송을 받았다. 그리하여 한국인들의 일본에 대한 관념은 분열되었다. 가령 윤치호에게서 드러나는 바와 같이, "황인종의 명예를 옹호한 일본은 사랑하고 존경하지만, 조선의 독립을 앗아가고 있는 일본은 증오한다"라는 방식으로 일본에 대한 애증이 교차했다. 한국에서 동아시아 연대 구상이 이처럼 안팎으로 분열하면서, 새로운 대안 이데올로기로 '민족주의'가 대두하게 되었다. 그리하여 "국가는 주인이요, 동양주의는 손님"이 되어갔던 것이다.

일본은 제국주의 침략전쟁인 청일전쟁과 러일전쟁도 조선의 안전을 확보하고 동양의 평화를 보장하기 위한 것이었다고 강변했다. 조선을 병합하여 식민지로 만든 것은, 조선과 일본의 행복과 안전을 도모하고 동양의 평화를 영원히 유지하기 위한 성스러운 과업이라고 선전했다. 이른바 〈한국병합조서〉에는 "동양의 평화를 영원히 유지하고 제국의 안전을 보장하기 위하여 한국을 일본제국의 보호 아래 둠으로써 한국이 동양평화를 위협하는 근원이 되지 못하도록 하고, 이를 통해 동양의 평화를 확보하기 위하여 한국을 병합한다"라고 되어 있다. 요컨대 일본의 근대화는 일본제국주의의 동아시아 침략과 동전의 양면을 이루는 것이었다.

일본이 2차 세계대전 중에 내걸었던 '대동아공영권'은 동아시아 연대 구상의 종합판 같은 것이었다. 일본은 유럽의 동아시아에 대한 식민지 지배를 타파하고 아시아 민족을 해방시킨다는 명분으로, 전근대시기 중화질서를 대체하는 대동아공영권 구상을 내세웠다. 2차 세계대전은 황인종의 해방을 위해 백인종과 대결하는 전쟁이었고, 대동아공영권은 대일본제국이 중심이 되어 대동아시아의 공영을 도모하는 구상이 되었다. 대동아공영권은 민족주의를 초월하는 대안적 체제에 호소함으로써, 동아시아에서 일본의 패권을 차지하려는 것이었다. 그러나 대동아공영권은 중화질서와 달리 보편적인 문명의 표준을 제시하지 못했다. 일본은 정치적·군사적 힘을 동원한 직접지배에 의존해 제국을 유지하려는 의도를 드러내고 말았다.

2차 세계대전 이후 미국 중심의 세계체제에서 형성된 냉전질서로 인해 동아시아는 완전히 분열되었다. 이를 '동아시아 대분단체제'로 명명하기도 하는데, 이에 따라 동아시아에서 지역의 연대나 통합과 관련한 논의는 매우 위축되고 말았다. 그럼에도 2차 세계대전이 끝나고 난 뒤 아시아 혹은 동양이라는 말에 담긴 타자성과 침략성을 지양하고 지역과 관련한 담론, 즉 '동아시아론'의 현실성을 제고하기 위해 노력한 사람들도 많이 있었다. 이른바 '동아시아 담론'은 이런 노력을 두고 일컫는 말이다. 제국으로부터 다시 국민국가로 회귀한 일본에서는 한때 동아시아라는 말이 거의 사용되지 않았다. 오직 다케우치 요시미(竹內好)라는 유명한 중국 연구자만이 동아시아라는 말을 두고 깊이 사유했다. 다케우치는 동아시아를 지리적이고 실체적인 공간이 아니라, 일종의 '사유 방법'으로 생각했다. 이를 두고 '방법으로서의 동아시아'라고 불렀는데, 다케우치에게 동아시아는 저항을 통해 근대화를 이룩하는 공간으로 간주되었다.[10]

미국은 압도적인 군사력과 경제력으로 동아시아를 지배했는데, 직접지배가 아니라 개별 국가들과의 양자동맹을 통해 간접적으로 지배하는 지역통합 방식을 채택했다. 그리고 일본을 동아시아 지배의 하위 파트너로 삼았다. 한국의 이승만과 타이완의 장제스(蔣介石) 등은 이에 반발하여 반공의 성격을 띤 태평양동맹을 결성하려 했다. 미국은 동아시아에서 자국을 중심으로 한 안보질서와 경제동맹 체제를 유지할 수 있었다. 이런 점에서 한국과 타이완은 냉전질서의 수혜자였다. 한국과 타이완 정부는 미국 중심의 냉전질서를 경제성장과 국민국가 건설의 기회로 활용했던 것이다.

냉전 해체 이후 동북아시아를 중심으로 한 동아시아공동체 논의를 주도한 것은 역시 일본의 진보적인 지식인들이었다.[11] 물론 한국에서도 냉전이 종식되고 난 후인 1990년대 초반부터 동아시아 지역의 연대나 통합을 둘러싼 다양한 논의가 이루어졌다. 한국에서 진행된 여러 차원의 동아시아 논의도, 동아시아를 과거의 경험적 공간일 뿐만 아니라 미래의 기대를 포함한 공간으로 간주하는 논의가 중심을 이루었다.[12] 새로운 미래를 열어갈 지적인 기대의 공간으로서 동아시아를 적극적으로 사유할 필요가 있다.

아래로부터의 동아시아

최근 동아시아 담론이 활발하게 제기될 수 있었던 역사적 배경에는, 동아시아 지역을 강하게 구속하고 있던 냉전이 해체되고 전 지구화가 급속하게 진행된 상황이 가로놓여 있다. 그러나 냉전 해체 이후 국민국가 내부의 민족주의가 더욱 강화되고 있는 것처럼 보이기도 한다. 두루 잘 알고 있는 것처럼, 일본의 역사교과서 문제, 야스쿠니신사(靖國神社) 참배 문제와 중국의 동북공정 등 이른바 역사인식 문제를 둘러싸고, 한국, 일본, 중국 사이에는 첨예한 논쟁이 이어지고 있다. 새로운 동아시아를 만들기 위한 지역 내 소통과 통합이 아니라, 각국의 민족주의가 더욱 강화되는 것이 아닌가 하는 의심이 들 정도다.

이와 관련하여 전쟁과 식민지 지배의 갈등을 경험한 동아시아에서 지역공동체 형성이 가능할지에 대해서 회의적인 시각도 많다. 2차 세계대전 직후 유럽에서는 국가와 민족 간의 갈등이 동아시아보다 훨씬 심했다. 2차 세계대전 직후 '유럽공동체'를 상상하던 사람들은, 꿈을 꾸고 있다고 조롱을 받았다. 누구도 유럽연합이 이토록 빨리 결성될 것이라는 생각은 하지 못했다. 동아시아가 2차 세계대전 직후의 유럽보다 상황이 나쁘다고 볼 수는 없다. 동아시아공동체 형성은 동아시아인들의 노력 여하에 달려 있을 것이다.

자국사 교육을 강화해야 한다는 논의의 한편에서, 동아시아 공동의 역사교육을 수행하고 '동아시아사'라는 독자적인 역사과목을 편성해야 한다는 인식도 강화되고 있다. 한국에서는 이미 '동아시아사'라는 교과목을 중등학교에서 정식으로 편성하여 교육하고 있다. 한국사 교육과 동아시아사 교육을 병행하고 있지만, 언젠가는 동아시아사 교육이 '국사' 교육을 흡수하게 될지도 모른다. 국민국가의 역사도 동아시아사의 일부를 구성하고 있기 때문이다. 유럽에서는 이미 유럽사라는 교과서가 편성되어 교육되고 있지만, 아직 동아시아에서는 먼 미래의 일처럼 보인다. 하지만 한국에서의 작은 출발이 곧 큰 걸음으로 변하게 될 것이다.

우리는 어떤 동아시아를 기대하고 있는가? 동아시아인들에게 바람직한 동아시아는 어떤 것을 말하는가? 인적·물적 교류와 소통의 장벽을 철폐함으로써 공동으로 번영하는 '동아시아경제공동체'를 구축하고, 정치적·군사적 패권주의를 극복하여 '동아시아 공동의 안보협력체'를 이룩하며, 역사·교육·문화의 교류를 통해 '동아시아문화공동체'를 구축하기 위해 노력할 필요가 있다. 이와 관련하여 두 가지 측면을 유의할 필요가 있는바, 한편으로는 국민국가와 관련한 것이고 다른 한편으로는 지역주의와 관련한 것이다.

첫 번째로, 동아시아론은 국가주의를 넘어서기 위한 논의라는 점이다. 국민국가를 그대로 두고서는 동아시아공동체를 상상할 수 없다. 동아시아론은 국가주의와 민족주의를 넘어 새로운 지역공동체를 형성하는 원리를 탐구하고자 하는 바람을 담고 있기도 하다. 두 번째로, 동아시아의 교류가 확대되고 통합이 진행된다고 하더라도 동아시아가 동아시아 지역을 배타적인 중심으로 간주하는 이른바 '동아시아 중심주의'로 이행해서는 안 된다는 점이다. 이런 지적은 아주 중요하다. 왜냐하면 유럽연합이라든지 여타 지역의 지역통합이 그 지역을 중심으로 하는 배타적 지역주의로 변질되어서는 안 되는 것과 마찬가지이기 때문이다. 배타적인 지역주의가 전 지구를 뒤덮게 해서는 안 될 것이다.

그러므로 동아시아 지역통합이 지향해야 할 목표는 동아시아 지역주의가 아니라 세계시민주의다. 이를 바탕으로 '동아시아 시민사회'를 형성해야 하는 것이다. 곧 '아래로부터의 동아시아'를 지향함으로써 동아시아 시민사회를 형성하고, 이를 바탕으로 '열린 동아시아공동체'를 만들어나가야 한다. 아래로부터의 동아시아, 곧 동아시아 시민사회를 형성하는 일이 동아시아공동체를 구축하는 데 무엇보다 중요한 것은 바로 이런 이유 때문이다. 이를 위해서는 국가의 경계를 뛰어넘어 동아시아 전체의 이익을 추구하는 데 시민사회가 앞장서야 한다.

아래로부터의 동아시아공동체를 형성하기 위해서는 동아시아 각국 국민들 사이의 신뢰를 구축하는 일이 무엇보다 시급하다. 동아시아 시민사회는 상호신뢰가 형성되지 않으면 도저히 형성될 수 없을 것이다. 국민들 간의 상호신뢰가 있을 때 새로운 동아시아적 정체성을 형성해나갈 수 있다.

이른바 '동아시아적 공동의 가치'라는 게 있다면, 그것은 배타적인 가치가 아니라 상호신뢰를 바탕으로 한 동아시아 시민사회의 정체성을 형성하기 위한 것이어야 할 것이다.

또 동아시아 공동의 정체성을 형성하는 과정에서, 동아시아 공동의 기억을 환기하고 형성하는 일이 큰 역할을 수행하게 될 것이다. 서로 갈등하는 기억이 아니라 화해에 바탕을 둔 새로운 기억을 확장해나감으로써, 새로운 '동아시아 기억공동체'를 형성해야 한다. 기억을 공유하는 기억공동체를 만드는 일이 평화적인 동아시아공동체로 가는 토대가 될 것이다. 동아시아 공동의 기억에 바탕을 둔 건강한 시민의식을 함양하지 않고서, 동아시아공동체를 형성할 수는 없다. 이런 역할을 동아시아 시민사회가 감당해나가야 할 것이다.

1부

트랜스내셔널 역사학과 식민지근대

1장

방법론적 동아시아사
—트랜스내셔널 히스토리와 동아시아사

일국사를 넘어서 — 트랜스내셔널 히스토리

이 장의 과제는 동아시아사를 연구하는 새로운 방법론을 종합적으로 탐색하는 것이다. 이 분야는 '동아시아의 역사'를 다루는 영역이므로, 일국사를 넘어설 필요가 있다는 것은 당위론적 문제의식이 된다. 이와 관련하여 트랜스내셔널 문제의식은 내셔널한 문제를 넘어서는 방식에 대한 새롭고 진지한 고민을 담고 있는 것으로 인정된다. 이제 그 문제의식 속으로 들어가 보자.

탈냉전 이후 트랜스내셔널 히스토리와 관련한 논의가 서

구 학계를 중심으로 대단한 열기를 띠며 진행된 바 있다.[1] 한국에서도 트랜스내셔널 히스토리와 관련한 상당한 논의가 축적됨으로써, 학계의 시민권을 획득하는 데는 성공한 것으로 보인다.[2] 물론 트랜스내셔널 히스토리가 무엇인가에 대한 합의가 이루어진 것으로 보이지는 않지만, 기왕의 일국사를 중심으로 한 역사학 개념이나 방법론이 드러내는 문제들을 해결해주기를 기대하는 바람은 크다고 할 것이다. 과연 트랜스내셔널 역사학 방법론에 기대하는 바는 무엇일까?

먼저 트랜스내셔널이라는 용어가 지칭하는 바를 분명하게 해둘 필요가 있겠다. 'trans'는 across(횡단橫斷), beyond(초超), through(통通)의 의미를 포괄하는 접두어다. 그렇다면 트랜스내셔널이라는 용어는 횡단국가적, 초국가적, 통국가적이라는 의미를 함축하고 있을 터인데, 아직 동아시아 지역에서는 적절한 번역어조차 없는 상황이다. 다른 한편 트랜스내셔널이라는 용어는 금융과 기업의 초국적화, 그리고 초국적적 혹은 전 지구적 공치(共治, governance)의 발전, 심지어 초국적적 범죄의 횡행과 관련하여 우리의 일상 속에서 익히 사용되어왔다.

어쨌든 international(국제 혹은 국가 간) 혹은 multi-national(다국적)이라는 수식어가 현실을 제대로 표상하지 못할 뿐만 아니라, 변화하는 현실을 얽어매는 장애요소로 작용한다는 인식이 트랜스내셔널이라는 새로운 개념을 필요로 하고 있는 상황이다. 비근한 예로 트랜스젠더(trans-gender)라는 개념을 들 수 있다. 트랜스젠더는 일반적으로 '정상적인 젠더 역할에서 벗어난 개인, 행위, 집단 그리고 성향'을 일컫는 것으로 어떤 특정한 성적 지향을 의미하지 않는다. 트랜스젠더는 heterosexual, homosexual, bisexual, pansexual, polysexual, asexual 등의 상태를 모두 포괄하는 개념으로 사용되고 있다.[3] 요컨대 복잡한 젠더 정체성을 드러내는 개념을 찾는 과정에서 만들어진 것이 트랜스젠더라는 용어다.

이런 측면에서 트랜스내셔널 히스토리는 국가 간의 관계(인터내셔널)나 다국적적 상황(멀티내셔널)을 넘어서는 새로운 현실을 표상하고자 하는 시도에서 만들어진 것이라 할 수 있다. 인류의 역사, 특히 근대 세계체제의 역사는 일국적 단위를 전제로 하여 이해되어왔던바, 그것이 바로 근대역사학의 가장 중요한 속성이다. 하지만 국가를 초월하고, 국가 사이를 횡단하며 관통하는 그런 시각을 가지지 않으면, 인류 삶의 발자취를 올바로 볼 수 없다는 자각에서 제기된 것이 트랜스내셔널 역사학의 시도다. 요컨대 트랜스내셔널 히스토리는 일국사를 넘어서려는 대안적 역사로서 제기된 것이다. 하지만 아직 지구사(global history), 세계사(world history), 보편사(universal history), 통합사(ecumenical history), 거대사(big history), '얽혀 있는 역사(histoire croisee)' 등의 개념과 착종되어 사용되고 있는 것에서도 알 수 있듯이, 그 지향이 명확한 것만은 아니다.

최근 강력히 대두되고 있는 지구사는 다음과 같은 문제의식을 담고 있다. 첫째, 유럽중심주의를 넘어서려는 시도, 둘째, 중심에 대한 주변의 문제제기, 셋째, 국사(national history)의 이분법적 시도를 넘어서려는 시도, 넷째, 지역사(regional history)의 폐쇄성에 대한 우려 등이다.[4]

즉 지구사는 근대역사학의 기초인 일국사를 넘어서되, 유럽중심주의를 극복하고 주변과 소수자를 중심으로 전 지구적 차원에서 역사를 새로이 이해하자는 문제의식을 담고 있다. 여기에 더해 인간 중심의 역사를 상대화함으로써 생태사적 문제의식을 강화한다는 점에서도 지구사 연구의 의의를 인정할 수 있을 것이다. 트랜스내셔널 히스토리가 지구사의 문제의식과 혼재되어 사용되기도 하지만, 그 용어가 드러내는 바와 같이 그 지향점은 큰 차이가 있다. 트랜스내셔널 히스토리는 내셔널한 상황을 넘어서거나 횡단하고자 하지만, 내셔널한 상황 자체를 무시하지는 않는다. 그것을 실체적 기반으로 인정할 수밖에 없기 때문이다.[5] 이런 점에서 트랜스내셔널 히스토리는 하나의 패러다임이 되기보다는 일종의 지향으로서의 성격을 강하게 띠는 것처럼 보인다.[6] 이런 점에서 트랜스내셔널 히스토리의 지향은 식민지를 경험한 역사 혹은 역으로 식민지를 보유한, 곧 제국주의 지배의 경험을 가진 역사를 해명하는 데 가장 적절한 인식체계를 제공할 수 있을지도 모르겠다. 식민지 혹은 제국주의 지배를 경험한 역사란 곧 근대 세계체제 일반의 경험을 아우르는 것을 지칭하는 것일진대, 근대의 경험을 해명하는 데 의미 있는 문제의식을 함축하고 있다고 할 수도 있을 것이다.[7]

식민지와 제국은 그 발생과 유지의 폭력성과 억압성을 제쳐둔다면, 트랜스내셔널 상황을 그 고유의 속성으로 삼는 체제라고 볼 수 있다. 이런 지적은 주변 지역을 식민지로 흡수하여 동화(同化)와 영구병합(永久倂合)을 지배 목표로 내걸었던 제국주의 일본의 식민통치를 통해서, 트랜스내셔널 상황을 잘 읽을 수 있다는 것을 말한다. 제국주의의 식민지 지배란, 특히 일본 제국주의의 경우 동화와 영구병합이라는 목표에서 확인할 수 있듯이, 지배의 일방적 관철을 의미하는 것은 아니다. 제국주의 지배의 억압과 갈등, 저항, 협력, 동화, 교류 등을 포함하는 민족 간의 다양한 상호작용을 포괄하는 것이 제국주의 지배의 본질이다. 더욱이 식민지가 제국에 깊이 편입되면 될수록, 양 민족집단 사이의 트랜스내셔널한 상황은 더 복잡하고 첨예한 문제를 발생시킨다. 제국과 식민지를 잇고 있던 동화, 나아가 동아시아 연대를 내건 다양한 슬로건(동아협동체, 대동아공영권 등)이 지시하듯이, 제국주의적 근대의 트랜스내셔널 상황은 더욱 복잡하고 미묘한 문제를 함축하기 마련이다. 이런 점에서 한국, 나아가 동아시아의 근대 경험을 트랜스내셔널한 문제 상황으로 파악하는 것이, 근대 경험을 새로이 해석하는 데 큰 도움이 될 것이라는 점은 명확하다.

트랜스내셔널 히스토리와 관련하여 제국 혹은 한 지역 속의 구조적 관련을 드러내는 방법론적 대안으로서 제국사

(imperial history) 혹은 인간의 역사를 넘어서 보다 길고 넓은 자연의 역사까지를 탐구 대상으로 삼는 빅 히스토리(big history) 등을 살펴볼 필요가 있다. 이런 문제의식에서는 관계가 아니라 교류, 이동(상품, 자본, 노동 등), 소통과 수렴, 통합 등을 전제한다. 그리고 이를 통해 전체 속의 구조적 관련을 드러내는 것을 목적으로 삼는다.

먼저 제국사에 대해 살펴보자. 1980년대부터 영국에서는 제국사라는 문제의식이 역사학 연구의 하위 분야로 대두되었다. 영국의 제국사를 단순한 '잉글랜드사'로서가 아니라 '브리튼사'로서, 나아가 그들을 중핵으로 삼는 '대영제국사'로 파악하고자 하는 동향이 정착되기 시작한 것이다.[8] 영국의 역사를 대영제국사로 파악하고자 하는 제국사의 문제의식은 본질적으로 지구상의 여러 지역과 서로 다른 민족 사이에 존재하는 중첩된 접속과 연관성을 밝히는 것을 목표로 삼았다. 제국사 연구에 대해 린다 콜리는 다음과 같이 말한다.

영국 학자들은 과거 제국의 본질과 그 행위에 대해 다른 나라들이 어떻게 인식하고 있는지 알아야 할 뿐만 아니라,

영국에 의해 충격을 받은 사회들의 자율적인 과거에 대해서도 알아야 한다. 마찬가지로 아시아와 북미, 카리브해, 아프리카, 태평양의 역사가들도 제국에서 영국이 차지하는 위치에 대한 다양하고 미묘한 차이가 있는 최근의 평가에 대해서 알아야 한다. 그들은 과거 영국이 그렇게 보인 것이나 아직도 일반적으로 그랬으리라고 생각되는 것과는 달리 영국이 실제로 어떤 특정 시기에 어떤 종류의 세력이었으며, 사회였는지를 명확히 인식하고 판단해야 한다.[9]

이후 제국사 연구는 상당한 연구 성과를 축적하고 있으며, 세계사를 보는 특유의 시선으로 독자적인 분야를 형성해나가고 있는 것처럼 보인다.[10] 서구의 제국사 연구에 영향을 받아 일본 학계에서도 1990년대 이후 제국사 연구가 붐을 일으킨 바 있다. 일본의 제국사 연구는 일본 근대사 연구의 범위를 소일본=일본 본토에 한정하지 않고 제국의 전 범위로 확장하고자 하는 의도였다. 여기에는 근대 일본제국주의의 형성이 본국의 국민 형성과 불가분의 관계를 이룬다는 인식이 깔려 있었다. 제국사 연구는 '조선 대 일본', '만주 대 일본'이라는 이항대립에 그치지 않는, 일본제국을 그

전체 구조로서 파악하고자 하는 것이었다. 이런 문제의식은 "국민사는 항상 제국사"여야 한다는 인식으로 발전해갔다.[11]

야마모토 유조는 근대의 제국은 트랜스내셔널한 힘에 의해 형성된다고 보고, 다음과 같이 주장한다.

(제국의 속성으로서—인용자) 구심성(求心性)과 확산성(擴散性)을 아울러 가진 지배와 피지배의 관계는, 강력한 중앙통치 기구를 갖춘 중심, 중심으로부터의 영향력에 대하여 저항력이 약한 주변, 그리고 중심과 주변을 결합하는 트랜스내셔널한 군사적·정치적·경제적 혹은 이데올로기적인 힘과 장치라는 3개의 요소로 형성된다. 중심으로부터 발생하는 트랜스내셔널한 힘은, 기본적으로는 그리고 특히 제국의 형성기에는 군사력이라는 폭력 장치에 의해 뒷받침되지만, 그와 동시에 화폐와 무역이라는 경제적 이익 혹은 종교와 이데올로기라는 문화적 흡인력에 의해 보완되어야 한다.[12]

야마모토는 제국이 중심과 주변 그리고 양자를 연결하는 트랜스내셔널한 힘과 장치에 의해 형성된다고 보고 있다. 제국사 이해에서 트랜스내셔널한 힘을 중시하는 발상은, 근대

제국이 가지는 고유한 성격에서 유래하는 것이라 할 수 있다. 근대제국은 곧 국민국가 단계의 제국으로서, 국민국가를 핵심으로 하면서 제국적 지배를 수행해야 하는 이중적 존재다. 곧 국민국가와 제국적 지배라는 각기 다른 원리 사이에서 제국은 어떤 태도를 취했던가, 그리고 그것을 어떻게 이해할 것인가가 문제의 핵심이라 할 수 있다.[13]

야마무로 신이치(山室信一)의 '국민제국론'은 이중적 존재로서의 제국을 중심으로 하는 제국사 이해에 있어서 흥미로운 문제제기라 할 수 있다. 야마무로는 국민제국을 "주권국가 체계하에서 국민국가 형성을 채택한 본국과 이민족-원격지배지역으로부터 이루어지는 복수의 정치공간을 통합하는 정치형태"로 정의한다.[14] 곧 국민제국을, 국경을 넘어선 민족이 자본과 군사라는 2개의 힘으로 획득한 공간을 자신과 다른 정치사회로서 어디까지나 '외부'로 규정하면서, 동시에 자신의 주권영역으로 '내부'화한다는, 상반되는 벡터에 의해 형성되고 있던 초영역정치체(supra-territorial body politic)라고 규정한다. 근대의 제국은 식민지를 외부로 간주하면서도 내부화해야 한다는 2개의 모순된 힘에 의해 규정된 초영역적 복합정치체라는 것이다.

다음으로 빅 히스토리에 대해 잠시 살펴보자. 최근 대중들의 이목을 끌고 있는 빅 히스토리는 인류의 역사를 대상으로 하는 세계사 혹은 지구사의 시야를 더욱 확대하여 지구와 우주의 역사까지도 포함하려는 역사학적 시도다. 빅 히스토리는 인류와 생명 그리고 지구와 우주 모두의 역사를 통합적이고 학제적인 방식으로 이해하려 한다.[15] 예컨대 빅 히스토리 연구를 주도한 데이비드 크리스천(David Christian)은 인간 모두의 역사를 이해하는 것은 전 지구적 시민의식을 함양하기 위해 필요한 일이라고 본다. 전 지구적 시민의식을 갖기 위해서는 전 세계인들이 지역과 국가를 넘어선 인류 그 자체의 역사가 있다는 것을 이해해야 한다는 것이다. 따라서 빅 히스토리는 우주의 빅뱅에서 현생인류의 탄생에 이르는 137억 년의 역사를 대상으로 삼는다.[16]

빅 히스토리는 지구 생태계의 위기와 인류의 생존에 관한 문제를 직접적으로 제기한다는 점에서 의미를 가진다.[17] 게다가 인간의 역사를 인지혁명과 농업혁명 그리고 과학혁명이라는 긴 시간 속에서 다루고, 이를 통해 호모 사피엔스의 위기를 논하기도 한다.[18] 빅 히스토리와 같은 긴 시간을 대상으로 한, 그리고 자연과 우주를 포함한 인간의 역사를 다루는 분야가 등장한 것은, 내셔널한 시각에 매몰되어 있는 근대역사학의 시야를 깨우는 심각한 경종으로 받아들여야 할 것이다.

국제관계사와 비교사 연구 비판

국민국가를 행위주체이자 단위로 사유하는 국민국가 시대의 역사이해를 대변하는 전형적인 방법론으로 국제관계사와 비교사 연구가 있다. 먼저 국제관계사를 살펴보자.

국제관계사란 국가 간(inter-national) 시대의 전형적인 고안물이다. 그러나 제국-식민지 관계는 국제관계가 아니다. 그런 점에서 한국 근대의 국제관계는 한국을 둘러싼 열강의 국제관계가 되기 십상이다.[19] 그렇지 않으면 식민지인 한국에 대한 주변국의 인식이나, 한국인의 주변국에 대한 인식을 연구할 수 있을 따름이다.[20] 그럼에도 동아시아 지역 내의 국가-민족 간 상호인식에 대한 연구는, 동아시아 연구로 이어지는 디딤돌이 될 수 있었다는 점에서 역사적 의미를 부여할 수 있을 것이다. 이런 상호인식을 기반으로 한 동아시아 연구를 동아시아에 대한 기억 연구로 적극적으로 발전시켜갈 필요가 있을 듯싶다. 만보산 사건처럼 동아시아인의 기억 속에서 내셔널한 경계에 있는 사건은 기억 연구의 전형적인 사례를 제공할 수 있을 것이다. 만보산 사건은 동아시아 각국이 각기 다른 방식으로 전유해온 기억의 터였다. 만보산 사건은 동아시아 각국의 내부에서 각기 다른 방식으로 망각되거나 파편화된 채 기억되어왔던 것이다. 동아시아가 공유하는 공동의 기억을 환기하는 것도 새로운 '동아시아 의식', 나아가 '동아시아 정체성'을 형성하는 데서 중요하고 또한 필요하겠지만, 지배/피지배, 침략/피침략의 상호 배치되고 갈등하는 역사의 터를 망각으로부터 환기하고 새로운 방식으로 기억하는 것도 반드시 필요한 일이다.[21]

다음 비교사에 대해 살펴보자. 비교의 대상을 국민국가로 설정할 때 가능한 것이 비교사의 방법론이지만, 대개 비교사는 국민국가의 정당성을 합리화하는 것으로 귀결될 위험이 있다. 왜냐하면 국민국가란 상호비교가 불가능한 복합적인 존재이지만, 이를 상호비교한다는 것은 그 복합성을 무시하는 것이며 그것을 통해 국민국가의 정당성을 확보해주기 십상이기 때문이다. 이런 맥락에서 비교사는 1950년대 이후 근대화론의 중요한 방법론적 무기로 등장했다. 근대화론은 일국의 발전단계, 곧 근대를 시간의 선후문제로 도치시키고, 이를 공간의 문제로 전환시킨다. 다시 말하면 근대화가 뒤처진 국가(후진국)는 근대화에 앞선 국가(선진국)를 따라가야 하며, 이는 근대화를 구성하는 요소적 문제로 환원되어버린다.

이런 맥락에서 비교사 연구가 가지는 유럽중심주의 또는 시각의 착종현상에 대해서 유의하지 않으면 안 된다. 베네딕트 앤더슨은 이를 두고 '비교의 망령'이라고 은유하고 있다.[22] 앤더슨은 인도네시아의 수카르노 대통령이 그가 주장하던 '교도 민족주의'가 보편성을 가지고 있으며 국제주의와 분리될 수 없다는 점을 주장할 때, 쑨원, 케말 파샤, 간디, 데 발레라, 호찌민 등의 사례를 들어서 연설했다고 한다. 수카르노에게는 히틀러 역시 반유대주의자이자 홀로코스트의 범죄자와 상관없이 강렬한 민족주의자로 간주되었다. 이것이 바로 수카르노의 주변을 배회할 뿐만 아니라 비서구 지역에 일상적으로 존재하는 서구의 '유령'이다. 앤더슨은 망원경으로 바라볼 때 발생하는 착시현상을 두고 비교사 연구의 어려움을 논했던 것이다. 앤더슨은 서구의 유령을 퇴치하기 위해 망원경을 거꾸로 돌려서 볼 것을 제안한다. 이른바 '거꾸로 돌려진 망원경(the inverted telescope)'이 그

것이다.[23] '비교의 망령'이란 서구와 비교할 때 발생하는 거리감의 혼란을 지칭하는 것으로, 이것은 바로 비교를 통한 유럽중심주의의 지속성을 이르는 것이기도 하다.

하지만 제국주의 지배와 식민지 경험의 특수성을 강조하는 한국 학계의 흐름에서, 비교사 연구의 유효성을 인정하는 것은 매우 어려운 일이었다. 근대화론의 비교사 연구와 달리, 한국적 근대의 특수성을 강조하는 것은 비교 불가능성을 전제하기 때문이다. 일본 제국주의 지배는 전례 없는 수탈과 잔혹성을 특징으로 삼고 있었으며, 이에 대한 한국인의 저항도 다른 식민지와 비교할 수 없을 만큼 지속적이고 강인한 것이었다는 일종의 선험적 식민지 이해가 비교사적 식민지 연구를 가로막고 있었다.[24]

하지만 최근 식민지 비교연구의 사례가 축적되고 있는바, 이는 식민지 경험의 특수성에 대한 인식이 희석되고 있는 경향을 반증하는 것으로 보인다.[25] 일본 제국주의 내부의 식민지, 곧 오키나와, 타이완, 조선, 만주 등을 상호비교하는 작업과 아울러, 여타 제국주의의 식민지인 베트남, 인도, 알제리 등과 식민지 조선을 비교하는 연구는 식민지, 나아가 한국의 근대성 이해를 더욱 풍부하게 할 것이다. 다른 이런 공시적 차원의 비교연구와 아울러, 통시적 차원의 비교연구가 제국과 식민지의 상대성을 확인하고 통합적 역사인식에 기여할 수도 있을 것이다.

이처럼 비교사 연구는 그 맥락에 따라 유럽중심주의를 강화하고 국민국가의 정당성을 뒷받침하는 연구로 기능하기도 하고, 역으로 제국-식민지 인식의 특수성을 희석시키는 역할을 하기도 한다. 국제관계사, 비교사 연구는 이런 차원에서 일국사적 관점을 기본으로 삼는 근대역사학의 중요한 방법론적 기반 혹은 보완재 역할을 수행하고 있다고 하겠다.

트랜스내셔널 동아시아사

전 지구를 하나로 묶는 지구화는 지금도 급속하고 깊숙하게 진행되고 있다. 2009년 미국발 경제위기를 통해서도 지구화의 강도를 실감한 바 있다. 미국에서 시작된 금융위기는 세계금융을 위기로 몰아넣었으며, 전 지구의 실물경제마저도 공황상태로 몰고 갔던 것이다. 2009년의 경제위기가 1920년대 후반의 세계 대공황과 근본적으로 다른 점은 여기에 있다. 전 지구의 경제가 이리저리 깊숙하게 얽혀 있으므로 경제위기로부터 '자유로운' 지역은 지구상 어디에도 있을 수 없는 것이다. 작금의 경제위기는 근대적 자본주의 세계체제의 근본적 전환을 표지하고 있는지도 모른다.

지구화는 이처럼 국가 간의 관계를 중심으로 한 다국적적 상황을 전혀 다른 차원의 트랜스내셔널 상황으로 전환시키고 있다. 역설적으로 이런 트랜스내셔널한 상황이 도래함으로써 인류의 발자취에 대한 새로운 전망이 가능하게 된 듯하다. 국민국가를 초월하고 국민국가를 관통하는 새로운 시각을 가짐으로써, 지나간 역사를 바꿔 읽을 수 있는 능력을 가지게 될 것이다. 지구화 혹은 자본주의 세계체제의 전환이 초래한 트랜스내셔널한 상황은 지나간 시대를 트랜스내셔널한 맥락에서 다시 읽을 수 있는 시각을 제시한다.

제국과 식민지를 하나로 묶어 제국의 전 범위를 대상으로 전체 구조를 파악하고자 하는 제국사적 문제의식은 지구상의 여러 지역과 민족 사이에 중첩하는 접속과 연관성을 밝히는 것을 목표로 삼는다. 요컨대 국민사는 언제나 제국사일 수밖에 없다는 인식에서, 제국사 연구는 출발한다. 이런 제국사의 문제의식은 식민지배의 역사를 국민국가의 역사에 단선적으로 편입시키고자 하는 기존의 문제의식을 거부하는 것이기도 하다. 제국사가 국민국가사이기도 하듯이, 식민지배의 역사 역시 제국사와 중첩하기도 하는 것이다. 이런 제국사 연구의 문제의식은 동아시아를 대상으로 한 지역사, 곧 동아시아사 인식으로 나아갈 수 있게 한다. 지역사로서의 동아시아사에 대한 추구는 근대 동아시아의 다양한 트랜스내셔널한 경험에 눈을 돌리게 한다. 근대 동아시아 세계는 다양한 트랜스내셔널한 작용을 바탕으로 구축된 것으로, 근대 동아시아사는 트랜스내셔널한 지역사가 되어야 할 것이다.

이와 관련하여 중화질서를 중심으로 하는 전근대제국 및 근대 일본의 제국 지배가 비교적 연속성을 강하게 가지고 있으며 영역도 크게 차이 나지 않았다는 점에서, 제국사 연구를 동아시아 지역사 연구과 연관 지어 이해하는 방식도 유효할 것으로 보인다. 더욱이 동아시아, 특히 한·중·일 사이에 역사교과서 및 역사인식 문제가 '뜨거운 감자'로 대두하면서, 한국에서는 '동아시아사' 서술과 교육이 역사학계의 현안으로 부상하고 있다.

이와 관련하여 다양한 동아시아사 서술과 함께[26] 방법론적 탐색이 이루어지고 있는 것은 다행스러운 일이다.[27] 그중에서 시민사회가 주체가 되어 발간한 대표적인 동아시아 공동역사책인《한중일이 함께 쓴 동아시아 근현대사》[28] 제2권은 '테마로 읽는 사람과 교류의 역사'라는 부제목을 달고 헌법, 도시화, 철도, 이민과 유학, 가족과 젠더 등 8개 부문에 걸쳐 동아시아 역내의 이주와 교류에 대해 기술하고 있다. 그러나 각 부문 간의 관련성을 중심으로 한 방법론적 시도는 이루어지고 있지 않아 아쉬움을 남긴다. 한국에서 나온 또 하나의 동아시아사인《함께 읽는 동아시아 근현대사》[29]에서는 '연관과 비교의 지역사'라는 방법론을 바탕으로 동아시아 근현대사를 기술하고 있다. 이 책에서는 지역사를 구성하기 위한 필요조건이 비교사이고 충분조건이 연관사이며, 연관사에는 교류사와 관계사가 포함된다고 규정되어 있다.[30] 하지만 비교사와 연관사는 서로 충돌할 가능성이 농후하며, 게다가 이런 방법론은 국민국가 패러다임 자체를 강화하는 측면을 가진다. 요컨대 비교사 혹은 교류사가 곧바로 지역사를 구성하는 방법론이 되기는 어렵다는 점을 지적해둘 필요가 있다.

이제 트랜스내셔널 히스토리가 지역사 연구와 관련을 맺을 때, 어떤 문제에 유의할 필요가 있는지 살펴보자. 하나는 지역사로서 동아시아사가 포괄하는 지역의 범위에 관한 것이고, 다른 하나는 지역을 이해하는 방식에 관한 것이다. 우선 첫 번째 문제에 대해서, '동아시아사'는 어떤 '지역'을 대상으로 한 역사일까?

현재 중등학교의 동아시아사 교육에는 두 종류의 검정교과서가 출간되어 일선 학교에서 이용되고 있다.[31] 그리고 이는 2007년에 만들어진 교육과학기술부의 '2007년 사회과 교육과정'[32]에 의거하여 집필된 것이다. 현행 동아시아사 교과서가 포괄하는 동아시아는 첫째, 한자, 유교, 불교, 율령 등을 중심으로 한 공통의 '동아시아 문화권'을 바탕으로, 둘째, 한국을 중심으로 중국, 일본, 베트남, 몽골 등 중국 주변의 5개 국가를 대상으로 동아시아 지역 범주를 설정하고 있다는 공통점을 갖고 있다. 그러나 이 두 가지 공통점은 각각 그 나름의 심각한 문제점을 가진 것으로 보인다.

첫째, 네 가지 요소를 중심으로 동아시아 문화권을 설정하는 방식은 1960년대 일본의 니시지마 사다오(西嶋定生)에 의해 제기된 '동아시아 세계론'을 다분히 의식한 것으로 보인다.[33] 그러나 니시지마 사다오와의 이런 기원의 유사성 문제를 제쳐두더라도, 다음과 같은 비판으로부터 자유롭지 못하다. 먼저 '동아시아 세계론'처럼 몇 가지 주요 요소를 중심으로 공통의 동아시아 문화권을 설정하는 방식은, 기본적으로 유럽적 일체성을 전제로 그와의 유비 속에서 도출된 것이라는 비판이다.[34] 그러나 더 중요한 문제는, 이런 방식의 문화권론은 주류문화를 중심으로 문화권을 설정함으로써 주변의 비주류문화를 소외시키는 방식, 곧 일종의 문화본질주의적 접근방식이 될 수 있다는 점이다. 그보다는 '동아시아' 지역의 역사 속에서 상호 갈등하고 길항하면서 지속되어온 다양한 문화의 상호작용을 이해할 필요가 있다.[35]

둘째, 2개의 교과서에는 동아시아가 동서로는 일본열도에서 티베트고원, 남북으로는 북부베트남에서 몽골고원에 이르는 지역을 포함한다고 규정되어 있다. 그러나 현재의 국민국가를 기준으로 볼 때, 베트남의 경우에는 북부지역만이 포함되어 있는 데 반해, 몽골의 경우에는 러시아령 시베리아 지역의 몽골문화 지역이 배제되어 있다. 그리고 같은 중국 국가에 속한다고 하더라도, 청조 지배시기에 중국 영역으로 포섭된 티베트와 신강 그리고 내몽골 지역을 같은 문화권으로 간주할 수 있는지도 의문이다. 요컨대 현재의 국민국가 5개를 기준으로 동아시아의 지역 범주를 설정한다고 할 때, 앞에서 거론한 동아시아 문화권과는 심각한 불일치가 발생하는 것이다. 따라서 위의 두 교과서처럼 초역사적인 방식으로 동아시아 지역 범주를 설정하려는 시도는 처음부터 불가능한 일일지도 모른다.[36]

물론 동아시아 지역에 대한 이해를 증진함으로써 그 지역의 발전과 평화를 추구한다는 목표를 이루기 위해서는, 현재의 국민국가를 중심으로 그 역사를 소급하는 방식으로 동아시아 지역을 설정하는 것이 가장 손쉬운 대안일 수 있다. 그런 방식의 지역 설정은 '국민국가'의 주권과 영역을 훼손하지 않으면서 과거의 역사를 재구성할 수 있게 하기 때문이다. 그렇다면 교육과학기술부가 동아시아사 교육에서 전제하고 있는 동아시아라는 지역은, 국민국가의 주권을 바탕으로 그 지역의 발전과 평화를 도모한다고 하는, '미래지향적 가치'를 중심으로 설정된 '역사적 지역'이라고 해도 과언이 아닐 터다.

다음으로 트랜스내셔널 히스토리와 동아시아사를 연관지을 때 유의해야 할 두 번째 문제를 살펴보자. 이는 주로 동아시아 세계를 둘러싼 역학관계의 기술에 관한 것이다.

전근대 동아시아 세계는 중화질서를 중심으로 형성되어 있었다. 이는 중화제국과 주변의 상호관계로 존재한 '지역질서'였지만, 다른 한편으로는 중화를 완결적 체계로서의 천하＝보편으로 인식한 '보편질서'이기도 했다. '보편적 지역질서'로서의 중화질서는 구미제국의 진출로 인해 붕괴되기 시작했다. 아울러 여러 개의 '보편질서로서의 지역질서'의 다원적 결합에 의해 구성되어 있던 전근대 세계는 하나의 자본주의 세계체계로 통합되기 시작했다. 이처럼 구미제국의 글로벌한 진출로 인해 강요된 다원적 지역질서의 해체는 새로운 사태를 초래했다.

구미제국의 글로벌한 진출로 인해, 지역질서 속 각각의 정치사회는 정치적으로는 국민국가의 틀 속으로 편입되고, 경제적으로는 자본주의 세계시장의 일부로 편입될 것이 강요되었다. 만국병립(萬國竝立)의 공법 질서 속으로 편입된다는 것은, 현실에서 국민국가로서의 자격을 요구하는 것이었다. 만국공법 질서에 속할 만한 국민국가로서의 자격이란 서구 '문명의 표준'에 합치하는 정도의 법제를 갖추는 것을 의미했다. 다른 한편 이런 국민국가로서의 자격은 자본주의 경제시스템을 갖추는 것과 표리일체의 관계를 가지고 있었다.

이를 구미문명을 표준으로 하는 국민국가로의 표준화라고 할 수 있을 것이다.[37]

하지만 국민국가로의 표준화 과정은 간단히 진행되는 것이 아니다. 이질적인 국가제도를 서구 표준의 국민국가로 변화시키는 것은 많은 장애를 수반하는 것이었다. 국민국가 형성에 먼저 성공한 주변국가를 모범으로 삼아 다른 국가가 국민국가 형성에 나서게 되는데, 동아시아 지역에서는 국민국가 일본을 모범으로 삼아 국민국가 수립의 움직임이 본격화되었다. 이 과정에서 동아시아 지역세계라는 의식이 본격적으로 나타나게 되었던 것이다.[38] 이처럼 동아시아 지역세계는 한편으로는 구미의 침략에 저항하고 다른 한편으로는 구미문명을 수용하면서 만들어낸 세계였다. 또한 동아시아 지역세계에는 새로운 국민국가를 형성하면서 이전의 지역질서를 바탕으로 가지게 된 공통의 문명에 대한 의식이 작용했다.

근대 동아시아 세계는 이처럼 글로벌한 세계체제, 지역질서, 국민국가가 중층적으로 교차하는 세계였다. 나아가 제국주의, 국민국가, 식민지 등 각기 다른 정치체가 상호 교직된 하나의 질서가 바로 근대 동아시아 세계였다. 이런 의미에서 근대 동아시아 세계는 트랜스내셔널한 상황을 포괄하는 지역질서이기도 하다. 근대 동아시아 지역은 제국과 제국, 제국과 국민국가, 제국과 식민지, 국민국가와 식민지, 식민지와 식민지 사이의 상호작용이 다양한 차원에서 횡단하거나 관통하고 있었던 것이다. 예를 들어 식민지 조선은 제국 본국 일본을 중심으로 국민국가로서의 중국, 식민지로서의 타이완, '괴뢰국가'로서의 만주 등을 아울러 분석 대상으로 삼지 않으면 온전히 파악할 수 없는 중층적 교차의 대상이었다.[39]

트랜스내셔널 히스토리와 동아시아사 연구를 연관시킬 때 유의해야 할 사항 두 가지는 다음과 같이 정리할 수 있겠다. 하나는 동아시아라는 지역의 구성적 측면에 관한 것으로, 미래지향적 가치를 중심으로 설정된 역사적 지역이 바로 동아시아라는 지적이다. 두 번째는 근대 동아시아 지역 구성의 역학관계에 관한 것으로, 트랜스내셔널 동아시아는 글로벌 세계체제와 동아시아 지역질서 그리고 국민국가가 중층적으로 교차하는 세계였다는 사실이 바로 그것이다.

2장

인식론적 동아시아사
─식민지근대 혹은 근대를 보는 눈

세계체제와 식민지근대

동아시아사를 이해하는 인식론적 차원에는 어떤 것들이 있을까? 트랜스내셔널 히스토리의 문제의식을 적용할 때, 동아시아사를 인식하는 기초는 근대 혹은 근대성의 문제에 놓여 있는 것처럼 보인다. 이 장에서는 먼저 근대를 세계체제 차원의 식민지근대로 이해하는 방식에 대해 살펴보고, 이어서 근대성을 이해하는 두 가지 수준에 대해 논의해보기로 한다.[1]

먼저 식민지근대라는 인식론적 차원의 근대에 대한 것이

다. 세계체제 차원에서 '식민지근대'라는 문제의식은 "모든 근대는 식민지근대다"라는 명제로 간명하게 드러낼 수 있다. 즉 제국주의 지역의 근대든 식민지 지역이 경험한 근대든 지역을 막론하고 모든 지역의 근대는 식민지근대라는 말이다.

그렇다면 식민지근대라는 것은 무엇인가? 식민지근대라는 개념은, 근대를 새로운 각도에서 보되 식민성(coloniality) 혹은 식민주의(colonialism)를 통해 접근하려는 시도라고 할 수 있다. 다시 말하면 근대를 유지하기 위해 근대가 만들어낸 가장 강력한 근대 외부 개념이 바로 식민성이라는 것이다. 식민성 혹은 식민주의라는 개념이 근대성과는 별개의 것으로 혹은 '주어져 있는 것'으로 대상화할 수 있는 그런 개념이 되어서는 안 된다. 근대세계는 식민지와 식민성을 배제하고는 이해할 수 없는 세계다. 그런 점에서 '근대라는 시대 규정은 어떤 측면에서 본질적으로 식민주의라고 볼 수도 있다'. 따라서 근대성과 식민성은 상호 규정적이라든지 단지 어느 한쪽에 방점을 두어 해석할 수 있는 그런 문제는 아니다.

남아메리카 연구자 월터 미뇰로의 말을 빌려 조금 더 부

연해보자. 미뇰로는 식민성은 대개 근대성으로 치장되어 있고, 근대세계는 식민적 권력 매트릭스(colonial matrix of power)를 지배하려는 분쟁으로 점철되어왔다고 주장한다. 그는 기존의 근대성 논의에서는 식민성이 '부재(不在)'로 존재해왔고, 그런 점에서 식민성은 근대성에 숨겨진 어두운 면을 지칭하는 것이라고 본다. 다시 말하면 개척기의 식민지는 근대성의 이면이고, 유럽의 르네상스는 근대성의 표면이라는 것이다. 그리고 유럽의 계몽주의와 산업혁명도 식민적 권력 매트릭스가 변화하는 역사적 순간에 파생된 식민성의 산물이라고 본다. 요컨대 미뇰로 역시 식민성이 근대성을 구성하고, 또 근대성에 의해 식민성이 만들어졌다는 점을 강조하고 있다.[2] 그러므로 미완의 프로젝트인 근대성을 완성시키는 것은 다른 측면에서 식민성의 재생산을 뜻하게 된다는 역설에 직면한다.

식민지근대는 16세기 이전부터 유라시아 대륙 동서의 접촉과 교류 그리고 상호작용에 의해 역사적으로 형성되어왔으며, 16세기 '근대 세계체제'의 형성과 함께 가속화되었다.[3] 그러나 월러스틴으로 대표되는 세계체제론자들이 말하듯, '장기 16세기'를 경유하면서 근대 세계체제가 형성되었다고 볼 수는 없다. 월러스틴은 '장기 16세기'를 거치면서 자본주의 세계경제가 형성되고 이를 바탕으로 근대 세계체제가 구축되고 변용되어왔다고 주장한다. 그러나 그런 견해는 단지 유럽중심주의에 지나지 않는다는 비판을 받는다.

일찍부터 당송변혁기를 근세(early modern)로 규정하는 교토학파 역사학자들의 논의가 있었고, 한국에서도 많은 연구자가 이를 수용해왔으나, 근대 세계체제의 형성과 관련 지어 이해하지는 못했다. 그러나 근래에 제기되어온 16세기 초기근대(early modernities) 형성이론(미야지마 히로시(宮嶋博史))[4]이나 중층근대성 이론(김상준)[5] 등에 따르면 명 시대 혹은 송원 연간의 중국에서 초기근대의 양상은 훨씬 더 풍부하게 나타나는 것으로 주장된다.

절대주의 통치권의 확립과 사대부 집단의 형성, 농업생산력과 발달과 수공업의 성장, 수력 양수기, 수력 풀무, 대형 방적기 등의 기계 발명과 코크스 제련 등 철강 부문의 혁신 같은 기술혁명과 초기 공업화, 도시, 교통, 화폐 및 금융, 상업, 무역의 인프라 발전 등은 송대에 이루어졌으며, 원은 이를 수용하여 가공할 수준의 행정, 건설, 교역 역량을 갖추게 되었다는 것이다. 그리하여 '장기 16세기'가 아니라 '장기 12

세기'를 중심으로 한 중국의 초기근대의 수행 양상에 주목해야 한다고 강조한다.[6] 그리고 이런 초기근대의 출현 과정에는 비서구가 서구에 미친 영향이 그 역보다 훨씬 컸다고 한다.

여기에서 중층근대성을 주장할 수 있는 근거가 주어진다. 김상준은 근대성을 역사적으로 축적된 서로 다른 성격의 근대성이 중층적으로 구성된 것이라고 보고, 이를 중층근대성이라고 규정한다. 다시 말하면, 가장 하층을 이루는 제1층위는 원형근대(proto-modernity), 그 위의 제2층위는 식민-피식민근대(colonizing-colonized modernity), 그리고 맨 위에는 지구근대성(global modernity)이 자리 잡고 있다는 것이다. 초기근대는 제2층위가 시작되기 전에 여러 문명권에서 시작되었고, 본격근대는 제2층위가 시작되고 난 후 대략 1~2세기 후에 개시된 것으로 본다. 그 정확한 시점은 문명권과 나라에 따라 다르게 나타난다고 한다.

이 중층근대성론은 그 논리적 정합성과 상당한 설득력에도 불구하고, '역사적 근대'의 '축적성(시간성의 누적)'을 지나치게 강조함으로써 문명권 혹은 지역마다 다르게 나타나는 특수성에 지나치게 얽매이고 있는 것으로 보인다. 그가 '유교적 근대'의 해명에 매달리는 것은 이 때문일 것이다.

그러나 근대 세계체제 혹은 '본격근대'(김상준의 용어)의 전개 양상은 중층 근대성이 그리는 세계보다는 훨씬 역동적인 변화 양상을 보이고 있었다. 17세기 이후의 근대 세계체제가 서구와 비서구 혹은 비서구 세력 사이의 접촉과 상호작용에 의해 작동하고 있었음에 주목할 필요가 있는 것이다. 이 시기에 서구의 식민세력은 비서구 지역을 일원적으로 온전하게 지배하지 못했으며, 비서구 세력 역시 서구와의 접촉을 통해 자신의 모습을 변화시키고 있었다.

예를 들어 16세기 이후 서구의 상업세력은 남아시아, 동남아시아, 동아시아 지역에 진출했지만, 그 지역의 무역권과 상업세력을 장악할 수는 없었다. 어떤 지역에서는 18세기 후반 혹은 19세기 전반까지도 서구세력은 단지 기존의 지역적 상업세력을 이용하여 이윤을 획득하고 있었을 뿐이다.

청제국의 변화 양상을 다른 사례로 들어보자. 청 왕조는 선교사로부터 수입한 베스트팔렌 질서와 17세기 후반 모스크바공국(러시아)과의 접촉을 통한 근대적 영토 개념과 제국의 지배질서를 수용하게 되었고, 이런 인식의 변화가 18세기 1차 근대제국화 시도로 나타났다고 할 수 있다. '중국형

현대국가의 형성' 시기를 18세기 말로 상정하는 필립 쿤의 이른바 패러다임 전환은 이런 측면에서도 이해할 수 있다.[7] 만주족의 성공적 팽창을 바탕으로 다민족 중화제국이 구축 되었으며, 중국 내부 재정 및 통화의 순환구조가 세계 금융 시장, 곧 은의 유통구조와 유기적으로 통합된 것도 18세기 후반의 일이었다. 그리고 19세기 초반 세계체제를 양극화시 킨 대변화, 곧 세계체제의 대분기(great divergence)를 경유하 면서,[8] 19세기 후반 2차 근대제국화 시도가 나타나게 되는 것이다. 제국을 만들기 위한 1차 시도에는 네르친스크조약 이, 2차 제국화 시도에는 북경조약(아이훈조약)이 변화의 중 요한 표지가 된다.[9]

이와 관련하여 다양한 차원에서 복합적인 근대성에 대한 논의가 축적되어왔다. 예컨대 근대성이 전 세계 지역으로 확산되었으나, 핵심적인 특징이나 이념적 혹은 제도적 역학 을 공유하는 것 이상으로 동일한 근대문명을 만들어내지는 못했다는 것이다. 이에 따라 서구와 다르게 발전하는 경향 이 있는 문명의 발달을 낳았으며, 원래의 전제를 넘어서는 광범한 변화들이 서구사회 내부에서도 발생했다고 본다. 이 를 다원적 근대성(multiple modernity)이라고 규정하고, 이를

비교문명적 관점에서 분석할 필요를 제기하는 것이다.[10]

이런 의미에서 16세기 이후 근대 세계체제는 한편으로는 다원화하고 있었으며, 다른 한편으로는 중층화하고 있었다고 볼 수 있다. 다원화된 근대성은 세계체제의 상호작용의 결과로 나타난 것이며, 시간성의 누적으로 나타난 것이 중층화였다고 할 것이다. 세계체제 차원의 식민지근대는 이처럼 다원화와 중층화라는 특징을 가진다. 물론 다원화되고 중층화되고 있던 식민지근대를, 어떤 방식으로 구조화하여 역동적으로 이해할 것인가는 차후의 과제로 남아 있다.

일국적 근대성 비판

지난 20세기는 국민국가의 시대로 기억될 것이다.[11] 국민국가 시대란 곧 국제(國際, international)의 시대이기도 하고, 세계체제적 시각으로는 국가 간 체제(inter-state system)가 작동하는 시대이기도 하다. 국민국가의 시대란 국민국가를 역사적 행위의 주체이자 단위로 간주하는 시대를 지칭한다. 이 시대에 개인의 정치적·경제적·사회적 행위는 국민국가를 확대하거나(=제국주의) 국민국가를 창설(=식민지)하는 데에 수렴되고, 그리고 수렴되어야 하는 것으로 해석되어왔다고 해도 과언이 아니다. 국민국가의 시대에 근대역사학은 국가-국민 형성에 기여하는 학문으로 자신의 모습을 드러내었다. 이른바 국민 만들기(nation-building)에 근대역사학은 자신의 정체성을 일치시켜왔던 것이다.

국민 만들기에 기여하는 역사학으로서 국민국가 시대의 역사학을 규정할 때, 그 특징은 근대성을 일국사적 차원에서 규정하는 데서 찾을 수 있을 것이다. 근대성을 일국사적 차원에서 확인하고자 할 때, 근대성의 기원을 일국사적 차원에서 추적하고자 할 뿐만 아니라, 근대성의 작동원리를 일국사적 범위에 국한하여 해명하려는 시도가 동반되는 것은 필연이라 할 것이다. 이런 차원에서라면 2차 세계대전 이후 동아시아 역사학계를 풍미한 내재적 발전론(혹은 내발적 발전론)의 그 '시대적 타당성'을 이해하지 못할 바도 없을 것이다. 또한 일국사적 차원에서 근대성의 기원과 작동원리를 추적할 때 동반되는 역사학적 방법론으로 국제관계론적 접근과 비교사적 접근을 들 수 있다.

지금부터 한국 근대사를 대상으로 국민국가 시대의 근대 읽기의 속성인 일국사적 근대성에 대해 살펴보겠다.

한국의 식민지 경험을 둘러싼 해석은 이른바 '수탈론 대

근대화론'이라는 이분법적 대립도식을 형성한 채 단속적이지만 오랫동안 지루하게 대치해왔다. '수탈 대 근대화' 혹은 '시장 대 계급착취'라는 도식은 식민지를 해석하는 틀에서 근본적인 차이를 노정하는 듯이 보이기도 한다.[12] 하지만 근대성에 대한 접근방식이라는 점에서는 압도적으로 일국사적 입장을 취하고 있다는 점에서 공통적이다. 어떤 점에서 그러한가?

먼저 이른바 식민지근대화론에 대해서 살펴보자.[13] 식민지근대화론은 이기적인 존재인 경제인(호모-에코노미쿠스)이 수행하는 합리적인 행위를 입론의 출발점으로 설정하고, 이를 통해 식민지하 경제성장과 근대화를 증명하고자 한다. 식민국가(조선총독부)의 산업정책을 통해 자립한 경제영역의 독자성을 강조하고, 나아가 자율적 시장의 존재를 통해 식민지하 경제성장의 역사적 정당성을 입증하고자 한다. 토지조사사업을 비롯한 식민지 산업정책을 통해 자율적 시장이 창출된 측면을 내세우면서, 자율적 시장을 통한 식민지공업화의 수행을 식민지기 근대화의 지표로 강조한다. 나아가 식민지기 1인당 생산이 증가함으로써 한국인들의 소득 역시 증가하여 평균적 생활수준이 향상되었다고 주장한다.[14]

하지만 식민지근대화론의 식민지 해명에는 부당한 전제와 과잉 해석이 깔려 있다고 하지 않을 수 없다. 경제의 주체를 욕망하는 이기적 존재인 경제인으로 보고 이들의 활동이 합리적이라고 전제하는 것은 신고전주의 주류경제학 일반의 공통된 현상이라 할 수 있겠지만, 이에 대해서는 이미 심각한 반론이 제기된 바 있다.[15] 더욱이 식민지근대화론이 한국인과 일본인 사이에 경제주체로서의 차별성을 인정하지 않는 것은 식민지 이해에 있어 부당한 전제가 되기 십상이다. 식민지민인 한국인들은 기본적 인권의 제약을 받았으며, 정치 참여 역시 심각하게 제한되어 있었다. 한국인들에게는 자신들의 사회를 스스로 운영할 권리가 허용되지 않았으며, 이에 따라 경제활동에도 심각한 제약이 따를 수밖에 없었다. 식민지기 경제와 사회를 운영하는 제반 법령은 일본인을 중심으로 편제되고 운영되었다.

식민국가가 경제영역의 독자성을 창출하는 역할을 수행했다는 것은 의심할 여지가 없지만, 한국인이 경제주체로서 심각한 제약을 받고 있었다는 점을 인정한다면, 아무런 제약 없는 자율적 시장의 존재를 상정할 수는 없다. 식민지에도 상품시장, 자본시장, 토지시장, 노동시장 등 각종 시장이 존재하고 있었지만, 이는 식민국가에 의해 강력히 통제되고 경제주체 내에 민족별 분단이 존재하는 불완전 시장일 따름이었다.[16]

또한 이 시장은 제국주의 본국 및 제국 영토 내의 기타 식민지 또는 국민국가 등과 교류하는 단절되지 않은, 곧 세계시장과 연결된 그런 시장이기도 했다. 그런 점에서 식민지 경제를 하나의 '지역'경제 개념으로 접근하는 것은 타당하다. 그러나 민족문제=정치적 차원의 문제를 경제 분석 과정에서 제외함으로써, 식민지 경제가 자율적이고 균형적으로 작동하는 시장경제인 양 간주하는 것은 부당하다.[17] 식민지의 시장은 세계시장과 연결된 불완전한 시장이었으며, 정치논리의 영향을 크게 받던 시장이었음을 간과해서는 안 된다.

이와 관련하여 제국주의의 경제적인 힘이 '광역적 공공재'의 제공에 의해 중심과 주변의 결합도를 향상시킨다는 지적에도 주의할 필요가 있다. 광역적 공공재란 중심이 주도하는 광역적 도로교통망, 화폐제도, 무역권의 정비를 말하는 것으로, 그것은 그 상호성에 의해 주변을 중심으로 끌어들이는 힘을 가지고 있다는 것이다.[18] 식민지의 경제성장이 광역적 공공재의 제공에 의해 식민지가 제국으로 편입되는 정도가 높아지는 것을 의미하는 것이라면, 그것을 피식민의 경제성장으로 연결하는 것이 얼마나 위험한 것인지를 확인할 수 있다.

피식민 경제주체가 불완전한 시장에서 차별받는 존재였다는 점을 인정한다면, 식민지 전체의 경제성장을 식민지근대화로 해석하는 것은 명백한 논리적 비약이다. 피식민지민들에게는 그 근거가 불명확한 경제성장이라는 지표만을 통해, 식민지근대화를 주장할 수는 없을 것이기 때문이다. 기본적 인권과 정치 참여의 문제는 제쳐두더라도, 식민지근대화란 식민지 사회·경제의 구조적 변화와 시민복리의 증진을 포함하는 '개발'을 포함하는 것이어야 할 터인바, 경제성장(growth)은 개발(development)과 동일한 것이 아니다. 식민지근대화론자들은 식민지하 사회·경제적 차원의 개발조차 입증하지 못한 채, 경제성장이라는 경제적·부분적 지표만으로 근대화를 주장함으로써, 자가당착에 빠져들지 않을 수 없게 되었다. 그들의 주장은 '개발 없는 성장'에 지나지 않는 것이고, 따라서 그들이 주장하는 성장은 식민지 경제 자체에 대해서도 알려주는 바가 거의 없게 되는 것이다.

식민지배하에서의 개발을 온전히 이해하기 위해서는, 개발이 단순히 경제성장이 아니라 인간의 잠재능력(capabilities)을 확대시킴으로써 '자유'를 확산시키는 개발이 되어야 한다는 아마르티아 센의 논리에 귀 기울일 필요가 있다. 식민지배를 통해 설령 경제가 성장하고 소득이 증가했다고 하더라도 그것은 복지와 자유에 기여하는 하나의 요소일 뿐이다. 개발이란 경제적 부(富)보다는 삶의 기반이 되는 인간적 부를 늘리는 것이어야 하며, 인간이 무엇을 성취하거나 어떤 상태에 놓일 수 있는 잠재능력을 향상시키는 것이어야 한다는 주장이다.[19] 그렇다면 기본적 인권이 부재하고 항상적인 차별이 존재하는 식민지하에서의 총량적 경제성장이란 피식민지민들의 잠재능력을 박탈하고 자유를 억제하는 '빈곤'에 지나지 않게 된다. 식민지근대화론은 이 역설에 답할 의무가 있다.

이에 대해 이른바 수탈론은 어떤가? 주류역사학 일반의 식민지 해석을 수탈론이라고 하기에는 여러 가지 문제가 있는 것이 사실이다.[20] 일반화되고 속류화된 식민지 인식을 통틀어 수탈론이라고 전제하기에는 어려움이 있지만, 식민지근대화론에 대비되는 의미에서의 수탈론을 논의의 대상으로 삼을 수는 있을 듯하다. 수탈론이 전제하는 행위주체로 일반적 인간형이 있는 것은 아니지만, 식민지근대화론의 경제인에 대응한다는 점에서 '저항인'을 상정해볼 수 있을 것이다. 피지배 식민지민의 저항인으로서의 속성이 강조됨으로써, 역으로 그들의 경제행위에 대한 해석에는 과도한 제약을 가하는 것으로 보인다. 수탈론에서는 식민지하에서 경제 영역이 독자성을 가지고 기능하기 시작했으며, 경제를 구성하는 각종 요소를 대상으로 하는 독자적인 시장이 형성되기 시작했다는 점을 인정하는 데는 인색하다. 그것이 불완전한 시장이라는 점을 인정하더라도, 요소 시장을 통한 경제행위와 경제의 양적 변화를 탐구하는 행위가 무의미하지는 않을 것이다.

경제성장을 포함하는 식민지 자본주의를 근간으로 식민지배와 수탈의 효율성을 높이기 위해 제국주의의 개발과 수탈이 진행되었다는 점[21]을 강조하기는 하지만, 엄밀한 분석적 성과는 드문 것으로 보인다. 식민지하에서 경제가 분화하고, 경제의 각종 요소 시장이 성립하는 것을 인정하는 데에 인색한 대신, 수탈론은 정치적·사회적 권리의 제약을 통한 경제적 불평등을 지나치게 강조하기 때문일 것이다. 그런 점에서 수탈론적 입장에 있는 것으로 보이는 '개발 없는 개발'[22]이라는 명제는 자신의 논리적 딜레마를 드러내는 데 지나지 않는다. 식민지 경제의 각종 시장은 민족별로 '분단' 되어 있었지만, 그 분단 상황을 민족별로 '분할'해서 양적으로 지표화하기는 어렵다. 분할이 불가능할 정도로 식민지 사회·경제는 민족적·계급적으로 복합화·혼성화되었기 때문이다. 이런 점을 인정한다면, 수탈을 분석적 개념으로 활용하는 방식은 이제 재고해야 할 것이다.

수탈이라는 개념은 경제적 분석 개념일 수 없고, 그렇게 간주해서도 안 된다. 민족적·계급적으로 혼성화되어 있었으며, 제국주의 본국과 분리된 독자적 국민경제로 간주할 수도 없는 식민지에서, 수탈이 이루어진다는 것은 무엇을 의미하는가? 계급착취적인 수탈은 단순히 식민지하에서만 일어나는 현상이 아니다. 수탈을 계급착취적 차원에서나 혹은 민족적 차원에서만 해석할 수 없다. 그렇다고 식민지하에서 수탈이 없었다고 볼 수도 없을 터다.[23] 식민지에서의 수탈은 시장적·비시장적 통제를 통해 일상적으로 수행되었다고 볼 수 있기 때문이다. 그런 점에서 식민지 수탈이란 근대성과 차별이 동시적으로 발현하는 상황을 지칭하는 것일 터다.[24] 근대성과 차별이 동시적으로 발현한다는 것은, 식민지 '규율권력'의 이중성이 작동하는 것을 의미한다. 식민지 배하에서의 욕망과 규율화의 이중성은 식민지민에 대한 차별화를 통해서 작동하는 것이며, 이것이 바로 식민지의 수탈을 의미하는 것이 아니겠는가?[25]

이처럼 수탈론과 식민지근대화론은 매우 다른 입론을 펼치고 있지만, 근대성의 지표 설정에서는 공통점과 차이점을 동시에 가지고 있는 것으로 보인다. 식민지의 근대성을 세계체제에서 상호연관된 현상의 일환으로 보지 않고, 그로부터 분리된 독립적인 현상으로 간주하는 점에서는 공통적이다. 공간적 은유를 통해 비유하건대, 수탈론은 근대의 지표를 구름 위(근대인 또는 근대적 시민사회, 근대국가)에, 식민지근대화론은 땅속(경제영역)에 설정하고 있다고 할 수 있다. 한쪽에서는 근대적 국민국가 혹은 시민사회의 형성을, 다른 한쪽에서는 근대적 경제성장을 근대성의 지표로 설정하는 것은 모두 일국사적 근대성 해석에서 연유한다. 그런 점에서 양자 모두 근대지상주의를 벗어나지 못한다. 그리하여 양자는 근대적 '진보'라는 역사관을 공유하고 있지만, 수탈론은 과거 회상적으로, 식민지근대화론은 부당하게 현재를 추인하는 과잉 해석에 빠져드는 것이다.[26] 근대란 언제나 근대가 아닌 다양한 존재를 전제로 한다. 이를 세계체제론자들은 비자본주의적 시장, 곧 자본주의적 시장으로 편입될 대상의 존재로 설명한다. 하지만 양자는 모두 자본주의적 근대의 이런 측면을 무시한다.[27]

일국사적 근대성 해석이 국민 만들기에 관여하는 방식은 어떤 것일까? 우선 수탈론은 홉슨-레닌 이후의 고전적 제국주의론 혹은 종속이론의 한국적 변용이라는 성격을 가진다고 할 수 있다. 이에 따라 제국주의로부터 독립적인 국민국가의 건설과 독자적 국민경제의 형성에 관심을 집중하면서, 민족해방운동의 전개와 해방 후의 통일국가 수립운동 혹은 민주화운동에 정통성을 부여한다. 한반도의 분단된 현실은 국민국가 건설과 국민경제 형성이라는 관점에서 볼 때, 근대에 미달하는 상태에 지나지 않는다. 통일 민족국가의 건설과 자립적 국민경제의 수립이라는 과제는, 한국이 근대에 '적응하고 극복'하는 과정에서 달성해야 할 지상의 목표로 설정된다.

이에 반해 1950년대 이후의 근대화론 혹은 '시장균형론'의 한국적 변용이라고 할 수 있는 식민지근대화론은, 식민지기 경제성장으로부터 이어지는 남한 경제성장의 연속성을 증명하는 데 관심을 집중한다. 식민지근대화론의 입장에서 볼 때, 경제성장에 실패한 북한은 '문명사적' 맥락에서 '야만'으로 해석되고 한국(남한)의 '건국'에 지나치게 중요한 의미가 부여된다. 이들에게 남북한 '건국의 등가성'은 인정되지 않으며, 경제성장에 성공한 남한만이 정통성을 가진다.[28]

이처럼 평행선을 그리며 진행되는 '통일 대 건국'의 이항대립적 현대사 해석은, '수탈 대 성장'이라는 식민지근대성에 대한 일국사적 해석에서 연유하는 측면이 강하다. 그럼에도 이 두 입장에서 '국민 만들기'의 양가성을 확인하기는 어렵다. 국민 만들기란 언제나 국민국가적 정통성을 만드는 과정에서 수반되는 억압성과 아울러 국민적 정체성을 부여하는 양가적 성격을 가진다. 국민국가 시대의 국민 만들기에 기여하는 근대성 해석에 대한 자기비판이 필요할 것이다.

전 지구적 근대성

국제(혹은 국가 간) 시대를 뛰어넘어 전 지구화 시대 혹은 트랜스내셔널 시대로 이행하고 있다는 것은 무엇을 의미하는가? 그것은 적어도 다음과 같은 몇 가지 의미를 함축하고 있을 것이다.

첫째, 교류와 상호작용의 단위 또는 행위의 주체가 국민 국가'만'이 아닌 시대가 도래하고 있다는 점이다. 특히 초국적 자본의 등장으로 국민국가는 그 역할이 심각하게 축소되고, 그 소멸마저 운위되고 있다. 둘째, 그에 따라 국민국가가 아닌 새로운 행위주체 또는 다양한 교류와 상호작용의 단위가 등장하고 있다는 점이다. 개인과 시민사회를 비롯하여 다양한 행위자가 초국적 행위자로 등장하고, 새로운 방식의 교류와 상호작용이 다원적으로 수행되고 있다. 그리하여 셋째, 국민국가라는 행위주체를 뛰어넘는 새로운 공통의 장—그게 지역이든 지구이든—이 등장하고 있다. 동아시아 시민사회, 동아시아공동체, 지구 시민사회와 같은 새로운 공치의 단위가 거론되고 있는 것을 그 사례로 들 수 있다.[29]

'이런 시대에 필요한 역사학은 어떤 것일까'라는 질문을 내포하고 있는 것이 트랜스내셔널 히스토리일 것이다. 트랜스내셔널 히스토리는 국민 만들기에 기여하는 역사학, 곧 일국적 역사학을 극복하고자 하는 시도이자 지향이다. 그런 점에서 트랜스내셔널 히스토리는 일국사적 차원을 넘어서서 근대성을 규정하고자 하는 지향을 함축하고 있다고 할 것이다. 다른 한편 근대란 그 체계의 세계성을 특징으로 하는 것이라 할 때, 근대의 속성을 일국사적인 차원에서 추적하는 것은 근원적으로 근대에 대한 오해를 낳을 수밖에 없다. 그런 점에서 트랜스내셔널 히스토리는 내재적 발전론처럼 일국적 차원에서 근대성의 기원을 추적하고 해석하고자 하는 논리를 넘어서려는 시도인 것이다. 근대성을 전 지구적 차원에서 재해석하고자 할 때, 그에 동반되는 역사학적 방법론 역시 변화되어야 한다.

이와 관련하여 근대성 논의를 우선 살펴볼 필요가 있다. 식민지 해석을 둘러싼 오래된 논쟁에 대해 대안의 논리로 제시되었던 것이 바로 식민지근대성론이다.[30] 식민지근대성론은 식민지를 둘러싼 논의를 근대성 논의로 전환했다는 점에서 그 의의를 부여할 수 있겠지만, 그럼에도 근대성 해석에서의 일국사적 관점을 탈피했다고 보기에는 어려움이 있다.[31]

하지만 트랜스내셔널 히스토리와 관련한 근대성 논의는 전 지구적 근대성의 전개를 전제로 해야 한다는 점을 분명히 해둘 필요가 있다.[32] 그동안 식민지근대성에 대한 많은 오해 또는 곡해는 이를 무시한 데서 발생한 것이었다. 식민지근대성론을 전 지구적 차원에서 발전시키고자 하는 논의가 바로 '식민지근대'론이었다. '식민지'란 근대 세계체제가 그 속성을 갖추기 시작하는 지점이다. 즉 식민지체제란 근대 세계체제의 하위체제로서, 문화적 교류와 융합 및 동화가 가장 활발하게 일어나는 체제이기도 하다. 그러므로 역설적이게도 식민지체제란 국민국가 체제를 구성해가는 출발점으로서의 위치를 갖지만, 국민국가적 퍼스펙티브만으로는 그 속성을 헤아리기 어려운 체제이기도 하다.

이런 점에서 서구와 식민지는 동시적으로 발현한 근대성의 다양한 굴절을 표현하고 있으며, 근대는 특정한 지정학적 위치에만 결부 지을 수 있는 주제는 더 이상 아니다. 이는 식민지를 사회진화론적 문명론의 발전단계론에 따라 하위에 위치시키지 않는다는 것을 의미한다. 이런 인식은 식민지가 일국적이고 자족적인 정치적·경제적·사회적 단위가 아니라 제국의 일부를 구성하고 있었다는 점과, 제국과 식민지는 상호작용하는 하나의 '연관된 세계'를 구성하고 있었다는 데서 출발한다. 다른 한편 식민지배에서 해방되어 정치적·경제적·사회적으로 독립된 단위를 구성한다고 해서 자동적으로 식민지로부터 벗어난다고 볼 수도 없다. 오래된 논의이지만, 식민주의는 후기 식민지 시기를 특징짓는 또 하나의 현상이기도 하다.[33] 그런 점에서 식민지근대론은 제국과 식민지를 관통하는 공시성과, 식민지와 후기 식민지를 연결하는 통시성을 동시에 가진다.[34] 다른 한편 식민지 역시 수탈과 문명화-개발의 양면을 가진다. 그런 점에서 식민지근대라는 문제의식은 근대의 양가성과 식민지의 양가성이 만나는 어느 지점에 위치한다고 볼 수 있다.[35]

식민지기 조선의 자본주의는 일본제국의 경제를 구성하는 하위부문으로 점차 편입되어 제국주의의 경제적 분업의 일환을 구성해나가게 된다. 조선에 침투한 일본의 독점 자본은 조선인 자본을 예속시키면서 조선 전체의 생산력을 향상시켰던 것이다. 이러한 생산활동의 적극적인 전개는 경제 전 분야에 걸친 상품경제의 발전 및 시장의 확대를 초래한다. 시장의 발전과 자율성의 증대는 차츰 균형적 시장가격의 형성을 지향한다. 하지만 정치적으로 종속된 식민지의 경우에는 시장의 균형을 달성하지 못하고 불균등 성장을 낳을 수밖에 없게 된다. 이를 거꾸로 본다면, 식민지에서 시장의 균형을 달성하지 못하고 불균등 성장을 지속할 수밖에 없는 이유는 복수의 생산양식, 곧 자본주의 생산양식과 전근대적 혹은 소농경제적 생산양식이 공존했기 때문이다. 전근대적 혹은 소농경제적 양식의 유지는 자본주의 생산양식을 위한 분해도 아니고 순수한 보존도 아닌 재편(reconstruction)의 과정으로 볼 수 있으며, 이를 생산양식의 절합(articulation)이라고 부를 수 있을 것이다. 소농경제적 양상이 제국의 독점자본과 어떤 방식으로 결합하여 식민지적 양상을 구성하는지는 각각의 식민지적 특수성에 의존할 수밖에 없다. 이런 점에서 생산양식의 절합에 의한 불균등 시장의 지속이라는 문제의식은, 전 지구적 근대성의 이해 방식과도 맞닿아 있다.

월러스틴의 세계체제론(world system theory)에 따르면, 자본주의 세계경제의 확장 과정이란 만물의 상품화 과정이며, 자본주의 세계경제는 이를 통해 축적의 정치학을 가동해야만 했다. 지리적 팽창을 통해 끊임없이 이질적인 생산양식을 '절합'함으로써 수많은 사람들을 새로운 프롤레타리아로 창출해내야만 했던 것이다. 새로운 프롤레타리아의 창출 과정은 사회를 합리화하는 과정이기도 하지만, 다른 한편 자본의 끊임없는 축적의 과정이 그 이면에 은폐되어 있다는 것이다.[36] 제국주의의 새로운 식민지 확보 과정이란, 세계경제의 확장에 수반하여 구래의 생산양식의 절합을 통해 새

로운 프롤레타리아를 창출하는 과정이다. 식민지배를 통해
확산되는 구래의 신분적 구속의 해방과 합리성의 확대 과
정이란 이처럼 자본주의 세계경제의 확장 과정이자 새로운
프롤레타리아의 창출 과정이기도 한 것이다.

예를 들어 식민지 조선에서 진행된 백정집단의 사회적 신
분해방운동을 이러한 차원에서 이해한다면, 신분해방운동
을 단순히 민족해방운동의 틀 속에서 이해하는 오래된 틀
을 벗어날 수 있게 될 것이다.[37] 식민지의 다양한 근대성은
이처럼 전 지구적 근대성이라는 차원에서 새로이 해석해나
갈 수 있을 것이다.

다른 한편, 전 지구적 근대성에 대한 문제의식은 새로
운 지구사 혹은 세계사 논의와 연결된다. 아리프 딜릭(Arif
Dirlik)은 유럽중심주의적 목적론에서 탈피하기 위해 다원적
근대성(혹은 대안적 근대성)을 설정하되, 근대성 형성에서 근
대 유럽의 변형적 역할을 부정할 수 없다는 점에서 논의를
출발한다. 또한 유럽과 미국에 의해 발명된 근대성을 식민
지근대성(colonial modernity)이라고 규정하고 이것이 현재의
전 지구적 존재조건을 형성하고 있다고 본다. 전 지구화와
그것이 생산한 지구적 근대성은 식민지근대성의 유산인 불

평등한 발전과 권력관계를 지속시킨다는 점에서 문제가 있다고 본다. 그리고 이를 극복하기 위한 자원을 초기근대가 아니라 근대의 초기 국면에서의 대안적 근대성 속에서 찾고자 한다.[38]

지구적 근대성이 지구사 서술과 맞닿아 있다는 점에서도 그렇지만, 지구적 근대성을 해명하려는 시도가 세계체제론 혹은 초기근대론으로 확장되면서 대안적 근대성 논의와 맞물리고 있다는 점에서 볼 때도, 지구적 근대성이 포괄하는 시간적·공간적 범위는 더욱 확장되어나갈 것으로 보인다. 지구적 근대성에 대한 고려는 트랜스내셔널 히스토리의 지향이 지구사 논의의 지평으로 나아가는 데 중요한 기반을 제공할 수 있을 것이다.

지금까지의 논의를 다음과 같이 요약할 수 있겠다. 한국 근대의 트랜스내셔널한 상황은 식민지 해석에서 일국사적 근대성 읽기를 인정하지 않는다. 수탈론과 식민지근대화론 사이의 오래된 논쟁은 일국사적 근대성 읽기라는 점에서는 전혀 다르지 않다. 트랜스내셔널 히스토리는 내재적 발전론이나 식민지근대화론처럼 일국적 차원에서 근대성의 기원을 추적하거나 해석하고자 하는 논리를 넘어선다. 근대성은 언제나 전 지구적이다. 한국의 근대성을 전 지구적 근대성의 전개라는 차원에서 읽을 때, 한국 근대사 해석의 근본적 전환이 가능하게 될 것이다. 식민지가 일국적이고 자족적인 단위가 아니라 제국의 일부를 구성하고 있었다는 점에서, 제국과 식민지는 상호작용하는 하나의 연관된 세계를 구성하고 있었다.

2부

제국과 동아시아

1장

제국과 근대국가

머리말

동아시아라는 역사적 공간은 어떤 방식으로 형성되어왔
으며, 그 공간을 일국사적 전개를 초월하는 '지역적 공간'으
로 어떻게 파악할 수 있을 것인가? 이 지역에 사는 사람들
은 어떻게 교류하고 소통했으며, 자신이 살던 '지역적 공간'
을 어떻게 이해해왔던가? 이런 질문들에 대해 답할 수 있을
때, 내부적으로 상호관련성을 가지면서 연동하는 지역적 단
위로서 동아시아사의 실체가 드러나게 될 것이다. '지역사'
란 개별 민족사를 합친 것을 지칭하지 않는다. 오히려 민족

사 혹은 국민사 패러다임을 바탕으로 개별적 역사를 모자이크한 것이 아니라, 그 패러다임 자체를 뛰어넘거나 대체하는 수준의 새로운 논의가 필요할 것이다.

그런데 먼저 지적해두어야 할 점은, 근대 동아시아의 정치적 질서는 여러 차원의 정치체가 복잡하게 착종하고 있었다는 것이다. 근대 동아시아 세계는 글로벌한 차원의 세계체제, 지역질서, 국민국가가 중층적으로 교차하는 세계였다. 나아가 제국주의, 국민국가, 식민지 등의 각기 다른 정치체가 상호 교직된 하나의 질서가 바로 근대 동아시아 세계였다. 이런 의미에서 근대 동아시아 세계는 트랜스내셔널한 상황을 포괄하는 지역질서이기도 하다. 근대 동아시아 지역은 제국과 제국, 제국과 국민국가, 제국과 식민지, 국민국가와 식민지, 식민지와 식민지 사이의 상호작용이 다양한 차원에서 횡단하거나 관통하는 공간이었던 것이다.

이 장에서는 동아시아 지역의 두 제국, 곧 청조의 중화제국과 일본의 근대제국 형성 과정을 '모방'과 '차이'라는 두 개념을 중심으로 살펴볼 것이다. 그 이전에 우선 제국이란 무엇인가를 살펴볼 필요가 있겠다.[1] 잘 알다시피 탈냉전 이후 전 지구화가 급속하게 진행되고 국민국가의 지위와 기능에 질적인 변화가 심각하게 진행되면서, 새로운 대안적 이론으로 부상한 것이 각종의 '제국론'이다. 전 지구화가 불러온 변화, 특히 국경을 넘나드는 상품과 자본 그리고 사람의 이동이 국민의 주권성에 어떤 질적인 변화를 초래하고 있다는 자각이 제국론 붐을 불러온 것처럼 보인다.[2] 거꾸로 말하면, 현재의 제국 이론이 대체로 '세계체제의 제국화'를 중심으로 진행되고 있는 것은, 전 지구화가 세계체제에 질적인 변화를 초래하고 있다고 보기 때문이다.

월러스틴은 세계체제론에서 이른바 '장기 16세기'에 세계-제국이 해체되고 세계-경제가 형성된 이후, 18세기 말에 이르러서야 국민국가를 단위로 세계가 분절화하는 것으로 규정한다. 따라서 그는 장기 16세기 이후 유럽을 세계-제국으로부터 국민국가로 이행하는 과도기로 이해하고, 그때 형성된 절대왕정국가를 근대 국민국가의 원형(prototype)으로 규정한다. 그러나 이 시기의 비유럽 세계는 유럽과는 대조적으로 전근대적인 세계-제국이 할거하는 것으로 묘사된다.[3] 그리고 이는 이 시기의 세계를 중심-주변의 관계로 환원하는 유럽중심주의적 발상이라는 비판을 받아왔다.[4]

제국론의 입장에서 이 시기를 보면, 역으로 글로벌한 제국의 시대로 해석될 수 있다. 절대왕정으로 분립되어 있던 유럽은 제국의 부재가 아니라 '불완전한 제국'이 북적거리던 상황으로 볼 수 있으며, 여기에 각 지역에서 지정학적인 중심을 형성하고 있던 러시아공국, 오스만튀르크, 무굴제국, 청제국 등 보편성을 분유하던 지역제국들이 존재하고 있었다고 할 수 있다. 이 제국들은 제국의 이념을 분유하는 범위 속에서 시스템을 폐쇄하고, 외부와의 교통의 압력을 억압적으로 관리하고 있었다.[5] 이처럼 장기 16세기 이후 19세기 초까지의 시기는 지역제국이 보편성을 분유하면서 각 지역의 중심을 형성하고 있었던 것이다.[6]

근대제국 ― 중국과 일본의 경우

그렇다면 지역제국으로서의 청조의 통치는 어떤 성격을 가졌는가? 만주족 왕조인 청조는 17세기 이후 자신들의 출신지인 만주만이 아니라, 티베트와 신강 그리고 몽골까지 자신의 지배영역으로 끌어들였다. 또한 현재의 외몽골 정도를 제외하면, 청조의 지배영역이 1950년대 이후 현대 중국의 영토로 그대로 확정되었다. '개토귀류(改土歸流)'라는 슬로건 아래 이루어진 이런 지배영역 확장은, 무슨 근거로 추진되었던 것일까?

청조의 통치는 기본적으로 몽골제국의 통치를 계승하는 성격을 띠고 있었다. 유라시아대륙의 정복에 기초한 몽골적 통치는 중국의 황제를 복수의 세계-보편성을 통치하는 입장으로 변화시켰다. 중국의 황제는 이제 단순히 중화세계의 보편성의 체현자일 뿐만 아니라, 복수의 세계를 메타 레벨의 입장에서 총람하는 것이 요청되었던 것이다. 건륭제가 '중화제국'으로부터 '세계제국'으로 변화하기 위해, 중화사상을 넘어서 '중외일체'의 이념을 내세웠던 것은 이 때문이었다. 중국 황제는 유교와 불교, 그리고 이슬람교를 등거리의 현실적 통치 대상으로 삼는, 다시 말하면 복수의 '세계'를 통치하는 논리 위에 서야 했던 것이다.[7]

17세기 이래 러시아 세력의 팽창과 티베트 불교의 영향으로 몽골 초원을 둘러싼 역학관계가 근본적으로 변화하면서, 청조는 이제 전통적인 관례를 거부해온 지역까지 통합의 대상으로 삼아야 했다.[8] 이에 청조는 중화제국이자 동시에 내륙아시아의 제국이 되었다.[9] 그러나 이런 청조의 제국적 군사 팽창과 영토 확장은 17세기 이후 지역제국에서 일반적으로 나타난 현상이었다. 17세기 이후 본격화된 모스크

바공국, 곧 러시아의 시베리아 진출과 청조의 신강 정복은 연관성이 높으며, 러시아의 영역 확장과 영향을 주고받은 결과라는 해석이다.[10]

이런 해석이 정당하다면, 우리는 이를 청조의 '제1차 제국화' 시도라고 부를 수 있지 않겠는가? 물론 이때의 제국은 16세기 이후 서구의 절대왕정국가를 중심으로 확장되기 시작한 '불완전한' '근대제국'을 지칭하는 것이다. '근대제국'이란 전근대제국의 일반적인 특성과는 달리, 근대국가적 통합성을 목표로 삼아 새로운 지배영역을 통치하는 제국을 말한다.

다른 한편 18세기 산업혁명을 통해 지배력을 확장한 자본주의 세계체제와 본격적으로 접촉하기 시작하면서, 중국의 변경 지배도 큰 폭의 변화를 겪게 되었다. 19세기 중반 청조는 신강과 타이완을 포함한 변경 지역의 가치를 새로이 논의하기 시작했다. 해방파(海防派)와 새방파(塞防派)의 논쟁은 한족중심주의의 입장에서 변경 정책을 검토한다는 공통점이 있었다. 또한 1884년의 신강성 건립에서 드러나듯, 이 시기 운남, 타이완, 만주 등의 다른 변경지역에서도 성을 건립하거나, 한인을 이주·정착시키고, 유교 교육을 적극적으

로 보급하는 정책이 실시되었다.[11]

이처럼 1870년대 이후 청의 조야에서는 호전적 분위기가 팽배했다. 청은 조선을 새로 설치한 동삼성(東三省) 방어를 위한 완충국으로 보전해야 한다는 전략적 판단에 따라, 조선에 대한 종래의 종주권(宗主權)을 국제법 질서 속의 종속(從屬)관계, 즉 실질적인 지배관계로 변화시키려는 의도를 드러냈다. 조선이나 베트남의 내정과 외교에 대한 개입은 전통적인 조공-책봉체제로부터의 이탈을 의미하는 것이었다.[12] 물론 이런 의도는 일본을 포함한 서구 제국의 견제로 그대로 실현되지는 않았지만, 이를 청조의 '제2차 제국화' 시도라고 지칭할 수 있을 것이다.

19세기 이전 만주족 왕조의 북방영토 확대 시도는 성공했고 19세기 후반 주변 조공국에 대한 종속화 시도는 실패했지만, 두 번에 걸친 청조의 이런 시도는 오랜 전통을 가진 중화세계적 질서관을 스스로 부정하는 것이었다. 그리하여 19세기 후반 동아시아 지역의 국제질서는 중국 중심의 역사적 질서, 곧 중화질서와 국민국가 중심의 공법질서, 곧 자본주의 세계체제적 국가 간 질서(inter-state system)가 뒤섞이는 '혼란의 세계'로 그 모습을 드러냈다. 서양의 제국주의적 침략으로 중화질서는 약화되거나 파괴되었고, 일본은 그 틈새를 뚫고 들어감으로써 제국주의적 발전을 수행할 수 있었던 것이다. 이처럼 청조의 '제국화'는 중화제국의 해체와 함께 시도되었다.

한편 19세기 후반부터 20세기 초반(곧 1차 세계대전 전후까지)에 걸쳐 수행되고 있던 일본의 제국주의적 발전은, 국민국가를 기반으로 한 근대화 과정과 중첩된 것이었다. 국민국가적 근대화를 수행하면서 일본은 청일전쟁과 러일전쟁을 계기로 근대제국으로 성장하고 있었다. 1870년대 이후 일본은 홋카이도와 오키나와는 물론, 두 번의 전쟁을 통해 타이완과 조선까지 식민지로 편입시킬 수 있었다. 이를 근대 일본의 '제1차 제국화' 시도라고 부를 수 있겠다. 일본의 제1차 제국화 시도는 한편으로는 유럽의 제국주의적 침략과 지배를 모방한 것이었지만, 다른 한편으로는 중화질서적 지배논리를 비유적으로 차용한 것이기도 했다. 제국 일본은 '동종동문(同種同文)'과 같은 슬로건을 통해 동아시아적 동일성을 강조하는 한편, 조공-책봉질서의 잔재를 동원하기도 했던 것이다. 식민지의 새로운 신민(臣民)은 내지와 동일한 천황의 적자이므로 일시동인(一視同仁)으로 대우하겠다는 수사는, 중화 중심의 천하관을 근대제국의 통치에 동원한 것이었다.[13] 일본제국이 선사한 한 편의 멋진 희화가 아니겠는가?

1차 세계대전 이후 전승국 일본은 독일의 식민지 남양군도를 '위임통치령'으로 흡수함으로써, '제1차 제국화' 시도를 마감하고 이른바 '공식 제국'을 형성하게 되었다. 일본의 공식 제국에는 '일본 본토'와 '공식 식민지'가 포함되었다. 다시 일본 본토에는 '내국식민지'로 메이지유신 이후에 흡수한 홋카이도(北海島), 오키나와(沖繩, 琉球), 오가사와라(小笠原), 치시마(千島) 등이 포함되며, '공식 식민지'로는 타이완(臺灣), 사할린 남부(南樺太), 조선 그리고 관동주(關東州)와 남양군도가 들어가게 되었다. 그리고 일본 본토를 공식적으로 '내지', 식민지를 '외지'라고 부르는 관습이 정착했다.[14]

일본제국은 1930년대 초반 중국령 만주를 침략하여 '만주국'이라는 '근대국가'를 건설했다. 이후의 제국적 영토 확장을 근대 일본의 '제2차 제국화' 시도라고 부를 수 있을 것이다. 제2차 제국화 시도에는 2차 세계대전 발발 이후 편입시킨 광범한 '대동아공영권' 지역까지 포괄되었다. 일본의 제2차 제국화는 새로 확장한 영역을 자신의 영토로 포함시키거나 식민지로 끌어들일 수 없는 세계자본주의적·국제정치적 상황에서 시도된 것이었다. 그런 점에서 이 시기에 확장된 제국의 영역은 식민지로 불리지는 않았다.

일본제국은 이런 제2차 제국화 시도를 통해 '비공식 제국'을 극적으로 확대하게 되었다. 비공식 제국은 다시 만몽(滿蒙)과 중국 등을 주체로 하는 '북방권'의 '괴뢰정권(傀儡政權)' 지배지역과, 동남아시아로 확장된 '남방권'의 '군사점령지'로 구분되었다. 대동아공영권으로 표상되는 일본제국은 이처럼 '남방으로 비대한 제국'이었다. 후발 제국주의 국가 일본은 '근린지역'을 공식·비공식 제국으로 흡수해나감으로써 거대한 제국을 형성할 수 있었다. 또한 '동화주의'를 공식 식민정책으로 채택하면서, 나중에는 외지인의 황민화정책까지 추진하게 되었다.[15]

그리하여 일본의 식민지배는 이른바 '동양주의'와 깊은 관련을 맺게 되었으며, 일본제국이 중심이 되어 새로 형성된 '권역'은 이른바 '대동아공영권'으로서 그것은 서양문명과 대립하는 새로운 문명으로 표상되었다. 물론 이 시기에도 왕도낙토(王道樂土)라든지 팔굉일우(八紘一宇) 같은 중화주의적 천하관에 입각한 은유가 적절하게 활용되었다.[16] 이처럼 근대 일본의 두 번에 걸친 '제국화 시도'는 서양 제국의 제국 주의적 확장을 모방한 것이었지만, 다른 한편으로는 중화질 서적 지배의 은유를 폭넓게 동원한 것이기도 했다. 이런 점 에서 근대 동아시아에서 제국질서가 구축되는 과정을 '모방 과 차이'의 과정으로 부를 수 있을 것이다. 물론 그 차이는 모방의 과정에서 드러나는 차이를 말하는 것이다.

'조선의 길'

그렇다면 조선의 경우는 어떤가? 우선 중화질서 혹은 사 대주의의 동요 현상에 대해 살펴보자. 17세기 초반 중국 대 륙에서의 명청교체로 인해, 그때까지 명을 중심으로 유지되 던 중화질서의 운용과 성격에 큰 변화가 나타났다. 이(夷)인 청(淸)이 화(華)인 명(明)을 대체했다는 사실은 세계질서의 전환을 상징하는 것이었다. 이제 중화가 이적이 되어버렸다 는 사실은 또 다른 한편으로는 이적이라도 앞으로 중화가 될 수 있음을 의미하는 것으로 해석되었다. 그리하여 중화 질서와 그 주변의 세계관은 근본에서부터 동요하게 되었던 것이다. 조선과 청 사이에는 이전 명과의 관계와 마찬가지로 조공–책봉의 의례가 겉으로는 유지되고 있었지만, 이미 "중화를 예로 섬기고, 주변을 덕으로 돌본다(事大以禮, 字小以德)"
는 의례에 입각한 중화질서는 내면으로부터 심각하게 동요
하게 되었던 것이다.

문명과 야만이라는 이분법적 위계에 바탕을 둔 중화질서
는 자신의 주변에서 동일한 위계로 구성되는 또 다른 중화,
곧 소중화를 생산하게 될 개연성을 가진다. 중화질서의 반(半)
주변에 위치한 왕조가 자신보다 야만의 상태라고 간주되는
주변에 대해서 문명과 야만의 이분법적 위계를 강요하는 것
은 어쩌면 당연한 논리적 귀결일 터다. 고구려 이후 한반도
의 역대 왕조는 이런 소중화라는 반주변의 논리로 자신의
세계를 구축해왔다. '인신무외교(人臣無外交)', 즉 독자적 외
교가 인정되지 않았던 반주변부에서, 이를 거스르지 않는
선에서 자기중심적인 질서를 상상하려 했던 노력이 소중화,
곧 '작은 제국'의 논리로 나타났다고 하겠다.[17] 하지만 '화이
변태(華夷變態)'라고 일본에서 불렸던 17세기 동아시아의 '국
제정치적' 사태는, 조선을 비롯한 주변 속방(혹은 번속)에서
이전보다 더 뚜렷한 소중화사상이 등장하는 계기가 되었다.
'화'와 '이'가 그 모습을 서로 맞바꾸는 듯한 변화는 소중화
사상을 더욱 두드러지게 만들었던 것이다.

그런데 소중화란 지역적인 보편질서인 중화주의 질서를 왕조 단위로 축소하여 내면화한 질서 관념이다. 소중화는 '소'라는 특수성 지향의 용어와 '중화'라는 보편 지향의 용어가 상호모순적으로 결합한 개념으로서, 양자가 상호규제하면서 형성하는 독특한 관념체계라고 할 수 있다. 곧 명=중화에 대한 숭배를 바탕으로 화이질서를 내면화한 관념이자, 상상적 보편질서의 틀 속에서 지역적인 특수질서를 지향하는 관념이기도 한 것이다.[18]

한국사학계의 일각에서는 소중화사상을 일종의 원형 민족주의(proto-nationalism)가 형성되는 계기로 간주하여 적극적으로 해석하려는 경향도 자리하고 있다.[19] 소중화사상을 '조선중화주의'로 명명하고 대명의리론에 입각한 노론 중심의 존화사상(尊華思想)과 척사론(斥邪論)이 가진 민족주의적 지향과 문화적 건강성을 높이 평가하고자 하는 것이다. 이에 반해 정치학계에서는 소중화사상의 소극적이고 병리적인 측면을 강조하는 논리도 존재한다. '소중화주의'란 조선이 청에 대해 개발한 '아Q식의 독특한 정신승리법'으로, 이는 청에 대한 진정한 의미에서의 대책이 아니라 지배집단의 위신을 세우고 국내 정치질서를 안정시키기 위해 마련한 이념적 장치라는 것이다. 요컨대 소중화사상은 조선의 지배층이 지나치게 중화주의에 중독되어 나타난 현상이라는 것이다.[20]

그러나 명청교체와 아울러 부상하는 17세기 이후 중화질서의 변화를, 그 변화의 과정에서 나타나는 부분적 특징을 중심으로 간단하게 해석해서는 곤란하다. 중화질서가 현실적으로 이완되면서 소중화사상이 강력하게 부상했다고 하더라도, 거기에는 중화 관념이 지역적·내면적으로 확장되고 고착되는 측면도 아울러 반영되어 있는 것이다. 또 19세기 중엽 청이 서양의 반(半)식민지로 전락하는 시대가 되어서야, 대명의리론에 젖어 있던 조선의 지배층은 청을 중화제국으로 인정하고 그 힘에 의지하려 했다. 조선 지배층의 위기의식은 높아지고 있었지만 어떤 적극적인 대응책도 제시할 수 없었다. 그런 위기 국면에서도 향리에 세거하던 유생들은 여전히 대명의리론에서 벗어나지 못했으며, 부상대고(富商大賈)나 지방의 상인층도 적극적인 대응책을 내지는 못하고 있었다.[21] 물론 이 시기 조선이 조공체제에 충실히 따르고 있었다고 하더라도, 사행무역에서 커다란 이득을 챙기고 있었으며, 변경분쟁을 완충해주는 폭넓은 공한지대를 유지

하기 위해 다방면의 외교적 노력을 기울이고 있었던 점 등을 무시해서는 안 될 것이다.[22]

소중화사상이 뒤흔든 조선의 변화는 16세기 '지리상의 발견'을 앞세운 유럽 국가들이 만들어내고 있던 세계적인 '은경제권'의 문제와 무관하다고 볼 수 없다. 에스파냐의 식민지인 라틴아메리카 지역에서 폭발적으로 생산되던 은은, 이 시기 지역 간 결제수단으로 널리 인정되어 교역의 확대에 결정적으로 기여했다. 지역 간 교역의 확대에 기초하여 수립된 전 세계적인 은경제권은 이른바 '장기 16세기'의 자본주의 세계체제 확립에 기반을 제공하고 있었다. 16세기 이후 중국은 세계 최대의 은 수입국이자 소비국이었으며, 일본 또한 늘어나는 은의 생산과 수출로 은경제권의 확대에 기여하고 있었다.[23] 이 시기 동아시아의 무역권은 은경제를 매개로 유럽 경제와 통합되어 있었다고 볼 수 있다.[24]

조선 역시 16세기 이후 중국과 일본 사이에서 동아시아 은교역체제에 적극적으로 참여하고 있었다. 조선으로 유입된 은은 대개 무역자금으로 이용되었는데, 17세기 후반에서 18세기 초반 사이에 동아시아의 은교역체제는 절정에 이른 것으로 알려지고 있다.[25] 또 중국과 조선 간의 무역이 활성화되면서 조선과 중국의 변방에서 활동하던 상인들과 변방경제의 성장에도 커다란 영향을 미쳤다. 16세기 여진지역의 경제를 깨운 것도 바로 이 은이었다. 여진족이 후금 그리고 청이라는 대제국으로 성장할 수 있었던 것도, 적극적으로 은경제에 편승하여 요동지역의 경제를 확대할 수 있었기 때문이다.[26] 하지만 18세기 전반을 경계로 동아시아 은교역 체제는 내리막길을 걷기 시작했으며, 이는 소중화사상의 등장과 변화에도 영향을 주었다.

어쨌든 '예(禮)'로 표상되는 국제질서의 동요로 드러나는 소중화는 단순히 원형 민족주의 혹은 현실주의 국제정치 문제로 환원될 수 있는 문제는 아닌 듯싶다. 그것은 두 '문명'과 2개의 '세계관'이 충돌하는 문명사적 차원의 문제를 예비하고 있었던 것이다.

동아시아 사회의 전통적인 문명관의 중심에는 문(文)이 있었다. 그리고 명(明)은 문이 고도로 실현된 상태를 표현한 것이었다. 따라서 문명이란 천지의 질서가 지고의 정치적 상태로 구현된 것을 말하는 것으로, 이는 성인만이 감당할 수 있는 것이었고 그런 점에서 중국에서만 발양할 수 있는 것이었다. 중화 또는 하화(夏華)란 세계의 지리적 중심이자 문명적 정화임을 자임하고 표상하는 말이었다. 이에 따라 문명은 중국을 중심으로 전파되는 것으로, 중화질서란 바로 문명의 교화와 아울러 그 위계성을 드러내는 것이기도 했다.[27] 한편 서양의 문명담론 역시 보편성을 표방하고 있었지만 위계성을 바탕으로 삼고 있었다는 점에서 두 문명은 그 특징을 공유하는 측면도 있다. 그런 점에서 중화질서의 전통 문명관과 기세 좋게 침입하고 있던 서양의 문명관은, 충돌하고 길항하면서 공조하는 복합국면을 연출해낼 수밖에 없었다.[28]

이 두 문명의 충돌은 국제정치적 시각에서는 두 세계관의 충돌이라는 측면을 가지고 있었다.[29] 두 세계란 바로 중화질서와 서양의 '만국공법' 질서=국제법 질서를 가리키는 것으로, 19세기 조선의 경우에는 조공-책봉을 중심으로 하는 현실적인 정치적 관계를 서구적 공법질서에 비추어 어떻게 해석하고 조정할 것인가의 문제와 깊이 관련된 것이었다.

1840년대 청이 영국을 중심으로 한 자본주의 세계체제와 본격적으로 접촉하게 된 이후, 특히 조선과 관련해서는 그 정치적 자율성을 어떻게 볼 것인가 하는 문제가 부상하게 되었다. 중화질서 속의 조공-책봉관계를 종속관계로 볼 때,

그것은 국제법 질서에서 어떤 의미를 가지는가? 조선 정부는 "조선은 청의 속국이지만, 내정과 외교에서는 자주"라는 입장을 견지하고 있었다. 다시 말하면, 일본과 서양 각국에 대해서는 국제법 질서를 적용하여 '자주'이지만, 청에 대해서는 조선을 보호해줄 것이라는 기대 아래 '속국'이라는 입장을 표방한 것이었다. 이는 강화도조약 이전의 교린과 종속에 각각 대응하는 것이었다.[30]

일견 모순적인 것처럼 보이는 청과 조선의 이런 태도에 대해, 일본은 '모순적인 속국론'[31]이라고 비판하면서 이를 적극적으로 이용하려 했다. 일본은 청과 조선 사이의 종속문제를 당시 동아시아에서 제국주의 국가 간의 교착된 국제문제를 '파탄'시키는 방책으로 활용했던 것이다. 일본은 청일전쟁의 근본 원인 역시 청이 조선과의 종속문제를 적극적으로 해결하지 않았던 데에서 찾을 수 있다고 호도했다.[32]

이처럼 이 시기 조선을 중심으로 한 동아시아 세계에서는 속국, 자주, 독립이라는 개념이 상호모순되지 않았다.[33] 하지만 이 중화질서와 만국공법의 국제법 질서를 변용·조화시키는 것은 간단한 일이 아니었고, 결국은 1894년 청일전쟁을 통해 강압적으로 조정될 수밖에 없었다. 청과 일본의 이 충돌은 두 세계관의 충돌을 상징하는 것이지만, '속국자주'와 '독립자주'라는 두 지향의 충돌이라고 볼 수도 있다.[34] 전자, 곧 중화질서의 종속적 측면을 유지하고자 하는 청과 후자, 곧 국제법 질서 속에서 조선으로 하여금 '독립'을 표방하게 하려는 일본의 의도가 충돌했던 것이다.

이처럼 동아시아의 국제질서는 중국 중심의 오랜 역사적 질서, 곧 중화질서와 국민국가 중심의 공법질서, 곧 국가 간 체제가 뒤섞여서 만들어진 것이었다. 하지만 그 과정은 두 질서가 시간 순서에 따라 순차적으로 이어지거나 겹치는 방식으로 구성되지는 않았다. 새로운 동아시아 질서가 구성되는 방식은 좀 더 복잡하고 혼란스러운 것이었다. 서양 제국주의가 먼저 청을 집중적으로 공격하여 중국 중심의 위계질서를 약화 혹은 파괴했고, 일본의 제국주의적 발전은 그 결과로 가능한 것이었다. 서양 열강과 일본은 서로 이용하거나 연합하는 가운데서, 새로운 질서를 구축해가고 있었던 것이다.[35]

메이지 초기부터 일본에서는 아시아에 대한 관심이 높아지고 있었지만, 특히 주목할 만한 움직임은 청일전쟁 이후에 나타났다. 그중 1898년 다수의 유력한 정치인, 군인, 관료 들이 고노에 아쓰마로(近衛篤麿)를 회장으로 추대하여 결성한 동아동문회를 주목할 필요가 있다. 동아동문회는 동문동종(同文同種), 즉 동일한 문명과 혈통을 공유하고 있는 점을 아시아 연대의 근거로 내세웠다. 지나를 보전하고 조선의 개선을 돕기 위해서 일본이 주도적 역할을 수행해야 한다는 것으로, 이를 전후하여 흑룡회 등의 우익단체도 동문동조(同文同祖) 등의 슬로건을 내세워 아시아 침략에 나서게 된다.[36] 그러나 이때의 문명은 이미 전통적 중화질서라는 의미에서의 중화문명은 아니었다. 그럼에도 굳이 '같은 문명'이라는 점을 내세웠던 데에는, 서구의 문명(civilization) 개념을 빌려 일본의 주도성을 강조하려는 의도가 있었다. 이런 점을 고려하면, 동문동종 가운데서도 동문보다는 동종에 강조점이 있었다고 할 것이다.

동문보다는 동종임을 강조하게 되는 이런 시대적 경향성은, 이 시기 역사학의 동향에서도 명확하게 드러난다. 중화문명을 중심으로 문명 개념을 앞세워 일본의 역사를 이해하던 19세기 후반 역사학에서의 '문명론적 아시아주의'는, 1900년을 전후하여 탈아론적 경향이 강해지면서 그 세력이 약화되었다. 그 대신에 등장한 것이 '일본 봉건제론'이었다. 고대 일본이 동아시아 문명의 압도적인 영향 아래서 문명의 길을 걷기 시작했다는 사실을 부정할 수는 없었기 때문에, 일본과 동아시아 문명과의 동일성을 약화시키기 위해서는 천황제와 아울러 중세의 봉건제 성립을 강조할 수밖에 없었다는 것이다. 일본에 독자적인 봉건제가 성립했다는 것은, 일본에도 서구의 중세에 비견되는 독자적인 문명이 형성되었다는 점을 의미하는 것이었다.[37] 이렇게 되면 일본의 문명은 중화문명이 아닌 서구의 문명과 동일선상에 놓이게 된다.

한편 청일전쟁은 조선의 종속문제를 중심으로 한 동아시아 내부의 문명 혹은 세계관 충돌을 반영한 전쟁이었던 데 비해, 러일전쟁의 배경에는 이미 공황열(恐黃熱) 혹은 황화론(黃禍論) 등의 인종이론이 짙게 깔려 있었다. 또한 아시아의 다른 억압받는 유색인종에게도 러일전쟁은 인종전쟁으로 간주되었고, 나아가 그들에게 일본의 전승은 희망과 해방감을 부여하는 것이었다.[38] 이로써 유색인종을 대표하여 서구와 대결하는 '황색인종의 투사'라는 이미지와, 아시아에서 서구문명을 수용하는 데 성공한 일본이라는 두 가지 이미지가 병존하게 되었다. 그리하여 이제 일본은 명실상부한

제국주의자의 면모를 갖추게 되었다.[39]

조선이 '속국자주'에서 '독립자주'로 이행하는 역사적 계기가 된 청일전쟁은, 다른 한편으로 '예'로 규율되던 조공-책봉체제의 전통적 중화질서를 붕괴시키는 계기가 되었다. 국민국가 중심의 공법질서가 그 공백을 대체할 것으로 기대되었는데, 실은 일본을 중심으로 한 제국주의 질서로 그 모습이 드러나게 되었다. 그 제국주의 질서를 상징하는 것은 동문동종을 기반으로 하는 동아시아 연대라는 슬로건이었다. 동아시아에서 '예'의 '중화질서'에서 '피'의 '국제질서'로 이행하는 것은, 이처럼 제국주의적 '유혈'을 동반하는 것이었다.

요컨대 16세기 이후 명·청 왕조의 중화질서는 두 번의 '제국화 과정'을 거치면서 근대제국으로 팽창했으나 서구 제국주의의 침략과 함께 결국 중화제국은 해체되고 말았다. 이 공백을 비집고 성장한 것이 일본제국이었다. 역시 두 번의 제국화 시도를 통해 일본제국은 여러 식민지를 포함하는 공식 제국과 여러 '괴뢰정권' 및 '군사점령지'로 구성되는 비공식 제국으로 이루어진 광대한 제국을 구축하게 되었다. 이는 서양 근대제국의 제국주의적 확장을 모방한 것이었지만, 다른 한편으로는 중화질서적 지배의 은유를 동원한 것이기도 했다.

　이처럼 동아시아에 제국질서가 형성되는 가운데 조선의 국가적 위상도 크게 변하고 있었다. 애초에 중화제국 밖의 역외주체와의 소통 가능성을 차단하고 있던 것이 소중화라는 발상이었다. 이 같은 소중화주의에 입각해 있던 조선은 중화질서와 새로운 만국공법 질서 사이에서 고통을 겪을 수밖에 없었다.

2장

트랜스내셔널 동아시아와 한국

머리말

앞 장에서는 동아시아에 '근대제국'이 성립하고 제국질서가 들어서는 과정 및 이와 아울러 조선의 국가적 위상이 변화하는 모습을 살펴보았다. 이를 바탕으로 이제 동아시아에 트랜스내셔널 교류와 소통이 진행되는 상황을 이해해보려 한다. 19세기에는 '진정한' 의미에서의 글로벌 세계체제가 등장했고, 이를 표상하는 변화로 가장 중요한 것은 바로 '이주'와 '교역' 그리고 '소통'이라는 세 가지 현상이었다.

먼저 이주 현상에 대해 살펴보자. 19세기에는 유럽에서 시작한 대규모 이주를 비롯하여 '경계를 넘는 새로운 이주의 위상학'이 진화하고 있었다. 1850년부터 1914년까지 6000만~7000만 명이 자기 고향을 떠나 돌아오지 않은 것으로 추산된다.[1] 이 가운데 다수를 차지한 것은 유럽인의 아메리카 이주였지만, 러시아인과 인도인, 중국인, 일본인 등의 이주도 대규모로 이루어졌다. 이주자들은 대개 자기 조국과의 연결을 유지했기 때문에, 19세기 원격지 이민은 대양을 가로지르는 친족 연계 네트워크를 만들어 지구를 뒤덮고 있었다.[2] 근대적 이주의 특성은 바로 이런 데서 드러난다고 해도 좋을 것이다.

다음으로 교역 현상을 들 수 있다. 1800년부터 1913년까지 세계무역은 양적으로 25배 증가했다. 19세기 내내 세계의 교역은 전체 세계의 생산고를 훨씬 상회하고 있었다. 물론 세계적 차원의 교역을 주도한 것은 서유럽과 북미 그리고 오스트레일리아를 잇는 삼각무역이었지만, 인도와 중국 등을 중심으로 하는 지역 네트워크도 지속적으로 번성하고 있었다. 글로벌 경제는 이 시기에도 이미 다원적 중심체제를 구축하고 있었다.[3]

마지막으로 '소통' 현상에 대해 살펴보아야 한다. 1차 세계대전이 발발하기 이전에 이미 세계의 인구는 사상과 행동 혹은 경험과 관련한 동일한 '준거틀'을 갖게 되었다. 다시 말하면 정보와 지식의 소통을 통해 동일한 관념과 개념을 공유함으로써, 사상과 행동과 경험을 규제하는 동일한 차원의 준거틀을 갖게 되었다고 할 것이다. 그리하여 세계는 동시성의 세계, 곧 글로벌 모더니티의 시대로 접어들고 있었다.

이제부터는 새로운 사회적 네트워크의 형성을 바탕으로 근대 동아시아가 만들어내고 있던 새로운 내적 질서를 이주와 교류, 소통이라는 3개의 차원을 통해 파악해보고자 한다. 앞에서 본 바와 같이 19세기 이후 글로벌 세계체제를 특징짓는 세 가지 표상은 이주, 교역, 소통이라고 해도 큰 무리는 없을 것이다. 그리고 이 세 가지 지표를 통해 트랜스내셔널 사회적 네트워크의 형성에 접근해볼 수 있을 것이다. 근대 동아시아를 이주, 교역, 소통이라는 세 가지 차원에서 복합적으로 파악할 때, '트랜스내셔널 동아시아'의 모습이 수면 위로 떠오르게 될 것이다.

'이주'하는 동아시아

다음 두 가지 사건을 통해 '이주'하는 동아시아의 면모는 여실히 드러난다. 하나는 1923년 관동대지진 때 일어난 '조선인 학살사건'이고, 다른 하나는 1931년에 일어난 '만보산 사건' 혹은 조선에서의 '화교 학살사건'이다. 동아시아인들은 '학살'을 통해 서로를 깊이 인식할 수 있었을까? 각 사건을 조금 더 자세히 알아보자.

1923년 9월 2일부터 6일 사이에 일본의 관동지방 일대를 중심으로 군경과 자경단이 반복적으로 조선인과 중국인 그리고 일부 일본인 사회주의자들에 대한 대학살을 자행했다. 9월 1일 정오에 발생한 관동대지진을 계기로 엄청난 화재가 발생했으며, 이를 기화로 조선인에 대한 유언비어가 유포되었다. "조선인이 지진을 이용하여 방화, 폭행, 약탈 등을 일삼고 있다"는 유언비어가 들끓는 가운데 계엄령이 선포되고, 이어서 학살사건이 발생했던 것이다. 관동지방에 거주하고 있던 조선인 2만여 명 가운데 9000여 명이 학살되거나 실종되었다.[4] 가히 '관동대학살'이라고 해도 좋을 것이다.

1931년 7월 1일에는 만주의 장춘(長春) 북방 만보산(萬寶山) 지방에서 수로공사를 둘러싸고 조선인 농민과 중국인 농민 사이에 충돌이 일어나자 일본 경찰이 발포하는 사건이 발생했다. 이어《조선일보》는 7월 2일에 중국인 농민의 폭행으로 조선인 농민이 피해를 입었다는 호외를 발행했다. 호외가 발행된 직후인 7월 2일 저녁에 일어난 인천 시내의 화교 습격사건을 시작으로, 조선에 거주하는 화교에 대한 습격사건이 전국적으로 확대되었으며, 결국에는 수백 명에 이르는 사상자를 낳기에 이르렀다. 이것이 바로 만보산 사건이다. 이처럼 만보산 사건은 만보산에서 일어난 중국인과 조선인 농민 사이의 충돌사건과 조선에서 일어난 '배화 폭동'을 합쳐서 일컫는 말이다. 조선에서 일어난 '화교 학살 사건'이라고 불러도 좋을 것이다.[5]

전자는 일본에서 일어난 조선인 학살사건이고, 후자는 조선에서 일어난 중국인 학살사건이다. 학살의 주체와 대상은 다르지만, 이 두 사건은 근대 동아시아의 인구 이동 혹은 이주와 관련한 여러 특징적인 사실을 시사하고 있다. 첫째, 일본 본국으로 많은 조선인이 이주했고, 식민지 조선으로 이주해 살고 있던 중국인도 상당수였으며, 그 영향력이 상호 교차하고 있었다는 점이다. 둘째, 일본과 조선으로 이주한 이주민들은 각기 그 사회에서 갈등적 요소로 기능하고 있

었다는 점이다. 셋째, 유언비어나 오보로 인해 민족 간 갈등
이 폭동 혹은 학살로 쉽게 전환할 수 있었다는 점이다. 넷
째, 이주민을 사회적으로 통합하는 적극적인 정책을 실시하
지 않고 있었다는 것이다. 요컨대 19세기 후반에서 20세기
초반에 걸쳐 동아시아에서는 이민족이 함께 '만나는 법' 혹
은 '같이 사는 법'을 배우지 못했던 것이다. 혹은 그보다 배
제를 통해 단일한 민족이나 민족국가를 건설하는 것을 우
선 과제로 간주하고 있었다고 할 것이다.

  19세기 후반 중화질서가 붕괴되고 제국 중심의 질서가 부
상하면서 대규모 인구 이동이 시작되었다. 대표적으로 러시
아 극동지방과 중국의 만주지방으로 중국인과 조선인 그리
고 일본인의 대규모 이민이 시작되었다. 명청 시대부터 중국
내부의 지방 간 인구 이동은 상대적으로 활발한 편이었으
나, 만주지역 개발과 이주는 근대 이후에 본격적으로 전개
되었다. 특히 1860년 북경조약의 영향으로 러시아 극동지역
과 만주지역으로의 이주는 경쟁적으로 추진되었다. 19세기
후반부터 20세기 중반까지 3000만 명 이상의 인구가 중국
내륙으로부터 만주로 이동했으며, 이는 중국의 인구압을 완
화하는 데 도움을 주었다.[6]

이후에도 식민지화와 세력권의 확대 등으로 인구 이동의 새로운 흐름이 시작되거나 기존의 흐름이 단절되기도 했다. 제국의 흥망과 더불어 인구 이동도 다양한 방식으로 표출되었던 것이다. 인구의 이동은 제국 본국으로부터 식민지나 '세력권'으로의 일방향적인 것이 아니라 쌍방향적인 것이었으며, 식민지 사이 또는 식민지와 세력권 사이에도 이동이 이루어졌다. 또 식민이나 이민만이 아니라 난민이나 정치적 망명 같은 형태 외에도 밀입국이나 귀환, 송환, 잔류 등의 복잡한 형태로 전개되었다.[7]

또한 동아시아에서의 인구 이동은 제국 본국으로부터 식민지로의 이주가 가장 일차적인 모습을 띠고 진행되었다. 일본의 식민지가 확대됨에 따라 타이완, 사할린(樺太), 관동주, 조선으로 일본인의 이동이 시작되었고, '만주국'이 건국된 후에는 만주로의 대규모 이주가 이어졌다. 일본 본국에서 외지로 이주한 인구는 조선에 75만여 명, 타이완에 38만여 명, 만주에 155만여 명 등 모두 315만여 명에 달했다. 이는 일본의 패전 당시 본국 거주 총인구 7200만여 명의 거의 5퍼센트에 육박하는 수치다.[8]

제국 본국으로부터 식민지로 이주하는 인구가 식민지 초

기에는 그리 많지 않았지만, 제국 지배가 안정되면서 차츰 상당한 규모로 늘어났다.[9] 예컨대 백인 이민국가를 제외하면, 식민지 가운데서 조선은 프랑스령인 알제리 다음으로 대규모 이민자가 유입된 사회였다. 조선의 경우 1945년의 시점에서 일본인 민간인이 약 70만여 명을 상회하고 있었고, 여기에 군인을 합치면 100만 명을 넘는 규모에 달했다.[10]

이에 비해 식민지 조선에서의 인구 이동은 훨씬 더 심층적이고 규모가 컸다. 식민지기 조선의 인구 동태를 보면, 조선 내에서는 전체적으로 완만하게 성장하거나 정체된 모습을 보였으나 만주와 일본에서는 조선인 인구가 급속하게 증가했다. 조선 내 인구의 자연성장률은 1910~1915년에는 10.57퍼센트, 1930~1935년에는 20.63퍼센트, 1940~1944년에는 24.42퍼센트로 추정된다. 이는 기존의 높은 출산율은 유지된 데 비해, 사망률이 절반 수준, 곧 20퍼센트 전후로 하락한 데에 기인하는 것이었다.[11]

한편 1945년 당시 조선 내의 조선인 총인구가 2500만 명이었던 데 비해, 일본에 210만여 명, 만주에 216만여 명이 거주하고 있던 것으로 추정된다. 만주에 거주하는 조선인은 1920년에 40만 명을 상회했지만, 1920년대에 이주민이 크게 증가하지는 않았다. 그러나 1931년 일본의 만주 침략 이후 조선인 이주가 증가하기 시작하여, 1937년 중일전쟁 이후 급속하게 증가했다.[12] 1937년을 기점으로 적극적인 만주 개발 정책과 함께 집단적인 개척이민 정책이 추진되었기 때문이다. 1936년에는 선만척식회사(鮮滿拓植會社)를 설립하여 대규모 조선인 이민사업을 추진했다. 1937년 만주 거주 조선인은 100만 명 정도였으며, 1945년에 이르면 200만 명을 상회하게 된다.

일본 거주 조선인은 1917년을 기점으로 늘어나기 시작했는데, 1920년대 초반 일본 여행 허가 기준이 완화되면서 1922~1924년 사이에 크게 증가했다. 1920년대 후반 대공황 시기에 잠시 줄어들었다가, 1930년대에는 지속적으로 증가하여 1938년에는 88만여 명에 이른 것으로 추정된다. 1939년 이후 일본이 '총력전체제'에 돌입함과 더불어 조선인 강제동원이 실시됨으로써 재일조선인의 수는 더욱 빠른 속도로 증가하여 1945년에는 210만여 명에 이르렀다.[13]

이처럼 조선 내의 인구는 자연성장률이 꾸준히 증가했음에도 1930년대 중반 이후에는 조선 내 '인구 증가'가 정체되는 경향을 보인다. 조선 내의 인구는 1910년 1654만 명에서 1945년 2520만 명으로, 35년 동안 870만 명이 증가한 것으로 추정된다. 이에 비해 1945년 시점에서 외국에 거주하는 조선인은 400만 명을 상회했다. 결국 1910년부터 1945년 사이에 조선의 인구는 1260만 명이 증가했는데, 그 가운데 870만 명(69퍼센트)이 조선에 거주하고 380만 명(31퍼센트)이 일본과 만주를 위시한 외국에 거주하는 것으로 추정할 수 있는 것이다.[14]

이처럼 식민지 시기에 조선에서 증가한 인구의 30퍼센트 정도가 외국에 거주하고 있었고, 그 인구의 대다수는 노동력 인구였다. 동태적 측면에서 식민지기 조선인의 외국 이주가 매우 격렬하고 심층적인 수준이었음을 짐작할 수 있다. 한편 1945년 해방 당시 조선 내에 거주하는 인구가 2500만 명 정도였던 데 비해, 만주와 일본을 합쳐 외국에 거주하는 인구는 400만 명을 훨씬 상회하고 있었다. 거칠게 산정해보더라도, 외국으로 이주한 조선인은 조선에 거주하는 인구의 20퍼센트에 육박한다. 앞에서 본 바와 같이, 1945년의 시점에서 본국 거주 인구 대비 외국 이주 일본인의 비율은 5퍼센트 정도였다. 다시 말하면 일본인에 비해 조선인의 외국 이주 비율이 4배 정도 더 많은 수준에 도달해 있었다.

이처럼 식민지기 조선인 인구 증가분의 30퍼센트에 이르는 노동력 인구가 외국으로 이주해서 거주하고 있었으며, 이는 조선 내 거주 인구의 20퍼센트에 육박한다는 사실은 무엇을 의미하는가? 첫째, 1920년대까지 조선인 이주는 식민지 지배정책 및 조선 사회의 구조 변화와 깊은 관련을 가지고 있었다. 1910년대 토지조사사업을 거치면서 지주-소작관계를 토대로 한 '식민지지주제'가 제도적으로 정착하게 되었다. 또한 일본으로의 미곡 유출 및 산미증식계획 등의 영향으로 단일 작물 재배가 심화됨으로써, 농촌에는 과잉인구가 누적되고 있었다. 이에 따라 농지에서 이탈한 많은 농촌 노동력이 초기에는 만주로, 1920년대에는 일본으로 이산하게 되었던 것이다. 요컨대 조선 농촌사회의 구조 변화에 따른 인구압이 만주와 일본 사회의 요구에 적응하면서 분출되고 있었던 것이다.

둘째, 1930년대 이후 조선인의 대규모 이주는, 일본의 총력전체제에 따른 식민지 지역의 노동력 총동원정책과 국가 차원의 만주개발정책이 결합함으로써 초래된 것이었다. 제국 일본의 총력전 수행을 위해 조선의 대규모 노동력이 일본으로 이주했으며, 이와 아울러 만주개발을 위한 정책적인 집단이주가 대규모로 추진되었다는 사실은, 조선인 이주민이 동아시아의 트랜스내셔널 매개 역할을 수행했을 가능성을 제시한다. 어쨌든 조선인의 해외 이주는 조선 내부의 사회 변화를 반영한 것이며, 다른 한편으로 동아시아 지역의 매개 역할을 수행했을 가능성이 있었음을 지적할 필요가 있다.

'교역'하는 동아시아

일반적인 예상과 달리 식민지 조선에서도 제당업은 상당한 수준으로 발전하고 있었으며, 설탕은 근대 이후 한국 소비문화의 중심을 이루는 상품 가운데 하나가 되었다. 일본 제국은 각 식민지에서 제당업을 정책적으로 육성했는데, 타이완에서는 일본 내수를 목표로 삼았고 조선에서는 수출용으로 그리고 만주에서는 자급자족용으로 삼았다. 조선총독부는 중국 시장을 목표로 조선에 사탕무를 원료로 하는 감채당업(甘菜糖業)을 적극적으로 육성하려 했으나 실패했다. 대신 원료를 수입하여 가공하는 정제당산업은 만주 시장을 공략하는 데 성공했다. 1930년대 후반에는 만주에서도 자급자족을 목표로 상당한 수준의 제당업이 자리 잡았으며,

이후 설탕무역은 급속히 축소되었다.[15]

반면 미곡생산을 중심으로 미곡단작 농업은 1910년대를 기점으로 한국 농업의 특성으로 자리 잡게 되었다. 특히 1차 세계대전으로 일본에는 유례없는 호경기가 도래하여 미곡 소비가 급속하게 증가했으며, 그에 따라 미곡 수입도 빠른 증가세를 보였다.[16] 1920년대가 되면 이른바 '쌀 수출-좁쌀 수입'의 무역구조가 확립되었다.[17] 이처럼 한국인의 주식인 미곡은 일본으로 유출되고, 상당량의 좁쌀을 만주에서 수입할 수밖에 없었다. 또한 새로운 소비제품으로 떠오른 설탕을 제조하는 제당업은 원료를 수입하여 만주로 수출하는 방식으로 상당한 이득을 얻고 있었다. 쌀과 설탕으로 대표되듯이, 일상생활에 필요한 대부분의 소비제품은 동아시아 네트워크를 통해 수급되고 있었던 것이다.

'교역'하는 동아시아를 말하기 위해서는 우선 동아시아 네트워크 연구에 대해 언급해둘 필요가 있다. 경제교역의 관점에서 이루어진 동아시아 관련 연구 가운데서 가장 주목할 가치가 있는 것이 바로 동아시아 네트워크론이기 때문이다. '조공무역체제론'[18] 혹은 '아시아 간 무역론'[19] 등으로 대표되며, 주로 일본 학계를 중심으로 수행된 이 연구는, 전근대 동아시아의 지역경제 네트워크와 근대 이후 동아시아의 지역경제 네트워크 사이의 연속성을 강조한다.[20]

동아시아 교역권의 형성에 대해서는 많은 논의가 이루어지고 있지만, 16세기 혹은 17세기 이후에 이미 동아시아 차원의 교역 네트워크가 상당히 높은 수준에서 형성되어 있었다는 데에는 이견이 없다. 포르투갈과 에스파냐를 필두로한 서구의 아시아 진출이 본격화한 이후에도, 서구의 교역망은 이미 형성되어 있던 아시아 교역 네트워크를 단지 이용할 수 있었을 따름이다.[21] 또한 19세기 서구로부터 개방을 강요당한 이후 동아시아 지역의 역내 교역은 더욱 활성화되어 교역량이 증가하고 네트워크가 강화되고 있었다.

근대 동아시아 지역에서는 '근대 동아시아 무역권'이 새로 형성되는바, 제1기(1859~1913)를 거쳐 1차 세계대전을 계기로 하는 제2기(1914~1931)가 되면 근대 동아시아 무역권은 그 독자성을 강화하게 되었다. 아시아의 역내 교역량이 증가하고, 시장을 둘러싼 일본과 중국 사이의 경쟁이 격화되었다. 그러나 제3기(1932~1948)가 되면 아시아 무역권 네트워크는 전쟁과 함께 전면적으로 재편되는 과정을 겪게 된다.[22]

그렇다면 동아시아 네트워크론은 조선의 경제와 어떤 관

련을 가지는 것일까? 개항기 '불평등조약 체제'을 바탕으로 한 조선의 무역구조는, 조선과 일본 사이의 무역을 중심으로 미면교환체제(米綿交換體制)[23] 혹은 곡면교환체제(穀綿交易體制)[24]로 귀결되었다. 이 체제는 조선이 쌀 혹은 곡물을 일본에 수출하고 일본에서 면직물을 수입하는 무역구조를 말한다. 일본에서 수출된 면직물과 값싸게 수입된 조선의 쌀은 일본의 초기 산업화를 추동하는 역할을 수행했다. 이에 반해 조선에서는 곡물의 수출 확대가 곡가 상승을 불러일으켜 농업생산구조를 변화시켰다. 개항장 주변에서는 면포의 원료인 면작을 포기하고, 쌀과 콩을 재배하는 경향이 확산되었으며, 이와 아울러 지주제가 강화되고 지주층의 토지 소유도 확대되었다.[25] 또한 미면교환체제 아래서 조선의 자생적인 근대적 면업의 생산 및 유통구조는 왜곡·억압되거나 파괴되었다.[26]

미면교환체제가 정착하는 과정에서 이전에 작동하고 있던 동아시아 상업 네트워크가 중요한 역할을 수행했을 가능성이 높다. 동아시아 상업 네트워크와 유럽 상인들의 네트워크 사이의 관련성에 대해서는 논란이 있지만, 화상(華商)과 일본 상인을 중심으로 한 기존의 네트워크가 미면교환체제 아래서 새로운 네트워크가 형성되는 데 큰 영향을 미쳤다는 것은 확실하다.[27] 조선과 타이완의 대중무역을 비교하면서 조선에서는 화교 상인이, 타이완에서는 타이완 상인이 중요한 네트워크를 형성했음을 주장하는 연구도 있다.[28]

청일전쟁 이후 조선에서 형성되고 있던 미면교환체제는 병합 후 조선에서 어떤 방식으로 변용되었을까? 이전까지 사무역 네트워크를 중심으로 이루어지고 있던 무역구조가 병합 후에는 공식 무역 혹은 '지역 간 무역'의 형태로 변화되었다. 그럼에도 '미면교환'의 기본 구조는 유지되거나 더욱 강화되었다. 요컨대 쌀을 비롯한 원재료와 면직물을 중심으로 한 공산품을 교환하는 구조가 더욱 강화되었던 것이다. 조선의 무역을 대상으로 식민지기 무역구조를 조금 더 구체적으로 살펴볼 필요가 있겠다.

병합 이후 1910년대에는 기존 대한제국의 관세가 그대로 유지되었다. 일본의 관세법을 조선에 곧바로 적용하지 않은 것은, 조선의 대외무역에 급격한 변화를 초래하지 않고 일본 경제에 주는 충격도 완화하기 위한 조처였다. 일본에 이입되는 조선산 쌀의 이입세를 폐지할 경우에 일본의 농민이

입을 피해도 만만치 않았기 때문이다. 그럼에도 조선의 무역량은 엄청나게 증가했으며, 조선의 수이출입을 주도한 것은 일본과의 무역이었다.[29]

미면교환체제 아래서 조선의 수출을 주도한 것은 쌀이었던바, 이 시기에는 그 비중이 더욱 강화되었다. 1910년 미곡이 차지하는 비중이 32퍼센트였던 데 비해, 1919년에는 50퍼센트에 이를 정도로 증가했다. 물론 가장 중요한 수이출 대상국은 일본이었다. 1910년에는 수이출의 66퍼센트를 차지했으나, 1919년이 되면 97퍼센트가 일본으로 수이출되었다. 병합을 계기로 조선의 미곡 수이출 시장은 일본으로 단일화되었던 것이다. 수이입 상품 가운데 1위는 면제품, 그중에서도 옥양목과 막베(쉬팅)였으며, 수이입에서 차지하는 일본산 제품의 비율이 차츰 증가하고 있었다. 섬유제품에 이어 수이입품 가운데 2위를 차지한 것은 불령인도, 영령인도, 태국 등에서 수입되는 미곡, 즉 '안남미'였다.[30] 일본으로 이출하는 미곡을 대신하여 값싸고 질 낮은 대체식량을 수입하는 구조가 형성되었던 것이다. 1919년부터는 만주산 좁쌀이 수입상품 중 2위를 차지하게 되는데, 이는 보조식량의 수입구조가 일본제국의 역내로 이동했음을 의미한다.[31]

이처럼 미면교환체제의 기본 구조는 일본을 중심으로 한 수출입구조를 바탕으로 식민지기에 더욱 강화되었다. 조선 수이출품의 절반을 상회하는 쌀이 일본 단일시장으로 이출되었으며, 일본의 섬유제품과 쌀을 대체하는 보조식량이 조선으로 수이입되는 구조가 형성되었던 것이다. 1920년 일본과 조선 사이에 통일관세제도가 실시됨으로써, 이런 무역구조는 더욱 강화되었다. 몇몇 관세특례가 유지되기는 했지만 대부분의 이입세는 철폐되었으며, 이에 따라 개항장 상인의 몰락은 가속화되었다. 또 일본의 관세법이 적용됨으로써 일본 상품의 경쟁력이 높아졌다. 1924년부터 중국산 견직물의 관세가 인상됨으로써 중국산의 수입은 급속하게 감소하고 일본산 견직물이 조선 시장을 장악한 사례를 들 수 있을 것이다.[32]

1930년대에도 전체 수이출에서 차지하는 미곡의 비율은 40퍼센트 밑으로 떨어지지 않았으며, 대체 보조식량인 좁쌀도 수이입에서 큰 비중을 차지했다. 다만 1935년을 기점으로 기계류 수입이 대폭 늘어남으로써, 수이입구조가 크게 변화했다. 이후 전쟁이 진행됨에 따라 일본의 엔 블록에 대한 조선 무역의 의존도는 증가했으며, 물자조달을 위해 엔블록 내의 관세를 철폐함으로써 엔블록 내에서의 무역의존도는 더욱 높아지게 되었다.[33] 1930년대 이후 조선의 무역구조가 미면교환체제에서 벗어나게 되는 것은 일본의 전쟁 수행을 위한 조선의 공업화와 아울러 엔블록 강화조처에 따른 것이었다.

이 시기 일본의 무역은 어떤 변화를 보이고 있었을까? 호리 가즈오(堀和生)에 따르면, 두 세계대전 사이, 특히 1930년대에 일본의 무역량은 비정상적으로 팽창하고 있었다. 1920년대에 점증하다가 1930년대 초에 급감했으나, 중반에 다시 급속하게 증가했다. 이는 일반무역과 식민지 무역이 함께 증가한 데서 기인하는 것이었다. 1930년대 일본의 일반무역 증가 추세는 특이점이 있었으며, 이와 아울러 식민지 무역의 규모도 비정상적으로 증가하고 있었다. 1937년 이후 일본제국 내의 무역은 더욱 급속히 팽창했다. 일본의 대식민지 무역총액은 세계 최대 식민지제국인 영국을 능가했다. 특히 식민지에 대한 의존도는 1937년부터 급속히 상승하여, 1940년에는 본국 전체 수입의 42퍼센트, 수출의 67퍼센트를 차지하게 되었다. 불황이 심각해지고 세계무역이 수축되던 1930년대에 일본의 대식민지 무역은 오히려 증가했고, 1937년부터는 증가 추세가 더욱 빨라졌던 것이다. 본국과 식민지를 잇는 경제적 유대의 규모로 보면, 1930년대 말 일본은 세계 최대의 식민지제국이 되었다.[34]

일본의 대식민지 무역이 이처럼 급속하게 증가한 이유는 무엇인가? 식민지에서 일본으로 대량의 곡물과 식료품을 수이출하고, 일본에서는 면제품을 비롯한 소비재와 함께 기계류 등의 생산재와 금속과 금속제품 등의 자본재를 수이출하는 무역구조가 유지·확대되었기 때문이다. 곡물 및 원료와 생산재·자본재 생산을 중심으로 하는 분업구조가 형성되었던 것이다. 기계류와 금속류의 식민지에 대한 수이출은 35퍼센트를 상회할 정도였다. 일본 자본주의의 고도화와 함께 식민지 무역구조의 재편이 깊이 연결되어 진행되었던 것이다.[35] 1930년대 이후 일본의 교역은 식민지와 만주를 비롯하여 중국과 동남아시아를 대상으로 비약적으로 발전했다. 중국과 조선 혹은 동남아시아 사이의 교역량 역시 큰 폭으로 확대되었다.[36]

미면교환체제의 기본 구조가 식민지기에 더욱 강화되는 모습을 보였지만 결국 조선의 무역은 일본의 엔블록으로 급속하게 편입되었다. 그러나 식민지 무역을 통해 강화된 일본 자본주의는 자신의 능력을 과신함으로써 스스로를 총력 전으로 몰아갔으나 이는 궁극적으로 파멸로 가는 길이었다.

'소통'하는 동아시아

1942년 2월 대동아건설심의회(大東亞建設審議會) 총회에서는 도조 히데키(東條英機) 일본 총리의 말을 빌려, '대동아전쟁'의 목적을 "제국의 자존자영(自存自營)을 위해 장해가 되는 일체의 힘을 파쇄(破碎)하고 제국을 중핵으로 도의에 입각한 대동아의 신질서를 확립하는 것"으로 규정했다.[37] 또 팔굉일우(八紘一宇)의 대정신이 대동아건설의 기조이고 세계정책의 기본이라고 강조했다. 팔굉일우는 가족제도를 기반으로 삼는 것으로, 가족을 잇는 혈연관념이 각 민족을 이어주는 기본이 된다고 주장했다. 요컨대 가족관념을 기반으로 대동아가 구성되며, 이를 확장하여 팔굉일우의 대정신을 구현하는 것이 '대동아전쟁'의 목적이라는 것이다. 조선에서 일본의 신대(神代)로 돌아가는 복고운동의 필요성을 환기했던 것은 이 때문이었고, 이를 바탕으로 조선에서 총력운동, 곧 총동원정책을 전개하려 했다. 이제 내지와 조선은 차별이 없으며(內鮮一體), 공동의 조상을 가진 동일한 민족(日鮮同

祖論)이라는 점을 강조했던 것이다. 이에 조선인들도 대동아라는 이념을 수용하는 길을 걷지 않을 수 없었다.[38]

1893년 다루이 도키치(樽井藤吉)는 《대동합방론(大東合邦論)》이라는 책을 출판하여 한일 양국을 하나의 합방으로 이룰 것을 주장했다. 2개의 국가를 합동할 때에 특히 유의할 점은 토지의 대소와 인구의 다소를 가지고 국가 간의 서열을 정하지 않고, 나아가 감정상의 문제를 일으키지 않는 것이라고 강조했다. 따라서 명칭에도 유의해야 하므로 한일 양국을 합방할 때에 사용할 국호로 '대동(大東)'을 제안했다. 나아가 아시아 황인동종(黃人同種)의 우국이 서로 제휴하여 백인 세력과 경쟁하기 위해서는, 청국 역시 대동국과 동맹을 맺어야 한다고 주장했다.[39] 이 대동합방론은 한국인들에게도 큰 영향을 주었다. 예컨대 천도교와 일진회는 이로부터 영향을 받아 한일 간의 합방운동을 전개했다.[40] 이 시기의 '대동'은 2차 세계대전 시기의 '대동아'로 이어졌으며, 이처럼 개념은 단절되기도 하지만 내포와 외연을 변형하면서 연속되기도 하는 것이다.

동아시아 지역에서 유통 혹은 소비되던 정보와 지식의 흐름을 잘 드러내는 것이 바로 '개념'의 동향이 아닐까 싶다.

요컨대 동아시아 지역은 '개념'을 통해 서로 소통하고 있었다고 하겠다. 하지만 한국에서의 개념의 흐름을 이해하기 위해서는 '이중의 굴절'을 다루어야 한다. 한국의 개념사 연구는 서구에서 오랜 역사적 과정을 거쳐 형성된 개념이 일본 혹은 중국에서 번역되고 그것이 한국에서 수용되고 정착하는 3중의 과제를 다루어야 한다.

'소통'하는 동아시아는 동아시아 자신을 인식하는 개념을 통해 더욱 명확하게 부상하게 될 것이다. '동양' 개념의 변화를 통해 소통하는 동아시아를 살펴보는 것이 의미 있는 이유는 이 때문이다. 중화질서의 붕괴와 동양(혹은 동아)이라는 지역 개념이 부상하는 것은 깊은 연관을 가지고 있을 것이다. 하지만 이보다 더 중요한 것은 동양이나 동아 같은 지역 개념의 소통이 민족 개념 혹은 민족주의의 대두와 깊은 관련을 가지고 있기 때문이다. 동양과 민족 개념 혹은 민족주의는 상호병존하거나 길항하고 있었다.

동양 혹은 동아담론은 문명개화에 성공한 일본이 자신들의 정체성을 확인하는 과정에서 처음으로 등장했다.[41] 하지만 막부 말기부터 1880년대 이전 일본에서 동양 혹은 아시아 개념은 지역, 인종, 문화 등의 동질성을 기반으로 한 지역 개념에 이르지는 못했다.[42] 1880년대 한중일 3국의 공영 혹은 제휴를 내세우는 논의가 조선의 개화파들에 의해 수용된 것은 한국에서 동양담론이 시작된 계기일 것이다. 이 논의는 독립협회 계열 인사들에 의해 삼국제휴론으로 이어졌으며, 이어 각종 아시아 연대론은 삼국정립론과 일본맹주론으로 분화했다.[43]

삼국정립론은 점차 현실적 힘의 구조 속에서 설득력을 잃어가고 일본맹주론이 지배하는 과정에서 일본맹주론적 구조를 가장 적극적으로 비판한 사람은 신채호였다. 그러나 신채호조차 처음부터 삼국정립론적 연대론에서 자유로웠던 것은 아니다. 신채호는 일본을 맹주로 하는 동양주의를 맹렬하게 비판했지만, 아마 이는 스스로에 대한 비판이기도 할 것이다. 이는 바로 삼국정립론의 잔재이자, 그에 대한 미련을 표현한 것이기도 했다.[44] 이런 의식은 안중근의 동양평화론을 통해서도 명확하게 확인할 수 있다.[45] 다른 한편 유교를 보편문명으로 끌어올려 동양문명을 대표하는 속성으로 확립하고, 이를 바탕으로 동양과 서양을 대결구도로 정립하려는 시도도 등장했다. 박은식과 《황성신문》을 통해 드러나는 이런 동양의 대동사회에 대한 상상은 국가 경계를

넘어 동양과 세계로 확장되었으며, 동양은 유교적 가치를 계승하여 발전시켜야 할 단위로 승격했다.[46]

이에 비해 민족 개념은 1905년 이후에 본격적으로 등장하여 1905년부터 1910년 사이에는 국민 개념과 거의 중첩되어 사용되었다. 근대적 민족주의가 본격적으로 대두하는 것도 이 시기의 일이었다. 그러나 국민 개념이 더 이상 의미를 가질 수 없게 된 '병합' 이후에는 문화적 차원의 민족 개념으로 의미가 전환되는바, 이는 식민지기 '문화적 민족주의'의 대두와 깊이 관련된 것이었다.[47]

한편 식민지기 이후 동양 개념은 다양한 방식으로 부침을 겪었다. 한-중 연대에 대한 새로운 관심이 대두했지만, 조선인들이 쑨원(孫文)의 대동적 아세아주의를 심각하게 경계한 사실에서 확인할 수 있듯이, 중국의 자국중심주의에 대한 불안이 짙게 깔려 있었다.[48] 1920년대 이후 지역론적 맥락의 동양론을 넘어서 '문명론으로서의 동양론'이 등장하게 된 배경이다.

1920년대 조선에서 '조선적인 것' 혹은 조선의 전통을 추구하는 과정은 모두 '일본적인 것'과 만났으며, 그것은 다시 서양을 타자로 삼아 구성한 동양과 담론적으로 연결되어 있었다.[49] 조선적인 것 혹은 조선의 전통을 추구하는 민족주의 지향이 근본적으로 동양론과 연결된다는 지적은, 동양 개념 혹은 동양론과 민족 개념 혹은 민족주의가 병립하면서도 상호길항하고 있었다는 점에서 매우 중요하다.

그러나 1930년대 후반 대두하는 동양론 혹은 동아담론은 서구 근대를 하나의 시대원리로 상정하고, 그에 대한 비판과 대안을 모색하는 다양한 논의들로 분화했다. 문화유형학적 이항대립에 기초하는 동양주의를 비롯하여, 동양의 질서재편을 의도하는 일본의 동아협동체 논의나 동아연맹론 등도 모두 새로운 시대원리를 모색했다는 공통점이 있다. 요컨대 이 시기의 동양 혹은 동아 개념은 서양 혹은 서구를 타자로 설정하고 그에 대한 절대적 대안을 모색한 것이었다. 새로운 원리 혹은 유토피아를 시간적으로는 과거의 동양 혹은 현대에서 추구하고, 공간적으로는 서양이 아닌 동양(혹은 동아)에서 찾아야 한다는 공통점을 갖고 있었다.[50] 민족주의가 들어설 자리가 없는 시간 속에서 동양론(혹은 동아론)은 이처럼 동양 개념을 본질화함으로써 자신을 정당화하고자 했다. 또한 일본에서는 혈연적 공통성을 강조하는 방향으로 민족이론을 자연화함으로써, 동아신질서 혹은 대동아공영

권 이론을 정당화하려는 움직임이 나타나기도 했다.[51]

이처럼 일본에서 고안된 동양 개념은 민족 개념과 연동 혹은 길항하면서 동아시아에서 소통 혹은 유통되었다. 동양 개념이 일본맹주론처럼 일국 중심적이고 배타적인 것으로 변질될 때, 다른 국가의 민족주의 역시 자기중심적인 논리로 무장하고 부상했다. 제국 일본의 침략성이 노골적으로 드러나게 되면, 동양 개념은 문명적인 논리로 재무장하게 된다. 문명론적 동양 개념 역시 민족적인 것과 결합하기도 하지만, 민족적인 것을 넘어 이항대립적인 본질주의 문명론으로 비약하기도 했던 것이다.

연동하는 동아시아의 근대적 변용

인구의 이주, 상품의 교역, 개념의 소통이라는 세 가지 차원에서 연동하고 있던 동아시아의 근대적인 변용 과정을 살펴보았다. 동아시아인들은 새로 발생하는 역내의 다양한 문제들을 트랜스내셔널한 방식을 통해 해결하려 했다.

사람의 이주가 본격적으로 전개되고 이주자들이 본국과 연락관계를 유지함으로써 이주자 네트워크가 형성된 것은 근대 이후의 일이었다. 동아시아 역내의 이주는 제국 본국과 식민지 혹은 세력권 사이에서 쌍방향적으로 이루어졌다. 제국 본국으로부터 식민지로의 이주가 먼저 시작되었지만, 나중에는 식민지로부터 제국 본국 혹은 여타 식민지로의 이주가 역내 이주의 대부분을 차지하게 되었다. 특히 조선인의 해외 이주가 동아시아의 트랜스내셔널 네트워크를 구축하는 데서 수행한 매개 역할에 대해 주목할 필요가 있다.

한편 전근대 동아시아 지역경제 네트워크를 바탕으로 근대 동아시아 무역권이 형성되는데, 조선의 경제는 미면교환 체제가 강화되는 방식으로 동아시아 무역권 형성에서 주요한 역할을 수행했다. 제국으로 성장하고 있던 일본은 국내의 산업화를 추진하는 과정에서 발생하는 인구·식량문제를 식량 수입과 공업제품 수출로 해결하려 했다. 이를 통해 조선에서 형성된 것이 미면교환체제였다. 이후 전쟁이 확대되면서 동아시아 무역권은 엔블록으로 급속하게 편입되었고, 식민지 무역을 중심으로 한 일본의 엔블록은 세계 최대의 식민지제국이 되었다. 지역 간의 트랜스내셔널한 상품 교역을 통해 식량문제를 해결하고, 다른 한편으로는 식민지를 영유하거나 자국민을 대거 이주시키는 방식으로 인구 문제를 해소하려 했던 것이다. 이처럼 상품의 교역과 인구의 이주는 내적으로 깊이 연결되어 있었다.

특히 사람의 이주에 수반되는 지식과 정보의 소통은 급속하게 양적·질적으로 심화되고 또 확산되었다. 이는 소통을 강화하는 근대적 하부구조, 즉 전신과 전보, 철도 등이 구축되고 신문·잡지 등의 새로운 매체들이 등장하여 확산되는 과정과 깊은 관련을 가지고 있었다. 동아시아에서 양개념은 민족 개념 혹은 민족주의와 깊이 연결되어 유통 혹은 소통되고 있었다. 이는 동양 개념이 인구의 이주 혹은 상품의 교역과도 무관하지 않았음을 의미한다. 동아시아 연대론 혹은 문명론적 동양론이 부상하여 동아시아에서 유통될 때, 동양론은 이주와 교역을 촉진하는 역할을 수행할 수 있었다. 이에 반해 동양론의 배타적인 측면이 부상하게 될 때에는 그 역할이 부정적일 수밖에 없었을 것이다.

마지막으로 이 글에서 다루지 못하고 남겨둔 과제에 대해 한두 가지 언급해둔다. 첫째, 트랜스내셔널 동아시아를 서술의 대상으로 삼고 있으나, 실제로는 제국 일본과 식민지 조선을 중심으로 할 수밖에 없었다는 사실이다. 여기에는 근대 이후 동아시아가 제국 일본을 중심으로 재편되었다는 점이 영향을 미치고 있다. 둘째, 트랜스내셔널 동아시아를 분석할 때 간과해서 안 될 측면은 그것이 갖는 상호작용이다. 그럼에도 이 글에서는 각 지표가 갖는 상호작용의 측면을 제대로 다루지 못했다. 이는 필자의 역량이 부족한 탓이지만, 학계의 상황이 반영된 점도 없지 않다.

3부

동아시아와 한국

동아시아 식민주의와 한국

식민지 지배와 '식민주의'[1]

이 장에서는 식민주의와 이를 통한 식민지 지배의 특수성에 대해 살펴보려 한다. 식민주의에 대해 본격적으로 검토하기 이전에, 식민지 지배를 지칭하기 위해 '강점'이라는 용어에 대해 먼저 검토할 필요가 있을 듯싶다. 한국의 학계와 대중 사이에서 널리 사용되고 있는 강점이라는 용어는, 일본의 한국병합이 '강제적인 점령'이라는 사실을 지적하는 것을 넘어 식민지 지배 전체를 지칭하는 개념으로 확대되어 널리 사용되고 있다. 하지만 식민지배를 강점과 같은 점령상태로 간주하는 것은 지배방식의 폭력성을 강조하는 데에는 효과적일지 모르지만, 식민지배를 단지 역사적인 일탈상태로 보게 함으로써 식민주의의 본질을 흐리게 할 따름이다. 식민지배를 강점으로 대치하게 되면, 비유컨대 '강점 아래서의 한국'에는 '박제화된 기억'만이 존재하게 될 것이다. 식민지 아래에서 사는 사람들의 이야기는 사라지고, '앙상한 분노'만이 자리 잡게 되는 것이다.[2] '앙상한 분노'란, 식민지배하 식민지민의 생활이 사라진 '박제화된 기억을 향한 분노'를 지칭하는 것이다. 요컨대 앙상한 분노란 구체성이 결여된 '추상을 향한 분노'다.[3] 식민지배라는 추상을 향한 분노는, 그와 관련한 구체적인 '악'의 내용을 탈각시킴으로써 오히려 식민지배가 초래한 광범위한 '식민주의'를 면책해주는 역할을 수행하게 될는지도 모른다. 이것이 바로 아래에서 이야기할 '내면화된 식민주의'의 일종이다.

이제 세계체제적 차원에서 전개되었던 식민주의에 대해 살펴보자.[4] 19세기 제국주의자들에게 문명화의 사명을 지고 있는 백인들과 다른 인종은 천성적으로 그 역할이 달랐다. 19세기 프랑스의 '휴머니즘' 철학자로 유명한 에르네스트 르낭은 다음과 같이 말했다.

놀라운 손기술을 가지고 있지만 공명심이 부족한 중국인 들은 천성적으로 일꾼에 가깝다. 그러므로 정의의 이름으로 그들을 지배하라. 그들에게 놀라운 지배를 선사하는 대가로 지배종을 위해 풍성한 세금을 바치도록 해보라. 그들은 기뻐 춤을 출 것이다. 한편 땅 파는 데 어울리는 인종, 흑인! 그들에게는 친절하고 인간적인 대접을 해주라. 바라는 대로 될 것이다. 지배자와 검투사로 태어난 인종, 유럽인! 이들을 흑인이나 중국인처럼 막 굴려보라. 틀림없이 반란이 일어날 것이다. 유럽의 반란은 거의 대부분의 영웅적인 삶을 살고자 하나 부르심을 받지 못해 그 기회를 상실한 무사들에 의해 일어났다. 그런 무사들 앞에 그들과 어울리지 않는, 다시 말해 그들을 훌륭한 무사가 아닌 하찮은 노동자로 전락시키는 일거리가 떨어졌을 때, 반란은 일어났다. 그렇지만 우리의 노동자들이 일으킨 반란의 삶은 중국인들을 혹은 범부들을 행복하게 만들었다. 중국인들이나 범부들이나 무사의 삶과 전혀 관련이 없으므로 각각 타고난 대로 삶을 영위토록 하라. 모두가 행복해질 것이다.[5]

르낭에게, 인종 간의 '평등'을 실현하는 것이 백인에게 주어진 책무가 될 수는 없었다. 일꾼으로 그리고 농사꾼과 노동자로 태어난 여타 인종들이 타고난 천성적인 삶을 영위함으로써 행복하게 될 수 있도록 '지배'하는 것, 그리하여 불평등을 확장하고 법제화하는 것이 백인들의 사명이 되어야 했던 것이다.[6] 다른 인종을 지배함으로써 비로소 문명화의 사명을 달성할 수 있다는 것, 그것이 바로 르낭이 표방한 '휴머니즘'의 내용이었다.

프랑스령 마르티니크 출신의 에메 세제르는 유럽의 기독교 부르주아들이 내걸었던 휴머니즘을 '사이비 반휴머니즘'이라고 공격한다. 에메 세제르에게, 휴머니즘이 오히려 반휴머니즘으로 귀결되는 메커니즘은 다음과 같은 것이었다. 세제르가 보기에 유럽 문명은 이미 야만화되어 있었다. "좋든 싫든 유럽이라는 막다른 골목 끝에는 히틀러가 있었다. 물론 내가 여기서 말하는 유럽은 아데나워, 슈만, 비달의 유럽 그리고 그 외 몇몇 사람들의 유럽을 의미한다. 또한 나날이 시들어가는 자본주의 끝자락에도 히틀러가 있었다. 형식적인 인본주의와 그것의 철학적인 부정의 종국에도 역시 히틀러가 있었다."[7] 에메 세제르가 보기에 이러한 유럽 문명의 반문명화, 야만화는 바로 유럽의 식민주의가 초래한 것이었

다. 그런 의미에서 식민주의는 '문명이라는 형태의 그림자'였다.[8]

바꿔 말하면, 문명의 그림자로서의 식민주의는 가장 문명화된 인간마저도 비인간화하는 것을 의미한다. 에메 세제르는 원주민에 대한 경멸과 그에 기초한 정복사업은 불가피하게 그것을 이행한 사람조차 변모시킬 수밖에 없었음을 입증한다고 말했다. "자신의 죄의식을 달랠 목적으로 타자를 짐승 바라보듯 했던 식민주의자들이 종국에는 그 자신이 실제로 타자를 짐승 취급하는 주체가 되었을 뿐만 아니라 급기야는 그 자신도 어느 모로 보나 짐승이 될 수밖에 없었다. 이것은 식민주의가 부메랑 효과로 나타난 결과다."[9]

이처럼 식민주의는 문명의 그림자였고, 자신을 향하는 부메랑이자 스스로를 야만화하는 날카로운 칼이었다. 그리하여 인간 문명에 새로이 그 모습을 드러내고 있는 '식민주의'를 니시카와 나가오(西川長夫)는 크게 세 가지 수준에서 정리한다. 첫째 지구화 시대의 식민주의는 '식민지 없는 식민주의'로 그 모습을 드러내고 있으며, 둘째 메갈로폴리스(세계도시)의 발전과 함께 '내부 식민지'라는 문제의식이 중요성을 더해가고 있고, 셋째 국민주의의 진전과 아울러 '내면화된 식민주의'가 진정으로 심각한 문제가 되고 있다는 사실이다.[10] 현대의 식민주의는 식민지라는 대상을 동반하지 않은 채, 국민국가의 틀을 넘어 확산되고 있으며, 더욱이 내면화되고 있다는 것이다. 여기에서 니시카와가 강조하는 것은 식민주의가 근대의 불가결한 요소의 하나라는 점일 터다.[11]

근대성의 완성과 관련된 개념어로 '진보' 혹은 '경제의 발전'이라는 용어를 들 수 있다. 진보 혹은 발전이라고 하면 흡사 각 문명 혹은 사회 속에 숨어 있는 가능성이 해방되는 듯한 느낌이 들고, 그 가능성을 해방시켜주는 과정이 바로 '근대화'로 이해된다. 그러나 근대화 이데올로기는 대개 인위적으로 인간의 변화를 진행시키고자 하는 '위장'으로서, 대개는 식민주의 이데올로기를 구성하는 하위 이데올로기로 기능하고 있다.[12]

그러나 이제 진보는 무자비하고 피할 수 없는 변화의 위협을 의미하며, 따라서 평화와 안식이 아니라 지속적인 위기와 긴장을 예고함으로써 단 한순간의 휴식도 허용하지 않는 개념이 되었다. 진보는 이제 무자비한 경쟁 속에서, 큰 기대치와 달콤한 꿈 대신에 '뒤처지게 되어 버림받는' 악몽으로 가득 찬 불면증을 유발하고 있다고 비판받는다.[13] 이것

은 '근대화의 장밋빛 꿈'이 '내면화된 식민주의'로 변질되어
가는 현실에 대한 적나라한 비판일 것이다.

일본의 동아시아 지배와 식민주의

지금부터는 일본을 중심으로 한 동아시아의 근대 식민주
의 이데올로기가 밖으로는 '동양주의', 안으로는 '동일화' 이
데올로기로 포장되었음을 살펴보고, 특히 동일화 이데올로
기가 작동하는 방식을 중심으로 동아시아 근대 식민주의의
특징을 살펴보려 한다.

일본의 식민지배는 제국주의 지배에 따르는 일반적 특성
과 아울러, 일본 제국주의의 특수한 성격을 반영하는 측면
을 지니고 있다. 그러나 일본 제국주의를 관통하는 지배 이
데올로기, 다시 말하면 식민주의 이데올로기를 간명하게 그
려내는 것이 쉬운 일은 아니다. 대개 식민주의 이데올로기
는 은폐되고 위장된 채 작동하기 때문이다. 특히 후발 제국
주의 국가였던 일본은 서구 제국주의가 내걸었던 문명, 진
보, 근대화 같은 선명한 '사명 이데올로기'를 가지지 못했
다.[14] 또 여러 형태의 식민주의 이데올로기가 제출되어 현실
에 적용되고 있었지만, 어떤 전체적인 목표나 비전에 의해

조정되는 것은 아니었다.[15]

일본 제국주의의 식민주의 이데올로기는 뚜렷한 사명 이데올로기를 갖지 못한 대신에, 동문동종이나 일선동조(원) 등의 슬로건을 내세워 역사적 기원을 소급함으로써 제국과 식민지가 동일한 문명이나 혈통임을 강조하는 방식을 취했다. 예를 들어 메이지유신 이후 등장한 일본 민족이론은 일본 민족순혈론과 혼합민족론이 주기적으로 갈등 혹은 대립하는 형세를 보였지만, 러일전쟁 이후 한국을 병합하기까지는 혼합민족론자들의 목소리가 훨씬 우세했다. 이 시기에는 일선동조론 혹은 혼합민족론이 일본제국 민족이론의 주류로 자리 잡게 되는 것이다.[16] 물론 이런 현상에는 일본의 침략을 정당화하기 위해 불가피한 측면이 가로놓여 있었다.

다른 한편 일본의 식민주의 이데올로기에서 중화질서 관념이 완전히 제거되었다고 보기에는 어려운 측면이 있다. 우선 한국을 병합하면서 메이지 천황이 발표한 조서에는 다음과 같은 구절이 있다. "짐은 천양무궁의 비기(丕基)를 넓히고 훌륭한 예수(禮數)를 갖추고자 하니 전 한황제(韓皇帝)를 책(冊)하여 황제로 하여금 왕으로 삼는다." 이 구절은 새로운 조공-책봉체제의 정점에 청의 황제 대신 일본의 천황이 위치한다는 선언으로 이해할 수 있다.[17] 또 이는 1910년 8월 16일 데라우치 마사타케(寺內正毅) 통감이 이완용 총리대신에게 전한 각서에 있는 다음 구절과도 통하는 것이다. "이 나라의 역대 왕조는 시종 정삭(正朔)을 이웃 나라로부터 받들고 가까이 일청전역(日淸戰役, 청일전쟁—인용자) 전후까지는 왕 전하로 호칭되다가 그 후에 일본국의 비호로 독립을 선포하고 비로소 황제 폐하로 칭하기에 이르렀는데, 지금 태공(太公) 전하가 일본 황제의 예우를 받는 것은 십수 년 전의 지위에 비해서 반드시 열등하다고 할 수는 없다."[18] 일본이 중심이 되는 새로운 '중화질서' 속에서, 한국은 예전과 동일한 지위를 부여받게 되었음을 강변하고 있다. 제국주의 일본은 '중화질서의 눈'으로 '국제법 질서라는 현실'을 바라보려 했던 것이다. 이런 조공–책봉질서의 잔재는 식민지의 신부(新附) 신민을 천황의 적자로 간주하고 일시동인(一視同仁)으로 대우하겠다는 선언으로 이어졌다.[19]

하지만 이런 방식으로 구축된 식민주의 이데올로기는 식민지는 물론이거니와 제국 본국에서조차 쉽게 동의할 수 없는, 논리적 근거가 대단히 취약한 것이었다. 이런 이데올로기로서의 취약성은 일본 제국주의가 아직 지구문화에 참여할 수 없었거나 뒤늦게 참여함으로써 이데올로기적 지체를 경험할 수밖에 없었던 사실과 깊은 관련을 가진 것이었다.

침략의 대상이 되는 지역과 동종의 문명이라거나 동일한 혈통을 가졌다고 하는, 그리고 조공-책봉체제의 잔재를 간직하고 있는 일본 제국주의의 식민주의 이데올로기는, 식민지 지배가 구체적으로 진행됨에 따라 외부적으로는 '동양주의' 이데올로기로, 내부적으로는 '동일화' 이데올로기로 각기 정착되어갔다. 일제의 식민주의 이데올로기는 밖으로는 '동양주의'로 포장되었으며, 안으로는 '근대화(곧 문명화=진보)'와 '동일화(곧 동화정책)' 이데올로기가 길항하는 양태로 구성되었던 것이다. 다시 말하면, 서구 제국주의의 사명 이데올로기로서의 문명화(=진보) 이데올로기가 특수 이데올로기로서의 역사적 동일성 이데올로기와 혼합된 것이 바로 일제의 식민주의 이데올로기였다고 할 수 있다.

이런 측면은 1910년 '일한병합조약'에서도 잘 드러난다. 병합조약에는 한국병합의 목적이 "(한일 간의) 상호 행복을 증진하며 동양의 평화를 영구히 확보"하는 데에 있으며, 이를 위해 "한국의 일체의 통치권을 완전하고도 영구히" 양여한다고 규정되어 있다.[20] 한국을 '문명화(=행복 증진)'하고, '동일화(=완전하고 영구히 양여)'함으로써, '동양주의(=동양의 평화)'를 추구하는 데에 그 이데올로기적 목적이 있다는 것이다.

이런 맥락에서 일본 제국주의의 식민주의 이데올로기를 그 외부적 측면인 '동양주의' 그리고 두 가지 내부적 측면인 '근대화(곧 문명화=진보)'와 '동일화(곧 동화정책)' 이데올로기로 나누고, 그 상호작용을 통해 살펴보는 것은 유용한 일이 될 것이다. 내부적으로는 '근대화' 이데올로기와 '동일화' 이데올로기가 상호길항하면서 구체적인 식민정책을 규정하고 있었다. 일본 제국주의가 내건 동일화 이데올로기[21]는 역설적으로 취약한 기반을 갖고 있던 근대화 이데올로기에 의해 견제될 수밖에 없었는데, 그 견제를 매개하는 기준은 '민도(民度)'라는 자의적인 척도였다.

민도란 무엇인가? 조선총독부는 병합 전후부터 대조선인 정책의 기준으로 '시세(時勢)'와 민도'를 제시했다. 예를 들어 1911년의 조선교육령에서는 일선동조를 내세워 조선과 일본의 역사적 동질성과 동화정책의 필요성을 강조하면서도, 조선인 교육은 시세 및 민도와 적합한 방식으로 제한해야 한다고 주장하고 있다. 그에 따라 조선인 교육은 '충량한 신민' 만들기에 집중한다는 것이다.[22] 시세든 민도든 모두 그

처지와 상황에 따라 가변적인 속성을 가지고 있음을 감안하면, 민도라는 척도를 가지고 동일화의 수준을 조정한다는 발상 자체가 대단히 식민주의적이라는 것을 알 수 있다. 일본인들이 고안한 민도라는 근대화의 척도는 차별을 호도하기 위한 개념에 지나지 않는다.

그런데 식민지기를 통틀어 '민도'는 조금 다른 두 차원의 의미를 가지고 있었다. 하나는 '정체(성)'라는 의미였으며, 또 다른 하나는 그 내포가 확장되어 '민족성'이라는 의미를 가졌다. 민도가 정체라는 의미로 쓰일 때, 그것은 식민지의 물질적 영위의 수준이 낮다는 것을 의미한다. 요컨대 식민지는 생산력이 낮고 생활수준이 저열하다는 것이었다. 이를 역사 속으로 투영하면 조선은 중세에 봉건제를 경험하지 않았으며, 그 연장선상에서 스스로 근대화할 수 있는 능력이 없다는 것이었다.

민도의 의미가 조금 더 확장되면, 식민지민의 민족적 특성을 가리키는 것으로 의미의 전위가 일어나게 된다. 요컨대 집단으로서의 조선인의 성격적 결함을 지칭하는 것으로 의미 전환이 일어나는 것이다. 익히 알려진 사실이지만, 경성제국대학 조선어문학과 교수를 지낸 다카하시 도루(高橋

后)는 사상의 고착, 사상의 종속, 형식주의, 당파심, 문약, 심미관념의 결핍, 공사의 혼동, 종순, 낙천성 등을 조선인의 특성으로 열거했다.[23] 더 심각한 문제는 민도가 식민지민에게 수용될 때 일어나는데, 이것이 어쩌면 식민주의의 고유한 측면을 더욱 잘 반영하고 있을 것이다. 다카하시 도루의 조선 민족개조 논의와 이광수의 그 유명한 '민족개조론'의 거리를 탐색하는 것은 너무 진부한 일이 될 것이다.

요컨대 제국주의 일본은 조선인의 '민도'라는 근대화(=문명화)의 척도를 발명했고, 이를 통해 동일화 이데올로기를 '적절한' 수준에서 조정했던 것이다. 또한 이렇게 조정된 동일화 이데올로기는, 일본제국의 국가 정체성을 상징하는 '국체'와 식민지의 '동일화 수준을 드러내는 슬로건'의 두 가지 기준을 매개로 그 변화하는 성격을 이해할 수 있다. 다른 한편 내부 식민정책 역시 외부 이데올로기, 곧 제1의 위계인 '동양주의'의 거시적인 변화에 의해 규정되면서 혹은 상호관련을 맺으면서 변화하고 있었다.

이제 이른바 '전간기'를 중심으로 일본의 조선 지배를 3개의 시기로 구분하여 식민주의 이데올로기의 변화를 살펴보자. 일제의 조선 지배는 1910년 한국병합부터 1919년 3·1운동까지를 제1기, 1919년 이후부터 1937년 중일전쟁 발발까지, 곧 전간기를 제2기, 1937년부터 1945년까지의 총동원체제기를 제3기로 나누어 살펴볼 수 있다. 일본의 조선 지배에는 전간기를 전후한 세계사의 특성이 고스란히 반영되어 있었다.

1919년 이전, 곧 전간기 이전의 지배정책은 '엉거주춤한 동화정책'이라고 명명할 수 있을 것이다. 이를 두고 조선판 '무장적 문비(武裝的文備)'[24]라고도 할 수 있을 듯하다. 일제가 내걸었던 '무단적 동화'라는 표현의 형용모순에서 드러나듯, 이 시기에는 동화정책의 토대를 구축하는 작업이 폭력적으로 추진되었다. 요컨대 조선인들의 민도, 곧 문명화의 수준이 대단히 낮은 단계에 있다고 보았기 때문에, 조선을 문명화하기 위한 제도를 정비하고 기반을 닦는 것을 지배의 목표로 설정했던 것이다. 잘 알다시피 이 시기에는 또한 토지조사사업 등의 여러 정책을 통해 식민지배를 위한 '근대적인' 경제적 토대를 구축하고 있었지만, 조선인에게도 일본인과 동일한 '국체'가 적용되어야 하는지에 대해서는 이노우에 데쓰지로(井上哲次郎) 같은 이데올로그에 의해 커다란 의문이 제기되었다. 또한 동일성을 드러내는 이 시기의 슬로건을 보더라도, '내선융화'나 '일시동인' 등 현실로부터 유리된, 그리고 동일성의 당위만을 강조하는 추상적인 수준에 머물렀다.

이런 지배의 특성은 조선이 이른바 '최후의 식민지'였다는 점에서도 잘 드러난다. 다시 말하면 '19세기적 식민주의'라는 맥락에서는 조선이 마지막으로 식민화된 지역이었으며, 1차 세계대전 이전의 폭력적인 식민지배의 특성이 잘 반영되어 있었다. 요컨대 자유주의 이전의 무단적이고 군사적인 식민지배가 노골적으로 시도되었던 것이다. 제1기의 식민주의는 이처럼 적극적인 문명화, 곧 근대화를 위해 동일화를 유예하는 모습을 취했으며, '동양평화'라는 슬로건을 식민주의의 대외적인 목표로 내걸었다.

1차 세계대전은 유럽을 중심으로 한 '공법(=국제법)질서'가 예기치 않게 해체되어가는 서막을 열었다. 이와 관련하여 일본의 전간기 동화정책은 하라 다카시(原敬)에 의해 '내지연장주의'라고 공공연히 표명되었지만, 그것은 오히려 자유주의적 측면이 강한 것이었다. 이는 일본의 다이쇼 데모크라시의 긍정적·부정적 측면을 동시에 반영하는 것이기도 했다. 자유주의적 식민주의 이데올로기는 짧게는

1919~1931년, 길게는 1937년 전후까지 이어졌다.

조선의 3·1운동은 진정한 의미에서의 1차 세계대전의 '전후', 곧 전간기를 경계짓는 상징이었다. 3·1운동과 이를 계기로 활성화된 '문화운동'은 민족적(곧 국민적) 정체성에 기반을 둔 근대적 집단주체를 문화적 차원의 운동을 통해 형성하려 했다는 점에서, 일본의 다이쇼 데모크라시의 영향을 받은 것은 물론이거니와 세계사적 보편성을 가진 것이기도 했다. 이처럼 제국과 식민지의 상호관련은 전간기의 세계사적 흐름을 반영하면서 점차 심화되어갔다.[25] 예컨대 식민지의 문화적 민족주의 운동이 다이쇼 데모크라시의 영향 아래 전개되었던 것이 사실이라면, 역으로 다이쇼 데모크라시 역시 식민지의 동향에 명백하게 의존하고 있었다.[26] 일본에서 대두된 다이쇼 데모크라시의 자유주의적 분위기, 곧 정당정치가 정착하고 보통선거가 실시되는 1920년대의 흐름이, 중반 이후 급작스럽게 냉각되기 시작한 것은 식민지의 흐름을 제외하면 이해하기 어렵다. 1925년 국체와 사유재산제도의 신성함을 강조하는 치안유지법이 제정되고 이를 바탕으로 억압적인 단속체제인 이른바 '치안체제'가 구축되는 데에는, 식민지 상황의 악화, 곧 식민지 민족주의 흐름의 고양이 크게 영향을 미쳤던 것이다. 치안유지법이 식민지에서 훨씬 혹독한 방식으로 확대 적용되었다는 사실은 지금까지 많은 논자들에 의해 지적되어왔다.[27] 식민지에서의 이런 흐름이 일본 본국에서도 유사한 방식으로 정착하게 되었다는 것은 말할 나위도 없다. 요컨대 다이쇼 데모크라시가 종말을 고한 것도 식민지 상황이 제국 지배에 곤란한 방향으로 전개되고 있던 사실과 무관하지 않았던 것이다.[28]

이 시기 식민주의에서의 동일화 수준은 크게 강화되었다. 1930년대 초반 농업공황의 파멸적 영향으로부터 벗어나기 위해 우가키 가즈시게(宇垣一成) 총독이 시작한 '농촌진흥운동'을 계기로 이제 식민지에서도 '국체명징'이 강조되기 시작했다. 식민지도 제국과 동일한 국체를 공유하라니, 얼마나 '황공한' 일인가? 국체를 강조하는 이런 흐름은 물론 억압적인 치안체제의 강화를 동반하는 것이었지만, '차별'의 철폐를 주장하는 흐름과도 맥락을 같이하는 것이었다. 그동안 근대화 정책을 통해 식민지의 문명 수준, 곧 민도도 높아졌기 때문에, 이제 차별을 철폐해나가야 한다는 주장이 발언권을 얻기 시작했다.

1930년대 초반부터 '내선융합'을 주장하거나 '일선동조'를 강조하는 흐름이 차츰 대중화되어간 것 역시 이런 흐름과 그 궤를 같이하는 것이었다. 병합 이전부터 일본인들 사이에서 대중화되어 있던 일선동조론은, 조금씩 그 형태와 내용을 달리하면서도 3·1운동을 전후하여 조선인들에게까지 확산되었고 일부 학계에서도 설득력을 얻고 있었다.[29] 한일 양 민족이 이른 역사 시기부터 혈통과 영역을 공유하고 있었다는 '사실'을 강조하는 이 이론은, 동화정책을 추진하는 위정자들에게는 '양날의 칼'이었다. 자칫하면 동일성을 지나치게 강조함으로써 식민정책의 수행에 차질을 초래할 가능성이 상존하고 있었던 탓이다. 따라서 식민지에 제국의 국체를 강조하기 위해서, 곧 동일화의 수준을 높이기 위해서는 민도의 상승, 곧 근대화의 진전을 그 근거로 삼아야 했다. 그리고 민도란 근대화의 척도로서 동일화의 수준을 조절하는 근거로 적절히 이용되었다. 식민주의 이데올로기에서의 근대화, 곧 문명화란 이처럼 폭력적인 장치로 기능했던 것이다. 일본 제국주의자들이 일선동조론을 수용하기 위해서는, 민도가 높아졌다는 점을 인정해야만 했다.[30]

한편 일본에서 다이쇼 데모크라시의 흐름이 기울고 정당정치가 소멸하는 대신에 군부와 우익파시즘이 대두하는 상황, 곧 총력전체제가 등장하고 제국과 식민지를 가로지르는 '총동원정책'이 실시되는 상황 역시 식민지를 제쳐두고 설명할 도리가 없다.

예를 들어, 1931년 일본의 '만주 침략'이 식민주의의 위상에서 특별한 의미를 갖는 것은 '15년 전쟁'이라는 알레고리 때문만은 아니다. '만주국'이라는 독특한 근대국가를 수립한다는 상상을 통해서, 지구상 최초로 2차 세계대전 이후 위성국가 모델을 수립하는 계기가 되었기 때문이다. 식민지배라는 측면에서 보면, 일본의 만주 침략과 '만주국' 수립은 독일의 '동유럽 식민화'로 상징되는 유럽에서의 2차 세계대전을 훨씬 일찍 선취한 것이었고, 전후의 세계 상황을 예고하는 것이기도 했다. 또 제국 일본이 '만주국'에 대해 가장 크게 기대하고 있었던 것은, 제국의 총력전체제를 확립하기 위해 만주의 산업을 개발하고 만주를 반혁명적 세계전쟁의 근거지로 구축하는 일이었다. 여기에서 식민지 조선이 예외였을 리 없다.

1937년 이후 제3기의 동화정책은 '동화적 총동원정책'이라고 할 수 있을 터인데, 이는 '조숙한 총동원정책'이라는 측면을 가진 것이었다.[31] 중일전쟁이 확산되면서 식민지에도 총력전을 수행하기 위한 총동원정책이 전면적으로 실시되었다. 그러나 식민지에서 총력전체제=총동원정책이 근본적으로 제국과 동일한 차원에서 시행될 수는 없었다. 물질적·이데올로기적 조건을 결여하고 있었기 때문이다. 경제적이고 물적인 축적은 박약했으며, 인적 동원을 강행할 수 있는 정치적 조건도 갖추지 못하고 있었다. 요컨대 근대화의 수준도, 동일화의 조건도 식민지에서 총동원을 강행하기에는 충분치 못했다. 이런 상황에서도 식민지에 총동원정책을 실시해야 했던 것은, 제국과 식민지 모두에게 비극이었다. 조건을 갖추지 못한 상황이었지만 총동원정책을 실시할 수밖에 없었다는 점에서, 이 정책은 명백히 '조숙한' 그리고 실패가 예견된 것이었다.

내지연장 혹은 내선융합의 연장선 위에 놓인 '내선일체'라는 슬로건을 내걸고 추진된 황국신민화(imperialization of the subject) 정책은, 조선인에게 제국의 국민으로 '합류'하는 특권을 부여하는 것이었다. 곧 식민지민에게 '황국신민'이 될 수 있는 특권이 부여되었고, 모든 차별은 부정되었다. 조선인이 일본인의 민도에 미달한다는 주장도 이제 인정될 수 없었다. '조선'이라는 민족적 특성은 대개 부정되었고, 오직

'반도'라는 지역만이 인정되었다. 식민지와의 혈통적 결합('내선결혼')이 장려되었으며, 여러 방면에서 국체를 더욱 철저히 할 것이 요구되었다. 그러나 이런 동화적 총동원정책은 지배자든 피지배자든 모두에게 흔쾌하게 인정될 수 없는 것이었다. 더욱이 식민지는 총동원에 따르는 어떤 반대급부도 충분히 지급할 수 없는 박약한 물적 조건만을 갖추고 있을 따름이었다. 식민지의 입장에서 본다면, 대단히 조숙한 총동원정책이었다.

식민지에 시행된 총동원정책은 총력전을 수행하는 과정에서 조숙하게 시행된 것으로서 다분히 '우연의 산물'이었다. 식민지에 시행된 총동원정책이 우연성에 의해 더 잘 설명될 수 있다는 것은, 식민지가 처한 정치적·사회적 조건이나 지배자와 피지배자 모두의 기대 혹은 희망보다 훨씬 급속하게 쌍방의 변화를 요구하는 것이 될 수밖에 없었다는 것을 의미한다. 요컨대 조선인들에게 황국의 신민이 되기를 강요한다는 것(=황국신민화 정책)은 문명화=근대화라는 자의적인 잣대가 식민지 조선에서 더 이상 의미를 갖지 못하게 되었다는 것을 뜻한다. 또한 조선인들에게 자신들과 완전히 동일하게 될 것을 요구하는 지배자들, 곧 일본인들에게도 그에 상응하는 대가를 요구하는 것이었다. 일본인들은 이제 자신들과 조선인들 사이에 차별이나 위계가 존재한다는 사실을 더 이상 표면적으로 드러낼 수 없었고, 비동일성을 담보하고 있는 모든 제도와 메커니즘을 철폐할 것임을 공언하지 않을 수 없었다.[32]

동일화를 요구하는 식민정책이란 이처럼 언제나 상대성을 가질 뿐만 아니라, 쌍방향적인 변화까지 요구하는 것이었다.[33] 동화정책이 요구하는 변화를 정상적으로 수용하지 못할 때, 식민정책은 파산선고를 받게 될 것이다. 하지만 그 변화를 적극적으로 수용한다는 것은, 아주 불편한 일이지만, 지배자 자신들에게 강요되는 변화도 수용한다는 것을 의미했다. 이를 두고 '동일화의 역풍'이라고도 할 수 있겠다. 식민주의가 국민주의로 이행한다는 것은 바로 이런 것을 말하는 것이고, 조선에서는 중일전쟁 이후 총동원정책의 와중에서 실제로 이런 일이 일어났던 것이다.[34] 하지만 국민주의 그 자체도 국민화 과정(nation-building)에서 드러나는 포섭과 배제의 메커니즘에 의해 지배되는 것 아니겠는가? 국민주의가 내부 식민지를 그 내부에 포섭하고 있는 것은 이 때문인데, 해방 전후 한국의 사정은 이런 정황을 잘 전시한 세계사의 쇼윈도처럼 보이기도 한다.

일본 제국주의는 구미 열강에 의해 문화적으로 식민화된 자기분열적인 제국주의로 출발했고, 그것은 일본 제국주의를 하위 제국주의 혹은 지역 패권국으로 위치 짓게 했다. 이런 열등한 제국주의적 위상으로 말미암아, 일본 제국주의는 미국 제국주의와의 헤게모니 경쟁에서 자신이 포섭하고 있는 식민지의 지리적·인종적·문화적 근접성을 반영하는 방식으로 그 모습을 드러냈다.[35] 1차 세계대전을 전후하여 일본에서 '유색인종'이라는 자기인식이 강화되고, 이것이 아시아주의(Asianism) 담론의 유행을 선도하게 된 것도 이런 맥락에서 이해할 수 있다. 이 시기에는 아시아의 다른 민족들과의 친근감이 강화되고, 이런 감각을 바탕으로 생생하고 체계적인 아시아주의가 생산되기에 이른다. 이에 따라 일본의 대국의식 혹은 아시아주의도 더욱 강화되었다. 러일전쟁 이후 끈질기게 이어진 '미일전쟁론'도 아시아주의의 연장선에 있는 것이었다.[36]

이처럼 1910년대 이후 배타적인 아시아주의가 강화되었던 것인데, 여기에는 메이지기 이후의 구미 협조주의와 근대화론에 대한 반발이 반영되어 있었을 뿐만 아니라 이 즈

음 일본의 대륙 침략정책을 정당화하려는 의도도 들어 있었다. 물론 아시아주의가 일본 사회의 전 영역을 장악했었다고 할 수는 없다. 이는 이 시기 일본의 아시아주의 외교가 전통적인 구미 협조주의와 여전히 길항관계를 유지하고 있었던 점에서도 명확하다.[37]

열등한 제국주의 일본에서 유행하고 있던 이런 아시아주의 사상은 1920년대 이후 신질서 모색기를 거쳐서, 곧바로 인종전쟁이라는 표상으로 폭발하게 되었다. 중일전쟁 이후 일본이 다시 서구와 적대하게 되었을 때, 일본은 '황색인종의 지도자' 혹은 '동양의 맹주'로 스스로를 위치 짓고, 식민지에서 서구를 추방할 것을 호소하면서 '대동아전쟁'의 명분으로 삼았다. 그리하여 태평양전쟁은 '귀축(鬼畜, 영미로 대표되는 서구—인용자)'과 '황색의 야만적이며 작고 교활한 원숭이'가 서로 사정없이 매도하면서 전의를 고양했던 인종전쟁이 되었던 것이다.[38]

일본 식민정책의 전개 과정에 비추어볼 때, 이 시기에 일본이 또다시 '동양(혹은 아시아라는 상상)'으로 나아가게 된 것, 그리고 '동양'을 침략하고 '동아신질서' 혹은 '대동아공영권'을 내세움으로써 동양을 상상으로부터 끌어내려 지상에 정착시키려 노력했던 것은, 지구문화의 배치로 볼 때 어쩌면 필연적인 것이었다고 할 수 있다. 동양(문화) 혹은 아시아라는 지정학은 일본 제국주의의 취약한 식민주의 이데올로기를 보완하는 유일하고도 결정적인 대체물이었다. 일본 제국주의는 그 이전에 서양의 사명 이데올로기를 대체할 수 있는 어떤 대안도 갖고 있지 못했다. 단지 변형된 근대화와 이를 보완하는 동일화 이데올로기만으로는, 침략이나 식민지화를 논리적으로 뒷받침할 수 없었다. 이에 동일한 문명과 기원을 가졌다고 주장하는 지역을 침략의 대상으로 삼을 수밖에 없었고, 그런 점에서 일본 제국주의의 식민주의 이데올로기는 심각한 결함을 내장한 것이었다. 자신의(혹은 자신이 속한) 문명을 침략과 지배의 대상으로 삼을 수밖에 없었다는 점에서 그것은 불운한 것이었다. 다른 모든 식민주의 이데올로기와 마찬가지로.

21세기의 식민주의

동아시아의 질서는 서구로부터의 충격을 수용하면서 '예'의 질서에서 '피'를 지향하는 힘의 질서로 이행해왔다. 요컨대 '도덕적인 위계'를 바탕으로 하는 '화이질서'에서, 동등한 주권국가들을 상정하는 '국가 간 질서'로 이행했던 것이다. 이에 발맞추어, 일본 제국주의의 식민주의 이데올로기는 취약한 사명 이데올로기와 무딘 근대성의 수사학 그리고 그와 대비되는 노골적인 동일성의 논리로 구성되어 있었다. 하지만 그 식민성의 논리는 동양(아시아)을 향한 것으로 다시 한 번 위장했다. 자신이 속한 문명을 침략하고 지배해야만 하는 역설 속에 일제 식민주의의 취약성과 기만성이 감추어져 있었던 것이다.

동아시아 식민주의의 바탕에 의제적인 '피'의 논리가 잠재되어 있다는 점을 간과해서는 안 된다. 나는 일상의 식민주의 비판을 위한 내재적 가능성을 발견하기 위해, 이러한 피의 이데올로기를 내면화한 동아시아 식민주의의 논리를 검토하려 했다. 그 성공 여부는 차치하더라도, 근대적 식민주의가 형성되는 과정을 전통적 예의 질서에서 출발하여 검토해볼 필요성이 인정된다면 다행이겠다.

식민주의는 자연스럽게 전후 점령과 냉전에 의해 유지되어 왔다. 제국에서는 총동원체제가 전후 복지국가 모델로 전환하는 토대가 되었다. 이것은 총력전체제의 제국적 변용을 의미하는 것으로, 근원적인 식민주의 청산이 불가능했다는 점을 상징하는 것이기도 하다. '총력전체제'를 구축하고 전쟁에 주도적으로 참가했던 국가들은 전후 조합주의적 복지국가를 구축했고, 그 국민들은 풍성하고 평온한 일상을 누릴 수 있었다. 그러나 식민지 지배에 대한 어떤 발본적인 책임 추궁이나 반성도 없었으며, 식민주의는 단지 과거의 '철 지난 유행'으로 간주되었다. 이에 반해 제국주의적 총동원체제가 어떤 의미에서 가장 '전형적'으로 발현된 곳은 식민지였다. 제국주의적 '서구(일본을 포함한)'와 같은 복지국가적 '포섭'을 실현할 힘을 갖지 못한 식민지에서는 총동원체제의 폭력적인 메커니즘만이 그대로 잔존하여 확대·증폭되었다. 예컨대 남북한에 지속적으로 이어져온 준전시 동원체제는 이런 총동원체제가 잔존·확대된 형태라고 보아도 무리가 없다. 그럼에도 후기 식민지 사회에서 총동원체제의 기원이나 역사성에 대한 자각은 대단히 미약했다.

니시카와 나가오는 식민주의에 대한 자신의 견해를 다음과 같이 결론짓고 있다. "국민국가는 식민주의의 재생산장치다. 또는 국민은 필연적으로 어느 정도 식민주의자다."[39] 근대비판의 가장 심각한 대상이자 방법으로 국민국가를 동원하고 있는 니시카와가, 국민국가와 국민을 식민주의의 담당자이자 재생산장치로 간주하는 것은 일견 자연스러운 것으로 보이기도 한다. 하지만 니시카와가 이런 방식으로 지적하고자 하는 진정한 핵심은, 근대가 바로 식민주의에 의해 지지되고 있다는 사실 혹은 근대는 언제나 식민지근대일 수밖에 없다는 사실이 아닐까?

현재 인류가 또 하나의 '전간기'를 통과하고 있다는 알레고리는, 그 전환기적 특성을 더욱 선명하게 보여줄 수 있다. 어쩌면 지금 지구=인류는 한 세기 전에 맞이했던 전간기보다 훨씬 '더 심각한 기간'을 통과하고 있다. 우리 시대의 전간기는 냉전에 의해 그 전기적 특성이 부여되었고, 앞으로 냉전을 넘어서는 더욱 심각한 또 다른 전환을 맞이하게 될 것이다. 현금의 전간기를 수놓고 있는 이데올로기 역시 이전과 마찬가지로 '자유주의'가 주류를 이루고 있다. 하지만 그것은 '변형된 자유주의', 곧 신자유주의다. 이 신자유주의는 자본과 시장의 자유만을 내세우는 폭력적 '자유주의'이고, 그것은 '제국 대 테러'라는 새로운 지구체제를 구축하려하고 있다. 이런 점에서 새로운 전환은 자칫하면 전후에 맞이하게 된 새로운 식민주의의 변형으로 귀결될 가능성이 있다. 또 한편으로 한국을 비롯한 동아시아에서도 다양한 방

식으로 '내부 식민지'의 문제, 곧 인종적 마이너리티 문제를
중심으로 한 다문화사회가 초래하는 여러 현상들을 맞이하
고 있다. 각각의 사회가 일국사적이고 식민주의적인 인식을
어떻게 내파시켜서 해체해갈 것인가? 우리는 이런 심각한
과제에 직면하고 있는 것이다.

트랜스내셔널 한국사

머리말

되풀이되는 말이지만 '역사적 지역'으로서의 동아시아는 자명하지 않다. 그런 맥락에서는 어떤 측면에서 지역 범주 설정이 동아시아사 서술의 관건을 쥐고 있는 것처럼 보이기도 한다. 그렇다면 국민국가의 역사인 한국사, 곧 일국사를 동아시아사, 곧 지역사로 이해할 필요는 어디에 있는가? 동아시아 지역에서도 근대 국민국가 건설 과정은 근대제국과 깊은 관련을 가지고 있었다. 따라서 국민국가 건설 과정을 근대제국의 형성과 상호작용하는 과정으로 이해하는 것,

곧 동아시아의 제국사와 국민국가사(=일국사)의 상호관련을 해석하는 일이 필요한 것이다. 바꿔 말하면 동아시아 지역의 근대 이행, 곧 '동아시아 근대사'를 이해하기 위해서는 먼저 제국과 국민국가 그리고 그 양자의 상호관련을 살펴볼 필요가 있다.

여기에서는 두 쌍의 은유적 개념을 통해 '동아시아사로서의 한국사'를 설명하는 단초를 열어보고자 한다. 첫째, '자주'와 '종속'이라는 개념은 동아시아에서의 제국의 이행과 교체 속에서 조선이 지향했던 바 혹은 위치하고 있었던 바를 나타내는 것이다. 둘째, '분리'와 '통합'이라는 개념은 식민지 시기에 '식민국가'로부터 분리되어 기능하고 있던 조선의 '사회'를 은유한다. '조선 사회'는 일본제국 속에서 혹은 동아시아 지역 속에서 트랜스내셔널 지역사회의 일부로 형성되어 기능하고 있었다. 요컨대 동아시아 지역에서의 제국의 이행과 교체, 그 속에서 조선이 차지하고 있던 '국가론적' 위상, 그리고 '조선 사회'가 가지고 있던 트랜스내셔널한 성격을 차례로 하향적으로 살펴봄으로써, 한국사가 갖는 동아시아사로서의 성격을 드러내려 하는 것이다.

'자주와 종속' — 제국질서와 '조선'

여기에서는 '자주'와 '종속'이라는 두 개념을 중심으로 동아시아에 형성되었던 제국질서 가운데서 조선이 어떻게 자신을 변용해갔는지를 살펴보려 한다. 왕조국가가 식민지로 변화하는 가운데서 조선의 국가론적 위상이 어떻게 바뀌어 갔는지를 이해할 수 있을 것이다.

17세기 만주족의 청조가 성립한 이후 중화체제의 주변에서는 이른바 소중화 관념이 뚜렷이 드러나기 시작했다. 조선, 베트남, 일본, 오키나와 등의 주변 지역에서 중화사상을 새로운 방식으로 전유하는 사상적 경향이 나타났던바, 이를 일반적으로 소중화주의라고 지칭했다.[1] 이때 주변 지역에서 전유하고 있던 중화는 현실에서 드러나는 청조의 보편성이 아니라, 고대의 성왕에 투사된 추상화된 보편적 이념이었다. 이 이념화된 보편성은 중층적 구조를 가진 것이었다. 겉으로는 각기 자신의 왕조를 정통으로 간주하고 이에 따라 행동했지만, 내적으로 보편성은 궁극적으로 하나라는 전제에 입각한 것이었다. 이처럼 소중화주의는 하나의 보편성을 강조함으로써 역외 주체와의 소통 가능성은 처음부터 주어져 있지 않은 것이었다.[2]

한편 19세기 중반 이후 청조의 제2차 제국화 시도와 맞물리면서, 조선과 청조가 맺고 있던 조공–책봉관계의 정치적 성격을 둘러싼 만국공법(국제법)적 재해석이 논란의 초점이 되었다. "조선이 청과 종속(宗屬)관계를 맺고 있지만, 내정과 외교에서는 자주"라는 조선 정부의 입장은, 전자는 중화질서에 그리고 후자는 만국공법 질서에 대응하는 관념을 혼합한 것이었다. 유길준의 '양절(兩截)체제' 구상 역시 이런 세계관의 변화 과정을 적극적으로 수용 혹은 반영하려는 노력의 산물이었다. 그러나 혼란 속에서 청조나 조선이 내세우고 있던 '속국자주'라는 관념은, 청일전쟁을 통해 일본이 주장하고 있던 '독립자주'라는 관념으로 강압적으로 교체·조정되었다.[3]

독립자주를 지향했던 대한제국은 동아시아의 제국질서 교체 속에서 어떤 운명을 맞이했던가? 우선은 '이중국가'로서의 성격을 가진 대한제국–통감부 통치시기를 거치게 되었다. 19세기 후반부터 제국주의 열강이 식민지를 확대하는 과정에서 만들어낸 국제법상의 이른바 보호국 혹은 보호령(Protectorate)은, 제국주의 열강이 군사력을 바탕으로 타국의 외교권을 박탈하거나 내정권을 침해함으로써 이중적인 통치구조를 갖게 된 권력 혹은 국가를 의미한다. 이런 점에서 보호국 또는 보호령은 제국의 일원적 지배가 관철되는 식민지와 구별될 뿐만 아니라, 부분적으로나마 토착권력의 독자성이 보존되고 있었으므로 단순히 괴뢰정권 또는 괴뢰국가(puppet state)로 볼 수도 없다. 1906년 일본의 '보호정치'가 시작된 뒤부터 1910년 한국병합이 이루어질 때까지의 기간은 대한제국과 통감부라는 식민권력이 이중적으로 존재했던 시기로, 대한제국과 통감부의 이중권력을 '이중국가'로 정의할 수 있을 것이다.

이 시기에 통감부는 대한제국이 보유하고 있던 합법적 폭력 사용권을 박탈함과 동시에 자본주의 경제기구를 구축함으로써 자본주의 국가의 기반을 구축해가려 했다. 다시 말하면 이중국가로서의 대한제국–통감부 시기는 합법적 폭력 박탈, 민간인 무장해제를 통해 합법적 폭력을 독점하고, 재정개혁과 토지소유권 법제를 확정하는 토대를 마련함으로써 식민지에서 근대국가의 기반을 구축하는 시기였다.[4]

이런 근대국가적 기반을 바탕으로 조선총독부가 수립되었다. 조선총독부는 국가능력과 국가의 자율성이라는 양 측면에서 볼 때, '근대국가'로서의 성격을 잘 갖추고 있었다.

우선 조선총독에게는 '토황제(土皇帝)'라고 불릴 정도로 강력하고 광범위한 권한이 부여되었다. 조선총독은 이를 바탕으로 조선총독부를 자본주의 국가기구로 급속하게 재편했다. 조선총독부는 강력한 능력을 가진 '국가'였다고 할 수 있다. 이런 국가능력을 바탕으로 조선총독부는 합법적 폭력을 독점하고, 근대적 관료 행정을 체계적으로 확립했다. 이를 통해 상품 유통을 원활히 하고 자본주의의 발전을 가속화했으며, 이에 따라 노동의 상품화도 진전되었다. 조선에서의 근대적 자본주의 상품 사회의 재생산은 국가의 권력적 작용에 기인하는 것이었고, 이는 사회적 부를 자본으로 그리고 사회 구성원을 노동력으로 재상품화하는 데 기여하는 것이었다. 이런 과정을 통해 경제적 영역의 자율성이 강화되었다. 이는 정치에 대한 경제의 승리를 표현하는 것이었다. 이런 점에서 식민권력으로서의 조선총독부는 전통적 의미에서의 '자본주의 국가'와 동일한 역할을 수행하고 있었다.[5] 자본주의 국가로서의 조선총독부는 경제영역을 독립시키고 새로운 사회적 관계를 창출함으로써, 식민지에도 국가-사회라는 새로운 근대적 역학관계가 출현했다.

다른 한편 조선총독은 일본 중앙정부의 통제로부터 벗어

나 독립적으로 총독부를 운영할 수 있는 상당한 자율성을 가지고 있었다. 1929년 척무성(拓務省)이 설치될 때, 척무대신이 조선총독부의 사무를 통리(統理)한다는 규정에도 불구하고 엄격한 의미에서는 조선총독을 감독하는 것이 아니라 내부적으로 협조하는 관계로 정리되었다. 또 1941년 '대동아' 전역의 제반행정을 일원적이고 종합적으로 관리하고 그 책임을 단일화하기 위해 '대동아성'을 신설하고 '내외지 행정일원화' 정책을 추진함으로써, 조선 행정의 위상은 또다시 논란이 되었다. 그럼에도 불구하고 조선총독부와 추밀원이 내세운 '조선특수성론'에 밀려 조선 행정의 단일화, 나아가 '내지화'가 강력하게 추진되지는 못했다.[6] 또한 일본 본국에서는 조선의 법역을 통합하려는 논의가 진행되기도 했으나 결국 시행되지 못했다.[7]

이런 측면에서 조선총독부를 근대국가의 한 형태로서 '식민국가'로 규정하더라도 큰 무리는 없을 것이다.

이처럼 대한제국이 추구하던 '독립자주'는 결국 제국 일본의 지배하에서 '식민국가'로 귀결되었다. 1929년 척무성 설치 이후 식민지라는 용어를 대신하여 외지(外地)라는 용어가 정착되었는데, 외지는 대개 제국헌법 제정(1889) 이후에 편입된 신영토를 지칭하는 것으로 이법지역(異法地域) 또는 특수통치지역(特殊統治地域)으로서의 특성을 가지는 것으로 간주되었다.[8] 그리하여 조선에 제국헌법을 적용할 것인지의 문제가 계속 논란이 되었다. 이 문제는 점차 제국헌법이 조선과 같은 외지에도 적용되어야 한다는 적극적 법해석으로 기울어지고 있었지만, 외지가 법적인 측면에서 내지로 편입되지 않는 한 궁극적으로 해소되기는 어려운 문제였다.

앞에서 본 바와 같이, 근대의 제국은 국민국가이면서 제국이라는 이중성을 가진다. 일본의 제국사 연구자 야마무로 신이치는 근대제국의 이런 성격을 근거로, 근대제국을 '국민제국'으로 규정한다. 야마무로는 근대의 제국이 "주권국가 체제에서 국민국가 형성을 채택한 본국과 이민족-원격지배 지역으로 이루어지는 복수의 정치공간을 통합하는 정치형태"이며, 여기에서 그 전형적인 특징이 발생한다고 보았다. 구체적으로 야마무로는 국민제국의 특성을 다음과 같이 4개의 테제로 규정했다. 우선 근대제국은 한편으로 세계제국을 지향하면서 다른 한편으로는 그것이 국민국가의 확장이라는 형태를 띤다는 점에서, 각각의 벡터는 그 부정으로 모습을 드러낸다는 점을 가장 중요한 특징으로 간주한다(제1

테제). 다음으로 국민제국은 그 형성과 추진 기반이 사적 경영체로부터 내셔널한 것으로 전화했다고 본다(제2테제). 다음으로 세계체제의 시각에서는 "다수의 제국이 동시성을 가지고 다투면서 결합"하는 경쟁체제를 형성하며(제3테제), 본국과 지배지역이 격차원리와 통합원리에 기반한 이법역(異法域) 결합으로 존재한다고 규정한다(제4테제).[9]

이렇게 본다면 제4테제에서 국민제국의 가장 전형적인 특징이 드러나게 된다. 정치철학자 한나 아렌트도 일찍이 지적한 바와 같이, 근대제국이 새로 편입한 지역을 국민국가적 방식으로 통치한다는 것은 그 피지배민으로 하여금 국민국가적 독립의 열망을 배태시키는 결과를 낳는다는 점에서 지극히 역설적이라는 것이다. 다시 말하면 국민제국 속의 피지배지역이 독립하기 위해서는, 국민국가의 형식을 취할 수밖에 없게 된다는 것이다.[10]

그리하여 국민제국 속에서의 국민화 과정이 문제로 부상하게 된다. 조선총독부라는 강력한 식민국가는 조선에 대한 제국주의 지배를 통해 일종의 '국민화 과정'을 지속적으로 수행했다. 이를 제국주의적 국민화 과정이라고 부를 수 있다면, 다른 한편 이에 저항하는 민중적 국민화 과정 역시 동시적으로 진행된다. 이를 '이중적 국민화 과정'이라고 부를 수 있다. 이런 점에서 제국 일본의 통치를 담당하고 있던 조선의 식민국가 역시 근대제국 일반이 부딪히는 딜레마를 공유하고 있었다. 제국의 지배가 진전될수록 국민국가적 독립의 열망은 강렬해졌으며, 이는 조선의 해방으로 그리고 2개의 국민국가 수립으로 이어졌다. 이처럼 조선은 '자주', 곧 '속국자주'와 '독립자주'를 거쳐 식민지 '종속'이라는 방식으로, 자신의 국가론적 위상을 변용해왔던 것이다.

'분리와 통합' — 제국과 '식민지 사회'

여기에서는 '분리'와 '통합'이라는 은유를 통해서, '식민국가'로부터 분리되어 기능하고 있던 조선 사회가 일본제국 혹은 동아시아 지역 속에서 트랜스내셔널 지역사회의 일부로 네트워크화되어 있었던 측면에 대해 살펴보려 한다. 여기서 제국과 식민지에서의 사회의 등장을 주제화하는 것은, 트랜스내셔널 사회사의 문제의식을 제국과 식민지 사회 사이에 적용하기 위해서다.

예컨대 독일의 트랜스내셔널 사회사 연구는 사회문제의 틀이 민족국가의 틀을 뛰어넘는 경우가 많았다는 점을 지적하고, 따라서 사회개념의 보편적 확장이 가능하다고 주장한다. 나아가 포스트식민주의의 영향을 더욱 적극적으로 수용하여 트랜스내셔널 사회사 연구를 '상호전이사(Transfergeschichte)'의 시각으로 진전시킬 것을 주장한다. 상호전이사적 전환을 통해 유럽 외적인 관점과 관계에 대해서도 유럽 내적인 것과 동일한 비중을 부여할 수 있으며, 유럽과 유럽 외부 간의 상호작용으로부터 출발하여 민족국가 중심의 연구 편향성을 극복할 수 있다고 보는 것이다. 이처럼 독일 학계에서의 트랜스내셔널 역사는 기존의 특권화된 민족사에 대한 대안으로 등장한 것으로, 민족사를 트랜스내셔널 상호관계의 산물로 이해하려는 시도다.[11]

자본주의 국가로서의 조선총독부는 경제영역을 독립시키고 새로운 사회적 관계를 창출함으로써, 식민지 조선에도 국가-사회라는 근대적인 역학관계가 출현하게 되었다. 1910년대 후반 이후 조선에서 형성되는 '사회적인 것'과 그를 통한 적대의 발생은, 국가와는 뚜렷이 구분되는 식민지 사회가 부상하게 되었음을 의미하는 것이겠다.[12] 조금 더 구체적으로 살펴보면, 1910년대 후반부터 1920년대에 걸쳐 식민지 조선에서는 적어도 다음 여섯 가지 영역에서 '사회적인 것',

곧 하위 사회적 영역이 분화되어간다. 첫째 행정관료적 영역, 둘째 경제적 영역, 셋째 종교적 영역, 넷째 문화적 영역, 다섯째 집합적 운동의 영역, 여섯째 하위 지역적 영역 등을 전형적인 하위 사회적 부문으로 거론할 수 있을 것이다.

이런 사회적 영역의 성립에는 두 가지 측면에서 식민국가의 활동이 크게 작용했다. 첫째, 자본주의 국가기구로서의 식민국가의 활동은 식민지 조선을 자본주의 상품사회로 재편했다. 이런 식민국가의 활동은 특히 행정관료적 영역과 경제적 영역의 하위 사회가 분화하는 데 크게 기여했다. 조선총독부를 통해 근대적 관료행정이 확립됨으로써 행정관료들의 독립성은 크게 진전되었다. 이와 아울러 경제영역에서는 아직 충분히 분화하지 못한 전문영역에 관변단체가 결성되어 각 영역의 전문성을 제고하는 한편, 그 분야에서의 이익단체적 성격을 강화하고 있었다.

둘째, 근대적 하위 사회의 형성에는 식민국가의 '근대화정책' 및 근대적 '계몽'활동이 깊이 작용했다. 조선종교령, 조선교육령 등의 각종 법령과 아울러 범죄즉결례 같은 각종 사회통제법령을 통해 식민국가는 식민사회의 근대화와 계몽을 시도했다. 식민국가는 합법적인 폭력을 독점함으로써 식민사회에 대한 근대화와 계몽활동도 선도적으로 시행할 수 있었다. 조선총독부의 이런 활동은 종교적·문화적·집합적 운동 및 하위 지역적 영역에서의 사회분화를 촉진했다.

위에서 본 사회 형성의 첫 번째 동학은 식민국가의 자본주의 국가기구로서의 성격과 특별히 깊이 관련되어 있으며, 두 번째 동학은 식민국가의 통제적 측면에서 기인하는 측면이 강하다. 따라서 양 측면 모두에서 식민국가는 식민지 사회 형성의 토대 역할을 수행했다고 하겠다. 다른 한편, 식민국가의 역할이 중요했던 것만큼이나 식민지로 이주한 본국인, 곧 일본인들의 역할은 사회 형성에서 대단히 긴요했다. 식민사회가 지배민족과 피지배민족의 혼성적 구성을 취하고 있었다는 점에서, 지금까지 식민지 사회의 형성은 그다지 주목받지 못했다. 그러나 식민지의 사회 형성이 식민지민의 일상에 미치는 영향을 고려한다면, 이제 더 이상 연구의 대상 밖에 방치해두기는 어렵다.

이제 위에서 두 번째 하위 사회적 영역으로 거론했던 '경제적 영역'의 성립에 대해, 특히 조선상업회의소의 설립과 활동을 중심으로 그 성격을 살펴보고자 한다. 1915년 조선총독부는 '조선상업회의소령'을 발포했던바, 여기에는 크게 세 가지 의도가 포함되어 있었다. 첫째, 조선인과 일본인이 각각 설립하여 별도로 활동하고 있던 상업회의소를 하나로 통합하는 것. 둘째, 새로 설립되는 상업회의소에 법인 자격을 부여함으로써 이를 바탕으로 조선 상공업의 발달을 도모하는 공공단체로 육성하는 것. 셋째, 상업회의소를 일본인 중심으로 재편하고 이를 통해 자치단체로서의 역할을 일부 수행하게 하는 것 등이었다. 이 법령을 토대로 각지의 조선인 상업회의소와 일본인 상업회의소는 각각의 절차를 거쳐 지역별 통합 상업회의소로 재편되었으며, 그 결과 상업회의소의 운영에서 일본인 상공업자들의 헤게모니가 확립되었다.[13]

새로 통합된 경성상업회의소는 1차 세계대전 이후 도래한 불황을 극복하고 중장기적인 산업정책을 수립하기 위해 조선총독부에 산업조사위원회를 설치할 것을 요구했다. 상업회의소가 제출한 자문안을 바탕으로 1921년에 개최된 산업조사위원회에서는 '산업개발요항'을 작성했다. 이를 바탕으로 상업회의소는 적극적인 '산업개발운동의 시대'를 열었다고 선전했다.[14] 조선총독부와 경성상업회의소는 조선의 산업개발을 위한 보급금의 증액을 일본 정부에 청원하기로 하고, 이를 주로 산미증식계획의 갱신과 '조선철도망 속성운동(速成運動)'을 위한 예산으로 충당하기로 했다. 산미증식계획의 갱신을 위한 예산 확보는 주로 조선총독부가 담당했으며, 철도망 속성운동은 경성상업회의소가 관심을 집중하고 있던 분야였다. 재조선 일본인이 중심이 된 경성상업회의소의 철도부설운동에 '제국철도협회'가 가담함으로써 1927년 '조선철도12년계획'이 확정되었다.[15] 이는 식민지 조선에 거주하던 자본가들의 이익뿐만 아니라, 일본 본국의 경제적 이익과 군사적 욕망을 충족시키기 위한 것이었다.

1920년대 후반 세계 대공황의 도래와 함께 경성상업회의소(1930년 상공회의소로 개칭)는 중소상공업자들의 불만을 대변하는 '중소상공업옹호운동'을 전개했다. 이 운동은 관변의 공제조합이었던 구매조합을 반대하고, 중소상공인들의 경영법을 개선하는 운동과 함께 '상공업조합'이라는 통제조합을 설치하는 등의 세 가지 활동을 중심으로 구성되었다.[16] 상공회의소는 이 중소상공업옹호운동과 함께 조선미의 일본 이입제한에 반대하는 '선미옹호운동(鮮米擁護運動)'을 전개했는데,[17] 이는 조선상공회의소의 활동이 일부 일본인 상공업자들의 이익만을 옹호하는 데 국한되어 있지 않았다는 사실을 보여준다.

경성상업회의소의 활동은 다음과 같이 정리할 수 있을 것이다. 첫째, 경성상업회의소의 운영에서 비록 일본인 상공업자들이 헤게모니를 쥐고 있었다고 하더라도, 그 구성과 활동에는 조선인 상공업자들의 이해도 반영되었다는 점이다. 1930년대에 전개되었던 중소상공업옹호운동을 통해 이런 사실을 확인할 수 있다. 둘째, 일본 정부를 대상으로 보급금의 증액을 청원한다거나, 조선미 이입제한에 반대하는 등의 운동을 전개했다는 점이다. 이는 경성상업회의소가 자신들의 활동을 통해 식민지 조선이 일본제국 내에서 차지하는 특수성 혹은 특수사정을 강조하려 했다는 사실과 깊은 관련을 가진다.[18] 셋째, 조선의 특수성을 강조하는 경향은 1931년 일본의 만주 침략으로 만주가 일본의 비공식 제국으로 흡수되고 난 뒤에 더욱 강화되었다는 점이다. 조선은 일본 자본의 유치를 둘러싸고 만주국과 경쟁을 벌였으며, 만주로의 수출을 늘리기 위해 일본과 경쟁하고 있었다.[19]

한편 만주국이 비공식 제국으로 편입되고 난 뒤에, 조선과 일본 그리고 만주국의 상호관계는 더욱 긴밀해진다. 1936년 만주국에서 일본인이 그동안 누리던 치외법권을 철폐하는 조치가 단행되었는데, 이는 만주국의 법과 제도가 일본의 주도로 본격적으로 구축되는 것을 의미했다.[20] 다시 말하면 만주국의 '일본화'를 예고하는 것으로, 이후 '일만일체(日滿一體)'는 가속화되었다. 이런 일본의 '만주 편향'에 대한 우려와 본격적인 만주의 통제경제 실시에 대한 대응으로 등장한 슬로건이 '선만일여(鮮滿一如)'였다.[21] 이후에도 일본, 조선, 만주 그리고 중일전쟁 이후에는 중국 사이의 상호관계를 설정하는 문제를 두고 각 지역 사이에서 많은 의견이 상호교차했지만, 공식-비공식 제국을 포함하는 일본제국 내의 트랜스내셔널한 상호관련성은 매우 강화되었다고 할 것이다.

이처럼 경성상업회의소의 활동을 통해 보더라도, 식민지기 경제를 중심으로 한 사회의 하위 영역은 독자적인 영역을 유지하면서 작동하고 있었음을 알 수 있다. 물론 상업회의소가 조선총독부와 깊은 관련을 가지면서 활동하고 있었다고 하더라도, 경제영역의 자율성을 전면적으로 부정할 만한 수준은 아니었다. 그리고 이 경제영역을 중심으로 한 조선의 하부사회는 일본제국 '내지'뿐만 아니라, 일본의 비공식 제국 내의 영역인 만주국, 나아가 중국의 경제와도 깊은 관련을 맺고 있었던 것이다.[22] 식민국가와 마찬가지로 식민지 조선의 사회는 제국의 지배 속에서 트랜스내셔널한 힘과 네트워크에 의해 형성되어 작동하고 있었다고 할 수 있다. 이런 사회적 관련, 곧 사회의 '분리'와 '트랜스내셔널 사회'의 네트워크를 '트랜스내셔널 사회사'의 인식 대상으로 삼을 수 있을 것이다.

제국과 조선

지금까지 근대 동아시아에 제국질서가 형성되는 가운데서 조선의 국가적 위상이 구축되는 과정 그리고 식민지 조선에 '사회적인 것'이 형성됨으로써 트랜스내셔널 사회가 만들어지는 과정을, 각기 자주와 종속, 분리와 통합이라는 은유를 통해 살펴보았다.

조선은 중화질서를 표상하는 '속국자주'와 만국공법 질서를 드러내는 '독립자주' 사이의 갈등을 돌파하지 못하고, '이중국가'(보호국 상태) 그리고 '식민국가'(조선총독부)로 각기 그 모습을 변용하게 되었다. 제국질서의 변화 속에서 이처럼 조선은 자주에서 종속으로의 국가론적 위상의 변화를 겪게 되었던 것이다.

자본주의 국가로서 성립한 '식민국가'인 조선총독부는 경제영역을 독립시킴으로써 새로운 사회적 관계를 창출하고 있었다. 이러한 근대적 경제영역의 성립은 경성상업회의소의 설립과 활동을 통해 잘 드러난다. 일본인 상공업자의 헤게모니가 관철되고 있었다손 치더라도, 경성상업회의소는 조선이 일본제국 내에서 차지하는 특수성을 강조했고, 이를 통해 다른 지역과의 트랜스내셔널 관련을 확대하고 있었다. 이처럼 경성상업회의소는 일정한 의사결정의 '자율성'을 확보하고서 조선인과 일본인 중소상공업자들의 이익을 옹호하는 각종 활동을 독립적으로 전개할 수 있었다. 나아가 조선에서 형성된 자율적인 경제영역은, 일본 내지 그리고 만주국의 사회적 영역과 트랜스내셔널 네트워크를 형성하고 있었다. 식민지 조선에서의 사회의 '분리'를 통해 일본제국 내의 트랜스내셔널 사회적 네트워크를 살펴볼 수 있었다.

여기에서는 동아시아사로서의 한국사를 살펴보기 위해 제국, 근대국가(혹은 식민지), 지역이라는 3개의 키워드를 설정했다. 한국의 근대는 동아시아의 제국질서 속에서 트랜스내셔널 네트워크를 통해 형성되었다. 일본제국의 영역이 확장되면서 공식-비공식 제국을 포함하는 일본제국 내의 트랜스내셔널한 상호관련성은 더욱 강화되었다. 근대 한국은 동아시아 제국질서의 일부를 구성하거나 혹은 그것을 거부하는 방식으로 자신의 정체성을 형성해왔던 것이다. 요컨대 한국사는 제국사의 일부를 구성하거나 그와 길항하고 있었다. 그리하여 한국사는 '동아시아사로서의 한국사'라는 면모를 가지게 되었던 것이다.

그렇다면 다시, 한국사에 있어서 동아시아사란 무엇인가? 지역은 단순히 제국적 질서를 그대로 반영하고 있다거나, 혹은 일정한 국민국가의 총합으로 보기는 어렵다. 동아시아는 16세기 이후의 청조, 즉 중화제국 그리고 19세기 후반 이후의 일본제국을 중심으로 지역의 소장(消長)을 되풀이해왔다. 물론 청조의 중화제국과 일본제국이 포괄하는 영역이 그대로 동아시아 지역으로 간주될 수는 없다. 하지만 제국의 소장 상황을 제쳐두고 동아시아 지역을 운위할 수도 없다.

동아시아라는 지역은 제국과 근대국가의 지배와 길항관계 속에서 그 내포를 형성해왔던바, 동아시아 근대사는 제국과 근대국가의 역사가 상호작용하는 트랜스내셔널 역사로 정의할 수 있을 것이다. 또한 동아시아는 현재적 입장과

시각에 따라서 자유로이 신축하는 공간(장소)이고, 동아시
아사 역시 마찬가지다.

4부

동아시아의 기억과 평화

동아시아의 기억을 만드는 방법

'기억의 터'란 무엇인가?

아래로부터의 동아시아를 만들어나가는 데 중요한 키워드 두 가지가 있다. 하나는 기억이고, 다른 하나는 평화다. 4부에서는 동아시아의 기억과 평화에 대해 말해보고자 한다. 우선 기억에 대해서는 '만보산 사건'을 소재로 동아시아 차원의 기억을 만들어나가는 방법에 대해 논의할 것이다. 두 번째, 평화에 대해서는 일본의 평화헌법이 동아시아에서 갖는 의미를 살펴보고, 평화헌법을 살려나감으로써 동아시아의 평화를 깊이 정착시켜나가는 방안을 모색해볼 것이다.

바야흐로 '역사의 시대'로부터 '기억의 시대'로 전환하고 있다. 기억의 시대가 도래하고 있다는 것은 지금까지는 말하지 못했던 사람들이 말하기 시작했다는 것을 의미한다. 근대 역사란 국가 단위로 총동원된 기억으로서, 공식기억이자 역사-기억을 의미하는 것이다. 역사-기억에서 역사란 국민국가의 합법성을 강조하는 역할을 수행하며, 기억이란 민족감정을 고양시키는 역할을 수행한다. 반면 기억이란 개별적이고 다양하며, 그런 점에서 분열적이고 유동하는 것이다. '과거'와 관련하여 정치사회적 변화가 일어나게 되면, 공식기억은 동요하게 되고 기억은 분열한다.

기억은 언제나 분열적이고 유동적인 것이다. 그런 점에서 기억은 거대한 기록의 저장고 또는 보조장치(archives)가 아니다. 체험된 사실이 그대로 보존되어 기억의 심층에 묻힌 채 존재하다가 어떤 계기로 드러나는 그런 것이 아니다. 기억이라는 실재는 없으며, 현재의 자기 위치에 비추어 계속적으로 기억하는 행위, 곧 회상=기억하기(re-membering)만이 존재할 뿐이다.[1]

프랑스의 역사가 피에르 노라(Pierre Nora)는 실재하는 역사상을 복원하는 작업이 아니라, 실재와 비실재의 경계를 허물고 사실을 참조 틀로 삼지 않는 새로운 역사학을 모색했다. 그는 새로운 역사학은 사실에만 한정되지 않는 광범위한 역사 현상을 다루어야 한다고 주장했으며, 그 역사학이 다루어야 할 영역을 '기억의 터(Lieu de memoire)'라고 명명했다.[2] 피에르 노라는 1984년부터 1992년 사이에 7권의 《기억의 터》를 연속으로 간행했다. 이 시리즈의 목적은 18세기 이후부터 프랑스 민족의 기억 속에 심어진 상징적인 장소와 대상들을 식별하는 것이었다.[3] 이를 통해 그는 상충하는 기억들을 비판적으로 분석하고 분류하여 사회구성원들에게 좀 더 객관적이고 합리적인 전망을 제시하고자 했다. '기억의 터'는 구체적인 공간을 포함하여 공간의 메타포까지 아우르는 개념이다. 곧 직접적인 기념의 장소만이 아니라, 상징화된 기억을 담고 있는 모든 행위와 기호 혹은 기억을 구축하거나 보존하는 기제들을 망라하는 개념 틀이다.[4]

또 피에르 노라에게 '기억의 터'는 단순한 기억의 대상이 아니며, 그것은 기억의 '형태변이'로서 기억 그 자체에 대한 성찰이다. 따라서 기억의 터는 역사와 달리 어떠한 지시 대상도 갖지 않으며, 단지 자기 자신을 지시할 뿐이다. 이런 점에서 '기억의 터' 작업은 과거 사건들 그 자체에 대한 연구라

기보다는 사건들이 발생한 이후 그 사건들이 사회구성원들의 집단기억 속에 어떻게 취사선택되면서 수용되어왔고, 정치적 담론을 거치면서 어떻게 이미지를 구축했는가를 규명하는 작업이다. 피에르 노라의 '기억의 터' 기획은 사라진 기억을 대체하여 등장한 역사이며, 동시에 스스로를 기억 자산의 일부로 성찰하는 또 하나의 기억의 터다. 이런 점에서 그것은 새로운 역사학적 기획이며, 일종의 '메타역사'이기도 하다.[5]

1931년 7월 만주의 장춘현(長春縣)에서 일어나 한국을 중심으로 동아시아로 번져간 만보산 사건은, 지금까지 각국의 민족주의적 역사 속으로 편입되어 해석되고 기억되어왔다. 만보산 사건은 일국사적 '기억의 터'로 기능해왔던 것이다. 그러나 만보산 사건의 기억을 둘러싼 투쟁이 바야흐로 한국에서 벌어지고 있다. 이 글에서는 먼저 만보산 사건이 일어난 직후 동아시아 각국에서 그에 관한 기억이 어떤 방식으로 갈등하면서 전유되었는지를 살펴보려 한다. 다음으로 만보산 사건이 해방 후 한국에서 민족주의적인 역사-기억으로 전유된 방식과 아울러, 현재 펼쳐지고 있는 만보산 사건을 둘러싼 한국에서의 기억 투쟁을 검토해보고자 한다.

피에르 노라는 "지배담론에 의해 윤색된 국민적 기억을 비판적 시선으로 바라보면서 위기에 처한 국민 정체성을 새롭게 다듬는"[6] 것을 자신의 작업 목표로 삼았다. 그는《기억의 터》를 새로운 형태의 내셔널 히스토리라고 자평한다. 피에르 노라는 '기억의 터' 기획을 통해 사라져가는 프랑스인들의 민족적 기억을 다시금 환기시킴으로써 탈민족주의 시대에 프랑스인들이 스스로의 정체성을 성찰할 수 있는 기회를 마련했다고 평가된다.[7]

이에 비해, 이 글은 만보산 사건을 통해 동아시아 각국의 민족적 기억을 환기시키되 이를 해체함으로써 민족적 정체성에 대해 반성적으로 성찰하고, 이를 바탕으로 새로운 동아시아 차원의 '기억의 터'를 모색하는 데 목적을 두고자 한다. '국사'의 틀을 탈피하기 위한 '기억의 터'로서 '동아시아'가 훌륭하게 기능할 수도 있을 것이다. 갈등하는 동아시아를 넘어서 새로운 동아시아공동체를 수립하기 위해서는, 동아시아를 과거의 갈등을 재생산하는 기억의 터로 만들지 말고, 미래의 희망을 위한 기억의 터로 만들어나가야 한다.[8] 과연 만보산 사건을 희망적인 동아시아 기억의 터로 만들어나갈 수 있을 것인가?[9] 만보산 사건의 기억을 화해의 기억으로 변화시킴으로써 새로운 동아시아 기억의 터를 모색하는 길을 열어나갈 수 있기를 바란다. 다만 만보산 사건을 둘러싼 '기억에 관한 연구'는 전혀 없다고 해도 과언이 아니다. 만보산 사건 및 만주와 '만주국'에 대해서는 최근 많은 연구가 축적되고 있지만, 이에 대해서는 새로운 기억의 형성과 관련하여 뒤에서 차례대로 살펴보기로 하겠다.

만보산 사건과 동아시아 삼국인의 기억

만보산 사건이란 무엇인가? 우선 만보산 사건을 전후하여 도대체 무슨 일이 일어났던가를 간략히 그려보자. 1931년 4월 약 200여 명의 조선인이 장춘 북방에 위치하고 있던 만보산 부근 삼성보(三姓堡)라는 지역으로 이주하여 중국인 지주가 소유하고 있던 황무지를 개발하려 했다. 조선인들은 학영덕(郝永德)이라는 중국인을 통해 중국인 지주와 계약하고, 계약한 땅을 수전으로 개발하기 위해 수거(水渠) 공사를 진행했다. 그러나 5월 말 이후 중국 관민의 압력으로 수로공사에 차질이 생겼다. 그러자 조선인들은 일본영사관 경찰에게 호소했고, 6월에는 중일공동조사반이 구성되었으나 문제를 해결하지 못했다. 결국 수로공사를 둘러싸고 조선인 농민들과 중국인 농민들이 충돌하여, 7월 1일 일본 경찰이 발포하기에 이르렀다. 그럼에도 쌍방에 사상자는 발생하지 않았다. 여기까지는 특별한 것이 없는 사건이다. 비슷한 일이 과거에도 헤아릴 수 없이 자주 일어났기 때문이다.[10]

문제는 7월 2일자《조선일보》호외로 커지기 시작했다. 7월 2일 심야에 장춘 지국장 김이삼(金利三)의 사건 보도로《조선일보》는 호외를 발행했으며, 7월 3일자《조선일보》에는 같은 제목의 3단 기사가 게재되었다. "삼성보(三姓堡) 동포 수난 익심, 200여 명 우부피습(又復被襲), 완성된 수호(水濠) 공사를 전부 파괴, 중국 농민 대거 폭행, 인수(引水) 공사 파괴로 금년 농사는 절망!"이라는 제목의 기사였다.《조선일보》는 3일에도 호외를 발행했으며, 4일자 사회 면에 3일자 호외와 같은 기사를 실었다. 이들 기사는 모두 과장과 왜곡으로 가득한 명백한 오보였다.[11]

《조선일보》의 오보가 불러일으킨 결과는 참혹했다. 호외가 발행된 직후인 7월 2일 저녁부터 인천 시내에서는 인천 거주 화교에 대한 습격이 시작되었다. 이를 시작으로 조선에 거주하는 화교에 대한 습격사건이 엄청난 규모로 번지기 시작했다. 7월 2일부터 30일까지 전국적으로 30군데가 넘는 곳에서 화교에 대한 습격과 집단폭행이 벌어지고, 견디다 못한 화교들은 중국영사관으로 긴급 대피하거나 서둘러 귀국했다. 가장 피해가 컸던 곳은 평양이다. 《조선일보》 7월 7일자 보도에 따르면, 평양에서의 유혈참사로 행방불명 49명, 부상 819명, 가옥 479호의 피해가 발생했다. 사태가 진정된 후 리튼조사단의 보고서에 따르면, 이 사건으로 조선 거주 화교의 피해는 사망자 127명, 부상자 393명, 재산 손실 250만 원에 달했다.[12]

만보산 사건이란 대개 위의 두 가지 사건을 합쳐 통칭하는 것이다. 곧 만주 장춘현 만보산 삼성보에서의 조선인 농민과 중국인 농민 간의 충돌 사건과, 《조선일보》의 오보로 인해 조선 내에서 확산된 '배화사건(排華事件)'[13] 두 가지를 합쳐서 부르는 것이다. 사건의 전모는 매우 복잡하고 복합적인 것이었지만, 여기에서는 우선 그 사건이 동아시아 각국에서 기억되었던 방식을 간단히 살펴볼 필요가 있겠다.

1) 한국의 경우

만주에 거주하는 조선인 문제를 복잡하게 만든 것은 조선인들에 대한 상조권(商租權) 문제와 조선인들의 이중국적 문제였다. 이 두 가지 문제는 재만 조선인을 중국과 일본 중 누가 지배하느냐는 침략과 저항의 상반된 저의에서 중일 양국의 중요한 쟁점이 되었다. 이 두 가지 문제를 둘러싸고, 만주에서 조선인에 대한 탄압은 1927년 조선에서 재만한인옹호운동(在滿韓人擁護運動)을 야기할 정도로 심각하게 진행되었다.

만보산 사건이 왜곡보도되어 조선에서 배화사건이 일어나고 사태가 악화되자 만주에 거주하던 한인들은 중국인이 조선인을 습격하는 것을 막기 위해 노력했다. 당시 한국 독립운동가들은 사건 직후 사건의 진상을 조사하기 위해 길림한교만보산사건토구위원회(吉林韓僑萬寶山事件討究委員會)를 조직했다. 조사 결과, 삼성보에서 중국인 지주와 계약한 것은 맞지만 아직 상조에 대한 중국 관헌의 허가를 받지 못했으며, 수로공사도 중국인의 양해 없이 시작되어 분쟁이 일어난 것으로 드러났다. 또한 장춘의 일본영사관 경찰서장이 《조선일보》의 김이삼 기자에게 허위보도를 할 수 있는 자료를 제공했으며, 이번 사건은 일본의 음모에서 조작된 것으로 밝혀졌다.

만주의 대표적인 조선인 단체인 국민부(國民府) 역시 조선 내 화교 습격사건은 조선인 전체의 의사가 아니라 소수 일본 주구배들이 선동한 결과이며, 일본은 만몽 침략을 위해 그들을 선동했다고 주장했다. 국민부 역시 조선에서의 중국인 배척운동은 일제의 상투적 음모 때문이라고 규정했다. 이처럼 중국인과 조선인 사이의 갈등이 만주로 확산되는 것을 막기 위해, 조선인들은 만보산 사건이 일제의 음모에 의해 조작된 사건이라고 규정하기 시작했다.[14] 만보산 사건에 대한 음모론적 시각은 조선인들 사이에 자리 잡기 시작했다.

만보산 사건에 대한 한국 언론의 반응은 대체로 미온적이었다. 이 사건의 책임은 중국 정부와 일본 정부 모두에게 있으며, 재만 조선인 문제의 해결책은 입적(入籍), 즉 중국으로의 귀화에서 찾아야 한다는 지적 등을 그 사례로 들 수 있을 것이다.[15] 이와 조금 다른 방식으로, 유명한 농업경제학자 이훈구 역시 만보산 사건에 일제의 음모가 개입했을 수 있다고 보았다. 이훈구는 조선에서의 배화사건을 '무식한 하민 계급의 의분과 격노'에 의해 발생한 것으로 '폭민의 야만적 행동에 의한 최악의 결과'라고 규정하면서도, '일반 당면한 경관과 헌병에게도 일부의 책임'이 있음을 주장했다.[16] 만보

산 사건을 통해 한국 민족주의의 배타성과 공격성을 성찰했던 지식인은 매우 드물게 확인될 뿐이다.[17]

요컨대 일제의 음모에 의한 《조선일보》 왜곡보도와 경찰의 방조(幇助)가 국내에서의 배화사건을 유발하고 이는 다시 중국에서의 조선인 탄압을 초래했으며, 이것은 또 일본군의 개입을 앞당겼다는 방식으로 만보산 사건을 이해하는 하나의 모델이 식민지 조선에서 성립했다고 할 것이다.

2) 일본의 경우

일본에서는 어떠했던가? 일본의 유명한 자유주의 식민정책학자 야나이하라 다다오(矢內原忠雄)는 《만주문제》라는 저서에서 '만주사변'을 다음과 같이 묘사했다.

> 1931년 9월 18일. 리튼보고서는 "9월 18일 토요일 아침 봉천(奉天) 시민은 깨어나자마자 봉천이 일본군의 수중에 들어가 있는 것을 발견했다"고 묘사한다. 그에 앞서 7월 1일 만보산 사건, 이어 8월 17일 나카무라 대위 살해사건의 공표(살해된 것은 6월 27일경)에 의해 일본의 대지(對支) 태도는 아연 긴장하게 되었다. 특히 나카무라 대위 사건이 지나병

(支那兵)에 의한 일본군 육군 현역 장교의 살해라는 점이 군부의 태도를 강경하게 했고, 실력 해결의 필요성이 선전되기에 이르렀다. 9월 18일 밤 봉천 교외 유조구(柳條溝)에서 만철 노선 폭파사건이 돌발하고, 일본군은 질풍노도와 같이 요지를 점령하고 장쉐량(張學良) 정권을 몰아냈다.[18]

이처럼 자유주의 식민정책학자 야나이하라조차 관동군이 만보산 사건을 9월 18일 만주 침략의 중요한 계기로 삼았다는 사실을 인정하고 있었다. 그러나 일본인들은 일본의 정책이 이 사건을 초래했다는 음모론적 시각을 인정하지는 않았다.

강동진은 사건 발생 직후 《도쿄니치니치신문(東京日日新聞)》에 게재된 네 편의 사설을 통해 당시 일본 언론의 일반적인 견해를 추론하고 있는데, 그것은 다음과 같다. 첫째, 사건의 직접적인 원인은 중국 관헌의 폭민 선동에 있으며 이는 일본 외무당국의 잘못된 중국 정책에 기인한다. 둘째, 인천과 평양의 배화사건은 문화수준이 낮고 사회적 훈련이 결여된 조선인에게 그 책임이 있다. 셋째, 재만 조선인의 불안한 지위는 이중국적에 기인하는 것이며 이는 일본의 정책적

오류 때문이다. 넷째, 사건의 궁극적 원인이 중국에 있으므로 배화사건 피해자에 대한 배상을 할 수 없다.[19] 일본 언론의 경우, 일본의 식민정책이 져야 할 책임보다는 중국과 조선인들의 책임을 더 강하게 묻고 있었다고 할 것이다.《도쿄아사히신문(東京朝日新聞)》의 경우에는 일본 정책 당국자의 책임을 추궁하는 입장을 취하기도 했지만, 이는 어디까지나 소수 의견에 지나지 않았다.[20]

일본의 유명한 좌파 문학자 나카니시 이노스케(中西伊之助)는 만보산 사건이 발발한 지 얼마 지나지 않아 곧바로 〈만보산 사건과 선농〉,[21] 〈만주에 표박하는 조선인〉[22]이라는 두 편의 글을 발표하여 이 사건을 고발했다. 나카니시는 만보산 사건이 발생한 주요 원인을 중국의 대조선인 정책에서 찾고자 했다. 그는 중국 당국의 억압과 수탈 그리고 조선인 농민이 처한 비참한 상황을 폭로하면서, 이는 만주의 조선인 농민이 중국으로 귀화하더라도 이중국적자가 되기 때문에 초래된 현상이라는 점을 강조한다. 나카니시 이노스케는 유명한 천황제 반대론자였고, 또 식민지 조선이 처한 어려운 상황에 대해 강한 애정을 표명했다는 점에서, 일본 좌파 지식인 가운데서도 유별난 사람이었다.[23]

일본 농민문학을 대표하는 작가인 이토 에이노스케(伊藤永之介) 역시 1931년 10월 〈만보산〉이라는 소설을 잡지《개조》에 발표했다. 사건이 발생한 지 얼마 지나지 않은 시기에 발표된 것으로, 보고문학의 성격을 띤 소설이었다. 이토 에이노스케 역시 만주에 거주하는 조선인 농민이 중국 당국의 박해와 일본의 압박을 받으며 어렵게 생활하고 있음을 폭로했다. 또 일본 제국주의의 만주 침략 첨병으로 조선인이 이용되고 있음을 비판했다.[24]

이처럼 나카니시나 이토 같은 일본의 좌파 문학가들은 만보산 사건의 배경이 일본의 조선 지배로부터 비롯된 것임을 분명히 인식하고서 이를 비판했다. 그러나 만주에 거주하는 조선인들이 처한 복잡한 문제를 조선인의 입장에서 이해하고, 이를 통해 제국주의 일본의 만주정책을 비판하는 데까지는 이르지 못하고 있다. 어떤 측면에서 이들 일본의 좌파 지식인들 역시 중국의 억압을 집중적으로 부각시킴으로써 일본의 만주정책이 가진 침략성에 대해서는 의도적으로 회피하는 인상을 주는 것도 사실이다. 조선인 농민의 이 중국적 문제가 궁극적으로는 일본의 정책에서 기인한다는 점을 무시하고 있는 것이다.[25]

일본의 저명한 마르크스주의 경제학자 이노타니 젠이치로(猪谷善一郞)는 만보산 사건을 다음과 같이 해석했다. "만주의 지나인 관민은 처음에는 조선인 이주를 토지개발의 이익 타산에 의하여 혹은 약소민족에 대한 동정적 감정으로 환영했다. 그러나 이주자가 많아지면서 또 일본에 대한 민족적 감정이 커지면서 조선인의 만주 점유를 일본 제국주의의 영토 침략주의로 해석하게 되었다. 국민정부의 동북정무위원회는 조선 농민에 대한 압박정책의 중심에 있고, 지방관헌의 모든 차별 대우를 이루고 있다. 만보산 사건도 그 한 사례에 지나지 않는다."[26] 이처럼 일본인들은 오히려 만보산 사건의 주요한 원인을 만주에서의 조선인 배척정책 때문이라고 해석했다.

심지어 우파적 색채를 가진 일본인들 중에서는, 만보산에서 조선인들을 탄압하는 데 앞장선 중국인 농민들 속으로 중국인 경찰이 몰래 들어가 그들을 지휘했다고 주장하는 사람도 있었다. 요컨대 조선인 농민들에 대한 중국인들의 배척이나 횡포를 강조함과 아울러, 이 사건의 배후에 중국인들의 음모가 개입해 있다고 보는 것이다.[27] 일본 제국주의의 조선 통치에 협력하고 있던 일부 조선인 가운데서도 이런 입장에 동의하는 사람이 있었음은 물론이다.[28] 혹은 이처럼 중국인들의 음모를 주장하지는 않는다고 하더라도, 중국인들이 이 사건을 항일선전의 재료로 삼아 민심을 선동하고 외국의 동정을 구했다는 점에서 비난하기도 한다.[29] 대체로 중국 측의 고압적인 자세로 인해 상조권 문제와 이중국적 문제가 해결되지 않았기 때문에 발생한 전형적인 사건이 만보산 사건이라고 보는 점에서[30] 일본 내의 좌파와 우파가 동일한 입장에 있었다고 할 것이다.

3) 중국의 경우

중국의 여러 언론과 정치세력은 만보산 사건을 자신들의 정치적 목적을 달성하기 위한 방편으로 적절하게 활용하려 했다. 먼저 중국 언론이 만보산 사건에 어떻게 대응했는지를 살펴볼 필요가 있겠다. 손승회는 중국의 언론도 여러 차원의 오보를 양산했고, 음모설도 확산되었다는 사실을 사료를 통해 입증하고 있다.[31] 손승회는 다음 세 가지 차원에서 주로 오보가 양산되었다고 보았다. 첫째, 만보산 현지에서 중국인이 살상되었다는 점을 강조하고, 둘째, 이를 통해 사건의 배후에 일본이 있음을 밝히는 데 주력했다. 셋째, 음모설의 핵심인물인 김이삼이 살해된 사건과 관련하여, '일본 제국주의의 악랄함'을 드러내기 위해 의도적인 오보를 생산했다고 했다.

다음으로 중국의 국민정부와 공산정부 등의 정치세력은 어떤 입장을 취했는가? 먼저 국민정부는 장차 동북지방에서 중국인과 조선인의 충돌이 일어날 경우 중국인이 살해당하는 일이 있더라도 한국인들을 적극적으로 보호하라고 동북 군벌 장쉐량에게 훈령을 보냈다. 그 이유는 이 사건을 계기로 일본이 치외법권을 철폐하려는 의도를 가진 것으로 보았기 때문이며, 이에 따라 동북지방에서 관동군이 군사적 행동을 취할 구실을 주지 않으려는 것이었다. 각종 '내우'에 시달리고 있던 국민당은 만보산 사건 이후 안내양외론(安內攘外論)을 견지했으며, 일본에 책임을 전가함으로써 외교 교섭의 주도권을 장악하려는 제스처를 취할 뿐, 전면적인 대일항전에 나서지 못했다. 국민당은 만보산 사건의 원인을 일본의 만몽 침략, 조선인의 만주 이주, 일본의 경제 침략, 국민혁명의 저지 등에서 찾고자 했다.[32]

그에 반해 중국공산당은 만보산 사건을 일제의 계획적이고 조직적인 음모에 의한 것이라고 보았다. 구체적 원인은

일본의 만몽 침략과 국민당의 투항주의, 국민당의 만주 조
선인 구축정책 등에서 찾았다. 그리하여 공산당은 국민당의
안내양외정책과 조선인 구축정책에 저항했으며, 편협한 민
족주의 감정에 반대하고, 중국과 조선의 반일 연대 투쟁의
필요성을 강조했다.[33]

해방 후 한국인들의 기억

만주 침략을 위한 일제의 음모에서 비롯된 것이라는 한
국인들의 만보산 사건에 대한 기억은 해방 이후 더욱 강화
되었다. 1948년에 간행된 《사회과학대사전》은 만보산 사건
이 '완전히 일정(日政)의 모략'이었다고 단언했다.[34] 이 사전에
드러나는 만보산 사건에 대한 특징적인 인식은 다음과 같
은 것이었다. 만보산 지방의 조선인 농민들이 수로공사를 완
성하자, 7월 1일 중국인 수백 명이 봉기하여 수로를 매몰했
다. 이에 일본 무장경관이 출동하여 무자비한 발포사격을
하여 그 피해가 자못 컸다. 조선 내 각 신문에서 만보산 사
건에 대해 선동하는 기사가 대서특필되자, '조선민족의 순진
한 민족감정'이 격동되어 중국인을 적대시하는 운동이 도발
되고 일대참사가 줄을 이었다. 일본 경관은 조선인들의 폭

동에 대해 대단히 소극적이고 냉담한 자세로 방관하다가, 폭동이 종식되자 단호한 태도로 검거하여 극형에 처했다. 이는 혁명운동 세력 사이에 형성된 한·중 간 공동전선을 분열시키고, 만주 침략을 유리하게 만들려는 간책(奸策)이었다는 것이다.[35]

일본 경관의 발포사격으로 중국 농민의 피해가 컸다는 지적은 잘못된 것이지만, 그 점을 제외하면 사건 보도 등에 대해서는 의도적인 오보 혹은 음모를 인정하지 않고 있다. 그럼에도 일본인 경관들은 조선인들의 폭동을 방관했고, 이 것은 한·중 간의 공동전선을 이간하려는 술책이었다는 점을 강조하고 있다. 이 사전은 일본 경관이나 군대의 적극적인 개입이 아니라 소극적인 방관 정도를 인정하고 이를 음모론으로 해석하고 있는 점이 특징적이다. 적극적인 개입을 인정하는 태도를 '적극적인 음모론'이라고 한다면, 이 사전에서 드러나는 일본 경관의 방관적 태도는 '소극적인 음모론'이라고 할 것이다. 좌파 지식인들이 주도해서 이 사전을 만들었다는 점을 감안하면, 해방 이후 만보산 사건에 대한 이런 음모론적 인식이 좌우파를 가리지 않고 일반적으로 수용되었다고 할 수 있다.

1) 전통적·민족주의적 해석

민족의 수난사적 시각과 결합한 만보산 사건에 대한 음모론적 시각은 대중 언론의 만보산 사건에 대한 기억을 통해 확산되었다. 만주에 거주하던 조선인들이 중국인들로부터 받던 수난은, 일본 제국주의자들이 만주를 침략하기 위해 '친일분자'를 앞잡이로 이용한 데서 비롯된 것이라고 대개 이해되고 있었으며, 만보산 사건도 이로부터 연유한다고 간주되었다.[36]

1931년 당시 《동아일보》의 안동지국 특파원이었던 서범석은 만보산 사건에 대해 "(만보산 사건은) 실상 사건이라고 할 만한 것은 아니었지만, 전년 돈화현에서의 한국인 피살 등으로 신경이 날카로워져 있던 한국인 그리고 한·중 양 민족을 이간시켜 한국인을 완전히 저희 손발로 삼고 만주 침략의 구실을 노리고 있던 일제의 계략으로 이 사건은 뜻하지 않은 사태를 빚어낸 것이다"[37]라고 회고했다.

식민지기에 《동아일보》에 근무한 적이 있던 김준연 역시 "일본 군부가 조선 동포를 구호한다는 명목하에 만주에 출병하여 이를 점령"하려 한 사건이었다고 회고했다.[38] 1960년대에 한 대학생이 쓴 에세이에서도 만보산 사건은 일본 제국주의의 한·중 이간책이 낳은 결과라고 해석되고 있는 것을 볼 때,[39] 이런 음모론적 인식이 만보산 사건을 이해하는 일반적인 모델로 자리 잡았다고 보아도 무리는 없을 것이다.

전통적·민족주의적 해석의 바탕을 다진 것은 박영석의 일련의 작업이었다. 역사학계의 작업은 언론계의 일반적인 인식과 상승작용하고 있었다. 박영석은 1927년부터 시작된 만주에서의 조선인 구축(驅逐) 사건과 그로 인해 촉발된 중국인의 조선인 배척운동에 대해 가지고 있던 조선인들의 기억이, 《조선일보》의 호외에 대해 폭발적으로 반응하게 했다고 해석하고 있다. 곧 만보산 사건은 일제의 만주 침략과정에서 성숙되었던 한·중 양 민족의 대립감정을 배경으로 일어난 사건이라고 보았던 것이다.[40]

박영석은 또한 만보산 사건이 관동군이 중심이 되었던 일본의 대륙 침략 음모에 적격이라고 보았다. 만보산 사건은 한국인을 이용한 한·중 이간책으로 일제 침략정책의 제물이 되는 데 절호의 사건이었다는 것이다. 일제는 이 사건을 이용하여 한·중 충돌을 부추기고 그로써 중국 동북지방 침략의 목적을 달성하기 위해 일정한 작용을 했다고 해석했다. 그리하여 이미 중국인의 재만한인 박해를 인지하고 있던 한국 내에 이 사건을 침소봉대하여 타전하도록 사주함으로써 한국 내 중국인 배척운동을 크게 야기시켰다고 본 것이다.[41]

박영석은 1920년대 후반부터 진행된 만주에서의 조선인에 대한 탄압의 기억이 일제의 음모와 결합함으로써 만보산 사건, 곧 배화사건이 폭발하게 되었다고 해석했다. 민족의 수난에 대한 기억과 일본 제국주의의 음모가 결합한 사건으로 만보산 사건을 보고 있는 것이다. 이처럼 만보산 사건의 민족의 수난에 대한 기억과 음모론이 민족주의적 해석을 뒷받침하는 가장 효율적인 방식으로 간주되었고 역사학계의 일반적인 인식 틀로 자리 잡게 되었다.[42]

다음 몇 가지 사례를 통해 해방 후에 일반화된 인식론적 틀을 확인해보자. 영문학자이자 기자로 활동했던 조용만은, 조선총독부 형사들이 조선인 '지게꾼'들을 매수하여 중국인 상점과 중국인 들을 습격하게 했다고 구체적으로 기술했다. 매수된 조선인 불량배들이 중국인 상점을 부수면서 중국인촌을 폐허로 만들고 있을 때, 일본 경찰들은 가만히 서서 보기만 했다는 것이다. 따라서 만보산 사건 때의 배화사건은 일제가 '만주사변'을 계획하면서 조작한 것으로, '조선

사람이 한 짓'이 아닌 것이 되어버리는 것이다.[43]

또 만주를 배경으로 대하소설 《토지》를 집필한 저명한 소설가 박경리를 통해서도 대중화된 음모론적 시각을 확인할 수 있다. 《토지》에서 만보산 사건은, 1921년 소련령 연해주에서 일어난 '흑하사변'과 함께 엄청난 살상이 동반되었던, 조선인들은 가해자이면서도 피해자이기도 했던 그런 사건으로 반복적으로 서술된다.[44] 이런 인식의 바탕에는 음모론이 자리 잡고 있다. 박경리는 "중국의 격분을 예상하고 충돌 시에는 재빠르게 출병하여 일거에 만주를 점령할 목적과 부산물로는 조선인의 야만성을 세계에 입증하고 동시에 적잖은 상권을 장악하고 있는 화교를 내어쫓으며, 우리 독립투사들의 활동무대인 중국을 조선과 이간하는 등, 계산된 과대망상적 정보를 흘려 우리의 애국심에 불을 지른 것이다"[45]라고 하면서, 만보산 사건을 일본 제국주의가 만주 침략을 위해 정교하게 계산한 기획의 산물로 해석하고 있다. 심지어 조선에서 중국인 습격사건이 일어났을 때, "한복으로 변장한 일인이 군중 속에 섞여 있었다"[46]라고 하면서 일본의 악랄한 계책을 규탄하고 있다. 이런 기억은 이전에는 발견할 수 없는 것으로, 음모론적 기억의 극단적 형태로 볼 수 있다.

이처럼 해방 후 한국에서는 만보산 사건에 대한 기억이 음모론에 의해 뒷받침되는 민족주의적 시각에 의해 전유되었다. 해방 후 만주라는 영역은 원초적 민족주의를 자극하는, 한국 민족의 탄생 공간으로 교육되어왔다. 그리고 1960년대 중반 이후에는 만주가 '투쟁의 공간'으로서 그 기억의 영역이 차츰 확장되어왔다고 할 수 있다.[47] 특히 2003년부터 고등학교 국사 교육에 검정교과서 제도가 도입되면서 만보산 사건에 관한 기술이 새로 추가되었다는 점에도 주목할 필요가 있겠다. 이때 발간된 한 교과서에는, 만보산 사건이 일제의 악의적인 한·중 이간책 때문에 발생했으며 이로 인해 재만동포의 생존이 위협을 받았다고 기술되어 있다.[48] 만주에 대한 이해가 차츰 확장되면서 만보산 사건에 대한 음모론적 해석은 역사교육의 영역에서도 자리 잡게 되었던 것이다.

2) 해석의 균열 — 새로운 기억

그러나 최근 민족주의적 혹은 음모론적 기억을 거부하는 새로운 해석이 대두하고 있다. 그것은 크게 보면 두 가지 흐름으로 나타난다. 하나는 역사학계에서 대두되고 있는 사회적·경제적 요인을 중시하는 구조적 해석이고, 다른 하나는 만보산 사건을 배경으로 한 문학작품을 둘러싼 '해석투쟁'이다.

우선 역사학에서의 새로운 해석에 대해 살펴보자. 강진아는 1920년대에 심화된 조·중 간 무역마찰과 화교 노동 제한 문제가 만보산 사건의 구조적 배경이라는 점에 주목한다. 1920년대 조선에서 보호관세 장벽이 높아지자 중국의 대조선 무역은 급속히 감소했으며, 이에 따라 중국 상인들의 반일운동이 격화되었다. 여기에 1920년대 초반에는 중국인의 조선 입국에 대한 규제가 강화되었지만, 중국의 정치불안 등의 이유로 조선으로 이주하는 중국 노동자들의 수는 급속히 증가했다. 1927년 12월에 전라도 지방을 중심으로 '배화폭동'이 발생했는데, 이 폭동의 직접적인 원인은 만주에서의 조선인 퇴거령이었다.[49]

1927년의 배화폭동이 화교들의 무역과 상업활동을 위축시켰음에도 불구하고, 화교 노동자의 조선 유입은 꾸준히 증가했다. 1927년과 1931년의 배화폭동에는 일정한 차이를 보이는데, 여기에는 4년 동안의 이런 변화가 반영되어 있다.

1931년의 폭동을 계기로 화교 무역자본은 결정적으로 쇠퇴했으며, 1927년 이후 화교 노동자가 많이 유입되어 있던 평안도 지역을 중심으로 한 북부지역에서 격렬한 폭동이 발발했다는 두 가지 사실에서 그러한 변화를 확인할 수 있다. 또 중국인들이 사건을 보는 시각에서도, 1931년 폭동을 계기로 음모설이 강화되었을 뿐만 아니라 조선인을 가해자로 인식하는 틀이 정착하게 되었다고 한다.[50] 강진아는 배화폭동이 북부지역을 중심으로 일어난 원인을, 폭동을 인접지역인 만주로 확대하기 위한 일제의 유도정책으로 보는 해석에는 유보적이다. 북부지역 노동시장에서 민족 간 갈등이 고조되었던 구조적 요인을 우선해야 한다는 지적이다.[51]

최근 연구에서는 중국인에 대한 조선인의 근거 없는 멸시에다 재만동포 박해에 대한 보복심리가 더해져 조선인들의 반화교정서가 1920년대에 만연했다는 점을 강조하고 있다. '재만동포 옹호운동'이 '재선화교 배척운동'의 양상을 띠게 된 것은 이 때문이라는 것이다. 물론 조선인에게 중국인에 대한 비하와 멸시의식이 형성된 데에는 일본 제국주의의 한·중 이간책동이 개입했다고 본다.[52] 또 배화폭동의 배후에는 조선에서 활동하는 화교자본의 경제권을 박탈하려는 일제의

의도가 개입되어 있었다거나,[53] 폭동이 확대되는 과정에서 일제 당국이 조직적으로 묵인하고 부추겼을 가능성을 타진하는 연구도 있다.[54] 어느 정도는 음모론적 시각을 유지하고 있지만, 조선에서 형성된 반화교정서의 구조적 요인을 강조한다는 점에서 최근 연구의 공통점을 확인할 수 있다.

이런 연구의 연장선에서, 만주에서 조선인이 차지하던 위상이 중국인과 일본인 사이의 '매개민족(媒介民族)' 혹은 '과계민족(跨界民族)'으로서, 저항의 주체이기도 하고 수탈의 주체이기도 했던 복합성을 갖고 있었음을 강조하는 연구도 제출되고 있다. 윤휘탁은 "일본인은 대륙 침략의 서극(序劇)인 만보산 사건의 연출자였고, 조선인은 거기에 놀아나는 배우이자 꼭두각시였다"라고 해석하면서도, 만보산 사건이 동아시아 민족모순과 질서변동의 시발점이자 진원지였다고 평가한다. 따라서 그는 동아시아 각 민족의 복합적이고 중층적인 민족관계에 대해 포괄적으로 접근할 필요가 있다는 점을 강조한다.[55] 다른 한편 사건 이후 중국인과 조선인 사이의 연대활동이 강화되었던 사실에 주목하기도 한다.[56] 이처럼 최근의 연구들은 일제의 노골적인 음모보다는 '재만조선인'과 '재선화교'의 구조적인 얽힘에 더 주목한다는 공통점이 있다. 이런 점에서 역사해석의 변화를 읽을 수 있을 것이다.

둘째, 문학계의 만보산 사건을 둘러싼 해석투쟁에 대해 살펴보자. 만보산 사건은 한국 근대작가들에게 만주를 형상화하는 '상상력의 원천'이 되었다.[57] 만보산 사건을 소재로 한 문학작품은 이태준의 〈농군〉, 안수길의 〈벼〉, 장혁주의 《개간》 등이 있지만, 이 밖에도 많은 문학작품들이 만보산 사건을 원형으로 만주의 인상을 그렸다. 그러나 최근 10여 년 사이에 김철에 의해 촉발된 만보산 사건의 경험을 둘러싼 아주 특이한 '해석투쟁'이 전개되고 있다. 한수영은 해석투쟁의 두 입장을 다음과 같이 정의한다. 하나는 민족주의에 기반하여 자기동일성으로 환원하는 입장이고, 다른 하나는 '의사제국주의적 욕망의 투사'라는 이분법을 넘어 새로운 해석을 모색하는 입장이다.[58] 대표적으로 전자로는 김재용과 하정일의 연구를,[59] 후자로는 김철과 이경훈의 연구를 들 수 있다.[60]

우선 논쟁의 발단이 된 김철의 논의를 살펴보자. 김철은 만보산 사건이 한국 현대사의 어둠 속에 묻혀 있었으며 제대로 조명된 적이 없다고 주장한다. 왜 만보산 사건이 벌어졌는가 하는 점을 공론의 장으로 끌어내는 일은 식민지 기간 내내 그리고 해방 후에도 전혀 이루어지지 않았으며, 그 결과 사건은 공적 기억으로부터 사라졌다고 간주한다. 실제로 《조선일보》의 왜곡보도를 일본영사관이 사주했다는 어떤 증거도 없으며, 왜곡보도의 주역인 김이삼을 죽인 것은 일제가 아니라 길림성군법처(吉林省軍法處)의 호조(護照, 정보원)였다는 것이다. 그리고 조선에서 배화사건이 발생한 것은 우연의 소산일 뿐이며, 일제가 사실을 왜곡보도함으로써 조선 내의 배화사건을 유발하려 했다는 해석 역시 결과론적 비약에 지나지 않는다고 본다.

그는 만보산 사건을 식민지의 민족주의가 보이는 기묘한 이중성, 곧 집단적 가학-피학 심리(sado-masochism)의 폭발적 노출의 한 사례로 본다. 이는 일제의 만주 침략 이후 조선 내에서 폭증하는 '만주 유토피아니즘'과도 무관하지 않다고 주장한다. 만주는 조선인에게 식민지 기간 내내 제국주의에 대한 저항의 무대이자 공간이었지만, 다른 한편으로는 피식민지인으로서의 조선인이 제국의 일등국민으로 도약할 수 있는 현실을 제공하는, 그런 현실을 꿈꾸게 하는 공간이었던 것이다. 만주라는 공간, 만주국이라는 실체야말로 식민

지 조선인에게는 '식민지적 무의식'과 '식민주의적 의식'이 고스란히 실현되는 장소였다.[61]

그러나 하정일은 이런 해석을 반박한다. 만보산 사건이 일어나기 전의 조선인 이주민 공동체는 일제와 중국인에 의한 이중의 억압에 맞서 자신들의 실존적 위기를 해결하기 위해 자발적으로 구성한 민중결사라고 주장하면서, 그것은 아래로부터의 민족, 곧 피식민이라는 역사적 맥락에서 민중을 주체로 하여 형성된 민족이라고 하정일은 주장한다. 그는 만보산 사건을 집단적 피학-가학 심리의 폭발이라고 보는 김철의 해석을 거부하고, 이태준의 〈농군〉을 민족의 수난에 대한 기억과 결합된 '민족적 저항의 서사'로 해석해야 한다고 주장한다.[62] 이와 유사하게 만보산 사건은 극한상황에 내몰린 사람들의 본능적 생존욕구로 파악해야 한다는 견해도 있다.[63]

최근 만보산 사건을 소재로 한 소설을 분석하는 글이 점점 더 많이 생산되고 있다.[64] 그러나 이런 시도가 반드시 새로운 기억을 만들어내는 데 기여하는 것은 아닌 듯하다. 그럼에도 기존의 기억에 균열이 생기기 시작한 것은 공식 기억의 해체라는 점에서 진전한 것이라고 할 수 있다. 이제 만보산 사건을 둘러싸고 어떤 기억의 터를 만들어나갈 수 있고, 또 만들어나갈 것인지에 대해서 살펴보자.

동아시아 '기억의 터'를 위하여

한국 역사의 주체적·내재적 발전과정을 묘사하고자 하는 국사(national history)체계 속에서 동아시아는 애써 지워야 할 대상이 되어왔다. 한국사라는 일국사 속에서 동아시아는 자연스럽게 한국인에게 적대적인 시공간으로 자리 잡았다. 사대(事大)를 굴욕으로 받아들이는 인식하에서는 세계와의 조우를 고민하고 사유하는 국제적인 시야와 철학을 만들어낼 수 없다. 해방 후 남한에서 만주의 기억은 전면에 드러나지 못하고 향수의 수준에 머물러 있었지만, 그것이 여러 가지 측면에서 한국의 국가 형성에 미친 영향은 지대한 것이었다.[65] 이런 점을 염두에 둔다면, 만보산 사건에 대한 새로운 기억을 만들어내는 작업은 매우 중요한 의미가 있다고 할 것이다.

소설가 박경리는 한국인들이 중국인에 대한 관점이나 감정을 새로이 정리하기 위해서는 만보산 사건에 대한 해명이 전제되어야 한다고 보았다. 나아가 한국인들이 만보산 사건에 대해 중국인에게 '정중히 사과하는 것이 도리'라고 주장했다.[66] 박경리가 《토지》에서 만보산 사건에 대한 일본 지식인들의 반성을 굳이 삽입했던 것도 이런 맥락에서 이해할수 있다.[67] 사건 자체의 해석에서는 음모론적 시각을 유지하고 있지만, 그럼에도 불구하고 한국인이 만보산 사건에 대해 져야 할 책임이 있다고 보는 것은 매우 중요한 시각의 전환이라 할 수 있다. 재일 언론인 정경모 역시 만보산 사건에 대한 음모론적 시각을 유지하면서도, 조선에서 일어난 배화폭동에 대해서는 반성적 사고를 가져야 한다고 주장했다.[68]

만보산 사건을 일제의 대륙 침략을 위한 음모론적 시각을 바탕으로 민족주의적으로 해석하게 되면 구체적인 사실조차 규명하기 어려울 뿐 아니라, 반일 민족주의에 의해 압살되었던 소수의 목소리를 복원할 수도 없다. 이런 점에서 손승회의 작업은 그 의도와 상관없이 중요한 의미를 가진다. 손승회는 중국 작가 이휘영(李輝英)의 《만보산》(1933)과 일본 작가 이토 에이노스케의 《만보산》(1932)을 비교분석하여 소수자의 기억을 복원하고자 한다.[69] 또 식민지 조선 사회에서 구조적으로 주변화된 화교의 총체적 억압 양상의 일환으로 배화폭동을 이해해야 한다고 주장하면서, 설사 일본의 음모가 배후에 도사리고 있었다고 할지라도 그 개입에 '놀아난' 조선 민중의 무지몽매함에 '본질적인' 책임을 물어야 한다고 강조한다.[70] 이런 해석이라면 이미 단순한 음모론의 영역을 벗어난 것이라 할 수 있다. 또 음모론을 배제하고 실증적으로 외교관련 자료를 검토해보면, 중국과 일본 모두 평화적 해결의지를 가지고 있었으나 해결 방식의 차이 때문에 쉽게 합의할 수 없었다는 점이 드러난다고 주장한다. 일본은 지방적 차원에서 임시적으로 문제를 해결하려 한 반면에, 중국은 중앙 차원에서 근본적인 해결책을 모색했다는 것이다.[71] 만보산 사건이 '만주사변'의 발발과 어떤 관련이 있는지에 대해서는 아직도 거의 밝혀진 바가 없다. 설사 일제의 음모가 개입해 있었다고 할지라도, 그런 의도가 바로 목표한 대로 이어진다고 간주하는 것 역시 논리적이지 않을 것이다.[72]

일반적으로 음모론이 가진 해악에 비춰볼 때도 이는 바람직한 변화라고 할 수 있다. 음모론은 역사적 사건들이 일어나지 않은 상황을 기준으로 설정함으로써, 역사적 사건이 왜 일어나게 되었는지에 대해서는 제대로 이해할 수 없게 만든다는 점에서 문제가 있다. 이런 음모론이 널리 퍼지게

되면 현재적 관점을 왜곡시킴으로써 현실적 재난을 불러올 수도 있다는 경고에 귀 기울일 필요가 있다.[73]

일본의 만주 연구는 특히 냉전 해체 이후 상당히 활발하게 수행되었고, 또 다수의 연구는 일본의 만주 지배에 대해 대단히 반성적인 태도를 취하고 있다. 만주국은 민족차별, 강제수탈, 병영국가라는 색채를 벗기 어려운 '국가'였으며, 지배구조로서의 국가 형성에 비해 국민 형성과 국민 통합의 수준은 대단히 낮은 국가였다는 비판이 주요한 흐름을 이루고 있다.[74] 만주국의 국민 통합 수준이 낮았다는 사실은, 만주국 지배하의 일본인들이 '일계 만주국인'이 아니라 '만주국의 일본인'으로 패전, 곧 만주국의 종언을 맞이했다는 데에서 잘 드러난다는 지적도 동일한 맥락에서 이해할 수 있다.[75]

이에 비해 일본에서 만보산 사건 연구가 그렇게 활발한 것은 아니지만, 전후 한국의 민족주의적 인식 틀, 곧 만보산 사건에 관한 음모론적 인식론을 수용하고 있는 점은 특징적이다. 대표적으로 일본 제국주의는 조선인들의 불만을 열등한 지위에 있던 화교에게 전가하려 했다고 보는 연구가 있다.[76] 이런 인식론적 틀은 아직도 이어지고 있는데, 조경달은 조선에서의 배화사건을 내향화한 폭력이 적을 잃어버리고 연대의 대상에게 오히려 배타적으로 행사된 것으로 이해한다. 그럼에도 만보산에서의 충돌사건은 관동군이 일본영사관을 통해《조선일보》기자 김이삼에게 허위로 유포한 것이라는 음모론을 그대로 수용하고 있으며, 조선에서의 배화사건도 총독부 권력에 의해 교묘하게 '유도'된 것이라고 주장한다.[77]

그러나 중국의 민족운동이 재만조선인 배척운동으로 나타났고, 이것은 조·중·일 세 민족 간의 대립과 원한의 연쇄를 낳았다는 야마무로 신이치의 새로운 인식은, 민족주의적 음모론을 극복할 수 있는 가능성을 제공하는 것처럼 보인다.[78]

이런 인식의 연장선상에서 이정희는 1931년 조선 내 배화사건을 자세히 분석하여, 다음과 같은 세 가지 요소가 사건의 근본 원인이라고 결론짓는다. 첫째,《조선일보》에서 발간한 1931년 7월 2일자 호외. 그러나 조선총독부에서 의도적으로 이 호외를 검열에서 통과시켰다거나 누락시켰는지에 대해서는 진위를 가릴 수 없다고 한다. 둘째, 인천 사태의 초기 대응에 조선총독부 경무국의 의도적이지 않은 사보타

주가 있었다는 점. 7월 3일부터 평양사건이 발생하는 7월 5일까지 총독부의 치안책임자인 총독, 정무총감, 경무국장, 경무국 보안과장 등이 모두 경성에 없었으므로 적절한 조처를 취할 수 없었다.[79] 전임자는 도쿄에 가 있었고, 신임은 아직 부임하지 않았던 것이다. 셋째, 평양사건이 일어난 7월 5일 저녁 평양의 주요 치안 담당자가 모두 연회에 참석하여 폭동의 초기 대응에 실패한 사실.[80] 물론 이런 해석이 소극적·적극적 음모론을 완전히 부정하는 대안이 될 수는 없다. 어쩌면 음모론은 대체물을 가지지 못한다는 데서 그 특징을 찾을 수 있기 때문이다. 그러나 기존 음모론의 설득력을 약화시키고, 새로운 동아시아적 기억을 모색하는 데에는 도움이 될 수 있을 것이다.

피에르 노라는 '기억의 터'가 어떤 사회에서 소수자들이 자신의 정체성을 유지하기 위해 마련하는 어떤 것, 말하자면 소수자들의 안식처라고 말한다. 비주류집단이 제 목소리를 내기 시작하면서 지금까지 움츠렸던 개별 기억들과 지배 담론으로 군림하던 단일한 국민적 기억, 즉 역사화된 기억 사이에 벌어진 틈이 백일하에 드러나고 갈등이 빈번해지는데, 이런 역사와 기억 사이의 갈등 또는 화해가 부각될 때

기억의 터에 대한 논의가 전면에 드러나게 된다고 보는 것이다.[81]

이제 동아시아에 대한 새로운 기억 만들기가 필요한 시점이다. 만보산 사건은 동아시아 각국이 각기 다른 방식으로 전유해온 기억의 터였다. 만보산 사건은 동아시아 각국의 내부에서 각기 다른 방식으로 망각되거나 파편화되어 기억되어왔던 것이다. 동아시아가 공유하는 공동의 기억을 환기하는 것도 새로운 '동아시아 의식', 나아가 '동아시아 정체성'을 형성하는 데 중요하고 또한 필요할 것이지만, 지배/피지배, 침략/피침략의 상호대립하고 갈등하는 기억의 터를 망각으로부터 환기하고 새로운 방식으로 기억하는 것도 반드시 필요한 일이다.[82] 나아가 새로 만들어진 동아시아 기억의 터를 지속적으로 유지하기 위한 상징물, 기념비, 축제 등의 '문화형식'도 마련해나갈 필요가 있다.

만보산 사건에 대한 새로운 동아시아 차원의 기억의 터는, 이런 복합적이고 중층적인 접근을 통해 새로운 방식으로 형성되어갈 것이다. 한수영은 만주 경험의 특수성을 '이주자 내부의 시선'을 통해 살펴보자고 제안한다. 만주 체험의 특수성은 자율성과 종속성 사이에 존재한다는 것이다.[83]

손승회는 '주변으로부터 시선'을 통해서 일국사적 시각을 넘어서자고 주장한다.[84] 이주자 내부의 시선 그리고 주변의 시선이 복합적이고 중층적인 접근을 가능하게 할 것이다. 이주자 내부의 시선 혹은 주변의 시선이라는 새로운 접근이 필요한 것은 무엇 때문인가? 이는 결국 이주 혹은 디아스포라 그리고 그 때문에 발생하는 갈등이나 배제 혹은 억압의 문제를 어떻게 볼 것인가의 문제이기도 하다.

이와 관련하여 리튼조사단 보고서에서 일정한 시사를 얻을 수 있을 듯하다. 리튼조사단은 만보산 사건이 일반적으로 평가되는 것만큼 심각한 사건이 아니었으며, 오히려 조선에서 일어난 중국인 배척운동이나 중국에서 발생한 배일운동이 더 중요하다는 인식을 표명했다. 그리고 재만 조선인이 처한 어려운 상황에 대해 더 많은 배려가 필요하다는 사실을 지적하고 있다.[85] 요컨대 근대 동아시아에서 발생한 이주 혹은 그를 둘러싼 복잡한 갈등과 폭력의 양상들을 동아시아 공통의 기억으로 전환해나갈 필요가 있다는 것이다.

그리하여 만보산 사건을 새로운 동아시아 기억의 터로 만들 때, 동아시아는 서로 공유하는 기억을 만들어나가는 새로운 출발선에 설 수 있을 것이다. 평화로운 동아시아공동체를 건설하는 작업이 동아시아인들의 새로운 과제로 부상하고 있다. 어떤 동아시아를 만들어나갈 것인가라는 과제는 동아시아 기억의 터를 탐색하는 작업과 관련이 깊다. 갈등을 넘어서 화해에 바탕을 둔 새로운 기억의 터를 확장해나감으로써 동아시아는 새로운 '기억의 공동체'가 될 것이며, 공통의 기억을 공유하는 기억의 공동체를 만드는 일은 평화적 동아시아공동체로 가는 지름길이 될 것이다. 이를 '트랜스내셔널 동아시아의 실천'이라고 명명할 수 있을 것이다. 새로운 동아시아 기억의 터를 확장해나가는 작업이야말로 동아시아의 역사 연구자들에게, 나아가 인문학자들에게 요구되는 중차대한 과제가 될 것이다.

'평화헌법'과 동아시아의 평화

왜 평화헌법인가?

평화는 '아래로부터의 동아시아'를 만들어나갈 때 가장 근본적이고 핵심적인 윤리적 가치가 된다. 동아시아의 근대는 식민지 지배와 여러 종류의 전쟁으로 점철되었으며, 동아시아 사회에서 살아온 사람들은 이로 인해 비인간적이고 참혹한 고통을 겪어야 했다. 하지만 2차 세계대전과 냉전의 대립을 거치면서 평화가 동아시아의 기본적인 윤리적 가치가 되어야 할 것임을 경험과 실천을 통해 증명해왔다. 억압과 전쟁의 터널을 빠져나온 동아시아인들의 평화에 대한 염원이 모여 만들어진 것이 바로 일본의 '평화헌법'이다. 평화헌법은 단지 일본인들과 미국 점령군이 주도하여 만든 것만은 아니다. 그런 점에서 평화헌법은 아시아 평화의 헌장이자 세계평화를 위한 기념비적 선언이다.

2014년 10월 초 세계의 여러 언론매체들은 노르웨이 '오슬로 국제평화연구소(PRIO)' 소장의 발언을 인용하여, '일본 헌법 9조'가 가장 유력한 노벨평화상 후보로 꼽히고 있음을 전했다. 크리스티안 하르프비켄 PRIO 소장은 일본 헌법 9조가 일본의 한국전쟁 개입을 막았고 동아시아 평화유지에 중요한 역할을 해왔음을 인정하고, 일본의 평화헌법이 노벨평화상을 받는다면 일본과 중국의 영토분쟁 등 동아시아 안보에 대한 관심을 높이고 군비 증강을 막는 데 도움이 될 것이라는 기대도 내비쳤다.[1]

실제로 노벨평화상 후보에 오른 것은 '일본 헌법 9조'가 아니라 '헌법 9조를 지키는 일본 국민'이었는데, 개인 또는 단체만이 노벨평화상을 수상할 자격을 갖기 때문이었다. 2012년 12월 개헌을 공약으로 내건 아베 신조 정권이 들어서자, 2013년부터 '헌법 9조에 노벨상을, 실행위원회'라는 단체가 결성되어 활동을 시작했다고 한다. 이 단체를 만든 사람들은 가나가와현(神奈川縣)에 거주하는 평범한 시민들이었으며, 일본 헌법 9조가 노벨평화상 후보로 거론되면 평화헌법의 가치가 새롭게 조명되고 아베 정권의 개헌을 저지할 수 있는 힘이 생기게 될 것을 기대했다고 한다.[2]

일본 헌법 9조가 2014년 노벨평화상의 유력한 후보로 거론된 것만으로도, 다음 몇 가지 차원에서 평화헌법의 위상이 재평가되는 데 크게 기여한 것으로 보아도 좋을 것이다. 첫째, 세계평화에서 평화헌법이 차지하는 위치 및 그 중요성을 인정한 점이다. 둘째, 동아시아의 평화유지에서 평화헌법이 중요한 역할을 수행하고 있으며 앞으로 그 역할을 더욱 증진할 수 있을 것이라는 점이다. 셋째, 일본 우파정권의 개헌 움직임에 대해 국제사회가 상당한 위기의식을 갖고 있다는 것이다.

위안부 등의 과거인식 문제로 인해 드러나는 일본 아베 정권의 소란스러운 우경화 행보 가운데 주변국으로부터 가장 현실적인 우려를 사고 있는 문제는 해석개헌을 필두로 한 개헌의 움직임이 아닌가 싶다. 그러나 지금까지 그래왔듯이 일본의 우경화 문제를 단지 일본 내부의 일국적인 문제로 묶어두고 외부의 시각으로 비판하는 것은 전혀 실효성이 없어 보인다. 문제의 본질을 잘못 짚은 까닭이다. 해석 개헌으로 출발하는 일본의 개헌 문제는 일국적인 현상으로 그 모습을 드러내고 있으나, 한 국가의 담장 안에 가둬두고 이해할 일은 전혀 아니다. 주변국에서 일본 정부의 움직임을 경계하는 것도 이 때문이다.

일본의 평화헌법은 일국적 차원의 법제이지만, 지역적 (regional) 차원의 매개를 거쳐 전 지구적인 인류의 미래와도 직결되는 것이다. 평화헌법은 헌법적 차원에서 평화를 강제한다는 점에서 출발부터 일국적이지 않았다. 그리고 한 국가의 능력을 규정하는 헌법이 국가주권의 배타적인 절대성을 상당히 제약한다는 점에서, 근대 '국가 간 체제(inter-state system)'의 성격에 심각한 의문을 제기하는 것이다.

일본의 해석개헌

일본의 한 언론인은 2014년 7월 1일이 "일본 입헌주의 역사상 가장 불명예스러운 날로 남을 것"이라고 주장했다.[3] 이날 아베 신조 정권은 임시국무회의에서 "타국이 공격을 받았을 때 자위대가 반격할 수 있는 집단적 자위권 행사를 용인하기 위해" 헌법 해석을 변경하는 결정을 내렸다. '집단적 자위권' 행사를 용인하기 위해 이른바 '해석개헌'이라는 것이 각의결정으로 내려진 날이 7월 1일인 것이다.[4] 그런데 해석개헌이란 무엇인가? 법률에 정해진 절차에 따라 개헌을 하는 것이 아니라, 헌법의 해석을 변경함으로써 '개헌의 효과'를 얻는 것이 바로 '해석개헌'이라는 기묘한 용법의 의미일 것이다.

1946년 일본 평화헌법이 제정된 이래, 헌법 9조를 둘러싸고 제기되는 여러 문제들을 해결하기 위해 주로 활용되어온 방식이 '해석개헌'이었다. 잘 알려져 있듯이 일본 헌법 9조는 제1항에서 '전쟁 포기'를, 그리고 제2항에서 '전력(戰力) 보유 금지'와 '교전권 부인'을 규정하고 있다.[5] 그러나 중국 대륙의 공산화와 한국전쟁의 발발 등으로 인해 동아시아 냉전이 격화하면서, 미국을 중심으로 한 반공진영에서는 일본 재무장의 필요성이 증대되었다. 이런 상황에서 일본 정부는 1951년 미일안보조약을 체결하여 '보안대'를 설치했으며, 1954년 미일상호방위원조협정(MSA협정)에 의거하여 방위청을 설치하고 '자위대'를 창설했다.

방위청 설치와 자위대 창설을 둘러싸고 위헌 논란이 제기되자, 일본 정부는 헌법 9조에서 '자위를 위한 전력의 보유'

까지 금지한 것은 아니므로, 그 정도를 초과하지 않는 자위대는 위헌이 아니라는 '해석'을 채택하여 유지해왔다. 그러나 자위대의 설치는 일본의 '전수방위(專守防衛)'를 위한 개별적 자위권만을 인정하는 것으로 해석되어왔고, '집단적 자위권' 행사는 부인되어왔다. 1954년 자위대 설치 이후 전수방위에 입각한 개별적 자위권을 인정하는 일본 정부의 이런 헌법 해석은 여러 번의 위기에도 불구하고 유지되어왔다.

그러나 1992년 '유엔평화유지활동협력법'이 제정되면서 자위대가 유엔평화유지군으로 활동할 수 있게 되었으며, 1999년에는 '주변사태법'의 제정으로 일본 주변 해상에서 자위대가 미군의 후방지원 및 수색구조 활동에 참여할 수 있게 되었다. 이처럼 자위대의 활동영역이 점차 확대되면서, 집단적 자위권을 인정하기 위한 우파의 개헌 노력 역시 확장되었다.[6] '집단적 자위권(the right of collective self-defence)'이란 유엔헌장에서 개별적 자위권과 함께 인정하고 있는 권리로서, "외국으로부터 직접 공격을 받지 않은 국가라도 동맹국이 침공을 받으면 공동으로 방위를 위한 실력 행사를 할 수 있는 권리"를 말한다. 요컨대 집단적 자위권을 인정한다는 것은 전수방위에 기반을 둔 헌법 9조를 넘어선다는 것을 의미한다.

자민당은 아베 신조 정권이 들어서기 이전인 2012년 4월 '일본국 헌법 개정 초안'을 제출했다고 한다. 개정 초안 9조에는 "우리 나라의 평화와 독립 그리고 국가와 국민의 안전을 확보하기 위해 국방군을 보유한다"라는 내용이 들어 있다. 또 군이 국제사회의 평화와 안전을 확보하기 위한 활동에도 참여할 수 있음을 명기했다. 요컨대 자민당 아베 정권이 헌법을 개정하려는 이유는 "군대 보유를 바탕으로 전쟁을 할 수 있는 '보통국가'"를 만들기 위한 것임을 알 수 있다.[7]

제2차 아베 정권은 개헌을 위한 절차조항인 일본 헌법 제96조의 개정을 우선적으로 시도했으나 실패했다. 2013년 7월 참의원 선거에서 집권여당이 3분의 2 이상의 개헌의석을 확보하지 못함으로써 96조 개정 시도가 무산되었던 것이다. 2018년 현재 중의원의 다수 의석을 차지하고 있는 아베 정권은 개헌을 위한 발걸음을 착실하게 옮기고 있다. 하지만 개헌을 찬성하는 일반 국민의 여론도 과반수를 넘지 못하고 있어 개헌 가능성이 아직은 그다지 높지 않다.[8]

이런 상황에서 나온 것이 2014년 7월의 '해석개헌'이다. 그러나 해석개헌은 다음 몇 가지 차원에서 심각한 문제를 안고 있다. 첫째, 의회에 기반을 둔 입헌주의를 침해하고 있다는 점이다. 지금까지의 '집단적 자위권'을 둘러싼 헌법 해석은 국회에서 오랜 논의를 통해 정착한 정부와 국민 간의 일종의 '합의'인데, 이를 총리의 판단만으로 수정한다는 것은 민주주의의 토대인 입헌주의를 붕괴시키는 것과 다름없다는 지적이다.[9] 둘째, 헌법을 개정하지 않아도 되는 것과 개정해야 하는 것 사이의 구분이 달라져버린다는 점이다.[10] 이런 해석의 변경을 통해 헌법의 해석 변경이 용이해지고 헌법의 권위는 점차 추락할 것이다. 셋째, 일본 헌법이 기반을 두고 있는 평화주의의 근간을 소수의 정치인이 힘으로 바꾸어버리는 것은 일본 정치에 위험한 전례로 남게 될 것이라는 점이다. 이처럼 극단적인 해석의 변경이 용인된다면 기본적인 인권마저도 유명무실해질 수 있다는 것이다.[11] 요컨대 이번 '해석개헌'은 단지 헌법 9조의 변경에 머무는 것이 아니라, 일본 헌법의 권위 전체에 대한 도전이라고 해도 좋을 것이다. 게다가 주변국가들과의 갈등을 초래함으로써 지역정치, 나아가 세계정치를 위기로 몰고 갈 위험성도 배제할 수 없다.

아베 정권이 이처럼 개헌을 적극적으로 주장하는 표면적

인 근거는 두 가지다. 하나는 평화헌법이 미국의 점령 아래서 미국의 요구에 의해 만들어진 것이라는 점이다. 아베는 심지어 "현행 헌법의 전문은 패전국이 승전국에 바친 반성문"이라는 극단적인 표현까지 써가며 비난하고 있다. 요컨대 점령국의 영향 아래서 원안이 작성됐으므로, '자주헌법'을 만들어야 한다는 것이다.[12] 또 다른 이유는 일본인의 긍지를 회복하고 일본을 '정상적인 국가'로 바로 세우기 위해 개헌이 필요하다는 것이다. 말하자면 '정상국가' 혹은 '보통국가'를 만들기 위한 절차가 바로 개헌이다.[13]

다시 말하면, 첫째 아베 정권에게 '자주헌법'으로 헌법을 고치는 것, 즉 개헌은, 둘째 이를 바탕으로 '정상국가' 혹은 보통국가를 만들기 위해 필수적인 절차인 셈이다. 그렇다면 이런 주장은 역사적인 타당성이 있는 것일까? 아래에서 각각의 이유를 살펴볼 것이다.

평화헌법

앞에서 보았듯이, 점령국의 영향 아래서 원안이 작성됐으므로 '자주헌법'을 만들어야 한다는 아베 신조의 주장은 어느 정도로 역사적 타당성을 가지고 있는 것일까? 지금까지 일본 헌법 제정의 경위와 성격을 둘러싼 수많은 논의와 논쟁이 있었지만, 대개 논의의 핵심은 제정의 주체를 둘러싼 것으로 수렴되어온 것으로 보인다. 큰 흐름에서 볼 때, 맥아더 사령부에 포진하고 있던 미국의 뉴딜주의자들이 마련한 초안에 대해, 일본 내 천황제를 유지하고자 하는 세력이 이를 수용했다는 주장이 타당성을 가진 듯하다.[14]

당시 천황의 운명은 풍전등화 같은 상황에 놓여 있었다. 미국 갤럽의 여론조사에서는 천황 처벌을 찬성하는 비율이 30퍼센트를 넘었고, 미국 상원에서는 천황을 전범재판에 회부하는 합동결의를 채택했으며, 소련과 오스트레일리아도 천황전범론을 강력하게 주장했다.[15] 요컨대 평화헌법이란 '맥아더 3원칙'에 기초한 GHQ원안을 일본 측이 '일본화'했던 것으로 볼 수 있다.[16] 따라서 '점령국의 영향 아래서 원안이 작성'되었다고 하더라도, 일방적으로 미국 혹은 연합국의 영향력이 관철되었으며 그러므로 자주헌법이 아니라고 할 수는 없다.[17] 이런 점에 비추어보더라도 아베 신조의 주장은 사실과 다르다.

한편 일본의 평화헌법은 칸트의 영구평화론 이후 이어져온 자유주의 평화기획을 담은 평화를 향한 권리장전이다.

두 번의 세계대전 전간기에 이어진 전쟁위법화운동 등의 국제적 평화운동은 부전조약의 체결로 결실을 맺었지만, 파멸적인 전쟁을 막지는 못했다. 한편 미국은 우드로 윌슨의 구상을 프랭클린 루스벨트가 계승하는 방식으로 새로운 세계전략을 구상했던바, 일본의 평화헌법에는 일본을 군국주의 전쟁국가로 만들지 않으려는 미국의 의도가 담겨 있었다.[18] 그러나 그것만으로 일본의 평화헌법 제정을 설명할 수는 없다. 이 헌법에는 식민지배와 침략을 받은 동아시아인들의 평화에 대한 희구가 반영되어 있는 것이다.

일본 헌법이 가진 이런 측면은 연합국 극동위원회를 통해 살펴볼 수 있다. 워싱턴에 설치되었던 일본 점령의 최고정책 결정기구인 연합국 극동위원회(Far Eastern Commission, FEC)는 일본 헌법의 성격을 결정하는 최종적인 권한을 가지고 있었던바, 극동위원회에 참여하고 있던 중국, 인도, 필리핀, 오스트레일리아, 뉴질랜드 등 일본의 침략으로 피해를 입은 아시아·태평양 여러 국가들의 평화를 향한 염원이 일본 헌법에 반영되었다고 보아야 할 것이다.

예를 들어, 1946년 9월 극동위원회 회의에서는 중화민국 대표단이 다음과 같은 의견을 제시했다. "우리는 어떤 정부든 경찰력을 가지는 것은 필요한 일이라고 인정합니다만, 일반적으로 경찰력은 군대라고 부르지 않습니다. 만일 일본이 여기에서 선언하고 있는 것 이외의 군대를 보유하는 것이 허용된다면 위험하며, 그것은 일본이 무언가 구실을 내세워, 예를 들면 자위라는 명목 아래 군대를 가질 가능성이 있다는 것을 의미합니다."[19] 일본 정부가 문민에 의해 지배되어야 한다는 맥락에서 나온 말이지만, 일본 헌법에서 전력 보유를 인정할 수 없도록 차단해야 한다는 점을 강조하고 있는 것이다.

맥아더 역시 전쟁 포기와 전력 불보유 조항에 대해 다음과 같은 인식을 갖고 있었다. 첫째, 일본의 재군비는 '엄숙한 국제적 부탁,' 즉 연합국에 의한 대일 점령정책에 위반되며, 재군비로 인해 "극동의 여러 나라들과 불화하게 될 것이다. 이들 국가 모두는 여전히 다시금 군사화된 일본을 매우 두려워하고 있다"라는 생각을 갖고 있었다. 둘째, 일본인들 역시 재군비를 지지하지 않을 것이라고 말하고 있다. "일본인들은 성실하게 무조건적으로 정치의 수단으로서의 전쟁을 거부하고 있다. (……) 그들은 만일 우리가 강제하지 않으면, 스스로의 군대를 가지는 것을 바라지 않을 것이다. 우리는 강제해서는 안 된다."

이처럼 맥아더는 일본 헌법 9조가 동아시아 국가들과 일본 국민들의 바람을 담고 있다는 점을 알고 있었다. 맥아더는 필리핀에서 전쟁을 치르면서, 많은 미군 병사가 생명을 잃었을 뿐만 아니라 필리핀 국민들이 입은 전쟁 피해와 일본군에 대한 증오를 잘 알고 있었던 것이다.[20] 따라서 일본의 평화헌법은 동아시아, 나아가 세계평화를 희구하는 동아시아 민중의 염원이 반영된, 평화를 위한 권리장전이라고 할 수 있다.

물론 아시아 지역의 2차 세계대전은 아시아·태평양 지역을 전장으로 일본과 연합국이 싸웠다. 그리고 전쟁이 끝난 후 전범재판을 진행한 것은 연합국에 참여한 국가였고, 독립투쟁의 한가운데 놓여 있던 아시아 지역의 '국가'들은 필리핀과 중국을 제외하고는 전범재판에 참여할 수 없었다. 그리고 잘 알다시피 아시아인들의 전쟁 피해도 충분히 언급되거나 보상받지 못했다.[21] 그럼에도 아시아인들의 전쟁에 대한 반대와 평화 희구는 일본 헌법 제정 과정에서 완전히 무시되지는 않았다. 요컨대 "무기를 버린다. 전쟁을 하지 않겠다"라는 헌법에 규정된 두 가지 약속은 일본이 아시아인

과 전 세계인들에게 맹세했던 사실이라는 점을 강조해둘 필요가 있을 터다.[22]

야마무로 신이치는 일본 헌법이 담고 있는 평화주의의 기축을 다섯 가지로 설명한다. 제1의 기축은 전쟁 포기와 군비 철폐, 제2는 국제 협조, 제3은 국민주권, 제4는 평화적 생존권, 제5는 반전(反戰)이다. 야마무로는 이처럼 평화주의를 구성하는 다섯 가지 기축을 설정하고, 그 수맥(水脈)을 막부말·메이지시기로 소급하여 적극적으로 탐색한다. 그 오랜 수원은 청일전쟁과 러일전쟁을 거치면서 역설적으로 반전론의 격류를 형성하게 되며, 이것은 부상하고 있던 국제평화운동과 합류하여 헌법 9조에 이르러 용출하게 되었다고 평가한다.[23]

야마무로 신이치가 평화헌법에 이르는 일본의 수맥을 탐색한 것은 일본 헌법에 담긴 평화주의 정신을 이해하고 계승하기 위해 진정 중요한 일이다.[24] 일본의 평화헌법에 평화를 희구하는 동아시아 민중의 염원이 반영되어 있다고 한다면, 거기에 이르는 한국의 수맥을 탐색하는 것 역시 긴요한 일이 될 것이다. 여기서는 우선 무장투쟁 혹은 폭력을 동반한 '의열투쟁'을 주장한 것으로 알려진 안중근과 김구를 거론해보기로 한다.

　잘 알다시피 1909년 근대 일본의 '원훈(元勳)' 이토 히로부미를 암살한 안중근은, 그 이유를 이토가 '동아시아의 평화를 파괴한 죄'를 저질렀기 때문이라고 주장하고, 자신은 한국의 독립과 동아시아의 평화를 유지하기 위해 '전쟁'을 한다고 밝혔다. 자신은 '동아시아의 평화를 위한 전쟁을 수행하는 과정'에서 이토를 '처단'했다는 것이다. 이처럼 안중근의 사상체계에서 동양평화는 한국의 독립과 함께 2개의 기축을 이루고 있었다. 물론 안중근의 동양평화론은 한편으로는 아시아주의적 인종주의의 편견을 담고 있었지만, 그것을 넘어서려는 강렬한 보편주의 지향도 아울러 갖고 있었음에 주목할 필요가 있다.[25]

　1910년 이른바 '대역사건(大逆事件)'으로 사형을 당한 일본의 평화사상가 고토쿠 슈스이(幸德秋水)는 한시를 지어 안중근이 이토 히로부미를 암살한 행위를 '의롭다'고 보고, 이를 '살신성인'의 행위로 높이 평가했다.

　　목숨을 버려 의로움을 취하고(舍生取義)
　　자신을 죽여 인을 이루었네(殺身成仁)

안중근의 일거로(安君一擧)

온 천지가 들썩인다네(天地皆振)²⁶

1910년을 전후한 시기에 이미 안중근과 고토쿠 슈스이를 통해 한일 간에는 트랜스내셔널한 평화연대가 구축되어 있었다고 해도 좋을 것이다. 안중근의 평화사상은 일국적 차원에 갇혀 있지 않았다.[27]

한편 김구는 '문화국가'를 이상국가로 설정하고 활동했다. 문화국가란 문화가 중심이 되는 국가로, '주변국들로부터 존경을 받는 아름다운 국가'를 지향하는 것이었다. 또 항상 세계평화를 지향하고, 그것을 위해 일정한 역할을 수행하는 국가다. 김구는 "내가 남의 침략에 가슴 아팠으니 내 나라가 남을 침략하는 것을 원치 아니한다"라며 침략주의를 반대하고 평화주의를 강조했다. 그런 김구의 평화주의는 세계를 향해 열린 것이었다.[28]

이처럼 안중근과 김구의 경우에 현저하게 드러나는 것처럼, 근대 한국의 사상에서 평화주의의 수맥을 확인하는 것은 그리 어려운 일이 아니다. 대한민국(남한)의 헌법에 평화에 관한 많은 규정을 두고 있는 점도 이런 차원에서 이해할 수 있다. 예를 들어 한국 헌법의 전문(前文)에는 '평화적 통일'을 이룰 것과 아울러 이를 바탕으로 '항구적인 세계평화'에 이바지할 것을 국가의 사명으로 규정하고 있으며, 이어 5조에는 '침략적 전쟁'을 부인할 것을 명기하고 있다. 요컨대현 한국 헌법은 이른바 '제3세대 헌법'으로 '평화주의 헌법'을 추상적 규범으로 구현하고 있는바,[29] 이를 근대 한국의 평화주의 전통의 맥락에서 이해해도 될 것이다. 그렇다면 동아시아의 사상으로 더 확장하여 세계평화의 수맥을 탐색하는 것도 불가능한 일은 아니다.

일본 헌법학계의 논의에서도 평화헌법이 구현하고 있는 평화주의 원리를 '제한적·처벌적' 측면과 '적극적·선구적' 측면의 두 가지로 구분하여 이해하는 논의를 찾을 수 있다.[30] 제한적·처벌적 측면이란, 일본이 침략전쟁을 반성하고 이를 바탕으로 다시는 침략전쟁을 하지 않겠다는 아시아의 국가와 국민에 대한 서약의 의미를 갖는 것이다. 이런 측면에서 보면 평화헌법은 처음부터 일본의 안전보장을 위한 것이 아니라 일본으로부터 아시아의 안전을 보장하기 위한 것이었음을 확인할 수 있다. 다음으로 적극적·선구적 측면이란, 무장평화 혹은 군사력에 의한 평화와 이에 기반한 국가의 자위권이라는 관념을 부정하고 국민의 '평화적 생존권' 이념을 선구적으로 확립해나갈 결의를 표명한 것을 의미한다.[31]

모든 국가가 평등한 주권을 가진다는 '국제법적 원칙'과 개별 국가의 주권보다 상위에 있는 새로운 규범적 가치를 국가에 적용하려는 '자유주의적 평화기획'은 근대 이래 갈등과 충돌을 거듭해왔다.[32] 일본의 평화헌법은 국제법적 원칙과 자유주의적 평화기획이 갈등하는 가운데 만들어진 새로운 차원의 '평화를 위한 권리장전'이라고 해석할 수 있다. 개별 국가의 주권을 넘어선 초국가적 차원에서 만들어진 유엔이라는 제도는 자유주의적 평화기획의 가장 중요한 성과 가운데 하나였다.

하지만 일본의 평화헌법은 유엔의 제도적 평화기획을 넘어선 새로운 측면을 담고 있었다. 그것이 바로 평화헌법이 드러내는 평화주의의 두 측면이었다. 외부로부터 강제된 평화의 제한적·처벌적 측면을 일본인들은 국가 내부의 평화적 생존권으로 변화시켜나갔던 것이다. 이런 차원에서 평화헌법은 평화라는 가치를 일본 국가 내부에 적용하려는 하강적 움직임을, 일본인들 스스로 수용하여 보편주의적 평화주의로 상승시킨 특별한 경험적 사례라고 할 수 있다.

아베 정권의 우경화 조치의 핵심에 '역사 지우기'가 자리하고 있는 것은 우연이 아니다. 위안부 동원의 강제성을 부정하면서 '역사전쟁'을 주도하고 있는 아베 정권의 의도에는 평화헌법을 폐기하는 것과 아울러 평화헌법을 추동했던 모든 과거도 아울러 무시해버리고 싶은 욕구가 감춰져 있을지도 모른다. 아마 일본 우익 역시 침략전쟁으로 고통을 겪은 아시아 민중의 평화에 대한 희구가 평화헌법에 녹아들어 있다는 것을 잘 알고 있을 것이다.

그런 점에서 일본의 천황과 황태자가 일본이 평화국가로서 근린국과 함께 평화를 유지하는 데 힘쓸 필요가 있고 또 과거의 역사를 겸허하게 되돌아볼 것을 되풀이 강조하면서 아베 정권의 우경화를 견제하고 있는 것은, 역사의 아이러니로 보이기도 한다.[33] 전쟁 직후 천황제를 유지하는 데 크게 기여했던 평화헌법 9조의 정신을 지키기 위해 이제 거꾸로 천황이 전면에 나서고 있는 것이다. 이것이 이른바 '상징천황제'가 가진 역사적 가치인 것일까?

동아시아

이제 아베 신조가 주장하는 것처럼, 과연 개헌은 '정상국가'를 만들기 위해 필수적인 절차인가를 검토할 차례다. 정상국가 혹은 보통국가란 무엇인가? 개헌을 주장하는 일본 우익들에게 정상국가란 '전쟁을 할 수 있는 국가'를 의미한다. 그러나 이미 시대는 변하고 있다. 냉전 이후 정상국가는 전쟁을 할 수 있는 국가가 아니라, '전쟁을 하지 않는 국가'로 바뀌고 있다. 이제 영토분쟁이나 정규군 간의 전투로 구성되는 그런 전쟁은 더 이상 일어나지 않고 있다. 오히려 '군사적 폭력의 탈국가화' 현상이 두드러지게 진행되고 있다. 그리고 이를 '새로운 전쟁'으로 규정하고 있는 것이다.[34]

주지하다시피, 역사적으로 모든 자유민주주의 국가는 더이상 전쟁을 하지 않는다는 논의를 '자유주의 평화론(liberal peace)' 혹은 '민주주의 평화론(democratic peace)'이라고 한다.[35] 이를 두고 많은 논란이 전개되었지만, 서구의 자유민주주의 국가 사이에서 전쟁이 더 이상 일어나지 않고 있다는 것은 경험적으로 입증 가능한 사실이다. 요컨대 서구를 중심으로 한 핵심적 '평화지대'는 더욱 풍요롭고 전쟁이 없는 평화 상태가 유지되고 있지만, 그 바깥에 있는 '전쟁지대'의 다수

인구는 빈곤과 갈등 상태에 머물러 있다. 이를 두고 전 지구가 3개의 지대로 나뉘어 있다고 진단하기도 하는데, 평화로운 포스트모던 지대, 전근대적 혼란 지대, 근대적 민족국가 지대가 바로 그것이다.[36] 따라서 국가 간의 폭력적 갈등, 곧 근대적 형태의 전쟁을 염두에 둔 정상국가 혹은 보통국가라는 관념은 시대에 뒤떨어진 것으로 보인다.

이제 서구의 보통국가, 곧 자유민주주의 국가는 전쟁을 하지 않는 국가가 되어가고 있다. 이런 점에서 평화헌법을 가진 일본은 어떤 의미에서 탈근대적 혹은 근대를 넘어선 국가를 선취하고 있었다고 하겠다. 국내의 합법적인 일체의 폭력을 전유한 상태에서, 외부적으로는 배타적인 주권을 소유한 근대 국민국가는 폭력의 상징체다. 따라서 국가의 대외적 폭력 사용을 금지하는 헌법은 근대 국민국가의 권능을 부정하는 것으로, 일본의 평화헌법은 '근대를 넘어선 헌법'이라고 할 수 있다.

그런 점에서 평화헌법은 일국적 차원을 넘어선 헌법이다. 일국적 차원을 넘어선다는 것은 평화헌법의 제정에 이미 평화를 향한 동아시아인들, 나아가 세계인들의 염원이 담겨 있다는 것만을 의미하지 않는다. 오히려 다음 두 가지 차원에서 새로운 문제를 제기하는 것으로 보인다.

첫째, 평화헌법이 평화를 위한 국가 간의 계약이라고 할 때, 일본 평화헌법의 제정에 참가한 국가들도 이미 평화를 향한 과정에 들어섰다고 볼 수 있다는 점이다. 일본의 평화헌법은 동아시아의 다른 국가들로 하여금 자신들이 평화를 추구해야 할 의무를 지고 있다는 점을 환기하는 강력한 제도적 장치이기도 한 것이다. 둘째, 동아시아를 포함한 외부인들이 일본의 헌법을 유지하는 데 개입할 수 있는 권리 역시 평화헌법이 일국적 차원을 넘어선 헌법이라는 점에서 주어진다. 하지만 그 권리는 오로지 자기성찰을 통해서만 가능하게 된다. 자신이 생활하고 있는 사회와 국가를 평화로운 사회와 국가로 만들려는 노력이 없는 개입의 권리는 허구이기 때문이다.

냉전시기에 일본의 군사적 역할은 주변의 동아시아 군사정권이 대신 부담해왔다. 다시 말하면 평화헌법은 냉전의 와중에서 주변국가에 의해 지지되어왔다고 할 수 있다. 제정 과정에서만이 아니라 그것이 유지되는 과정에서도 평화헌법은 국제적 성격을 가지고 있었다. 이런 점에서 평화헌법은 이미 동아시아 민중의 공유재산이라고 해야 할 것이다.[37]

가령 "일본에 평화헌법이 없었다면 한국전쟁과 베트남전쟁에 일본이 참전하지 않을 수 있었을까"라는 역사적 가정을 해보면 어떨까? 한국전쟁에 일본의 해상보안대가 부분적으로 참여하고 있었고 한국전쟁과 베트남전쟁에 오키나와의 미군기지가 활용되고 있었던 사실을 상기한다면, 평화헌법이 이미 동아시아의 평화에 적극적인 기능을 수행하고 있었다고 해도 좋을 것이다.

이처럼 일본의 평화헌법은 그 자체로 일국을 넘어서 평화를 추구하는 활동의 상징이 되었다. 평화헌법의 제정과 유지의 차원에서, 이미 외부의 다른 국가 혹은 민중 들도 스스로 평화를 유지하는 과정에 적극적으로 참여해야 할 의무가 있는 것이다.

이제 일본의 평화헌법에서 말하는 평화란 무엇인가를 확인해볼 때가 되었다. 일본 헌법의 전문(前文) 일부를 살펴보자. "우리(일본 국민—인용자)는 평화를 유지하고, 전제와 예종, 압박과 편협함을 지상으로부터 영원히 제거하고자 노력하고 있는 국제사회에서, 명예로운 지위를 차지하고자 한다. 우리는 전 세계의 국민이 균등하게 공포와 결핍으로부터 벗어나 평화 속에서 생존할 권리를 가지고 있음을 확인한다."[38] 일본 헌법 전문에서 평화와 대를 이루고 있는 것은 전쟁의 폭력이 아니라 공포와 결핍이라는 구조적 폭력이다. 평화헌법은 전쟁을 극복하기 위해서 공포와 결핍이라는 구조적 폭력으로부터 벗어날 필요가 있음을 밝힌 것이다.

'평화'라는 개념은 '전쟁의 시대'인 근대의 발명품이라는 의견이 지배적이다. 하지만 평화헌법에서 밝히고 있는 평화란, 단순히 전쟁이 없는 상태를 지칭하는 소극적 의미에서가 아니라 일체의 구조적 폭력이 부재하는 적극적 의미에서의 평화를 가리키는 것이다.[39] 적극적 의미에서의 평화는 폭력에 의해 만들어질 수 없다. 평화란 평화적 방법으로 추구해야 할 적극적이고 궁극적인 가치다. 그런 점에서 평화란 인권, 생명, 생태 등의 가치와 등질의 것으로 상호보완적인 가치를 구성하게 된다.

신자유주의적 시장논리 앞에 내팽개쳐진 사회적 약자의 권리를 옹호하고, 급속하게 변화하고 있는 다문화사회를 통합할 수 있는 내부적 힘을 가지지 못할 때, 한 사회의 평화는 도래하지 않는다. 자기 사회 내부의 평화를 추구하지 못하는 평화운동이 타국의 평화에 대해 운운할 자격은 없을 것이다.

또한 평화헌법 지키기 운동(이른바 '9조회운동')이 일본'만'을 대상으로 한 운동일 수는 없다. 평화헌법 지키기 운동은 국내 문제로부터 출발해서 평화로운 사회와 평화국가를 건설하며, 평화를 근본적 가치로 삼는 동아시아 시민사회의 형성을 통해 '평화의 동아시아공동체'를 구상하는 동아시아 연대운동으로 상승할 수 있어야 한다. 평화를 통한 동아시아 통합을 상상함으로써, 새로 도래할 동아시아공동체는 평화가 통합을 이루는 근본적인 가치로 자리 잡게 만들어야 할 것이다.

평화헌법을 '세계문화유산'으로 만들자

아베 신조 정권이 취하고 있는 전반적인 우경화 조치 가운데 이른바 '해석개헌'은, 일본의 헌정민주주의에 미치는 여러 차원의 악영향에서만이 아니라 재무장과 관련하여 주변국의 심각한 우려를 자아내고 있다. 이와 관련하여 일본의 해석개헌이 한국의 안보체제에 미치는 영향력을 둘러싸고 현실적 권력정치의 차원에 국한하여 그 영향력을 논의하는 것은 그저 단견에 지나지 않을 것이다.

현재 한국 학계에서는 일본에서 해석개헌이 있은 후에 집단적 자위권이 용인된다면, 일본의 군사대국화를 허용할 수 있어 위험하다는 주장과 다른 한편으로 한·미·일 군사협력을 위해서는 불가피한 선택일 수 있다는 '현실론'의 두 가지 논의가 서로 갈등하고 있다.[40] 하지만 가령 미일동맹에 기반하여 일본의 집단적 자위권 행사가 가능하게 된다고 하더라도, 그것이 한국의 안보에 미치는 영향이 긍정 또는 부정의 이원론적 판단의 대상이 되지는 않을 것이다.

한편 집단적 자위권을 인정하려는 일본 정부의 움직임에는 미국의 지지가 크게 작용하고 있는 것으로 보인다. 하지만 아베 정권의 과거사 인식에 대한 극단적인 우편향과, 게다가 평화헌법을 개정하려는 움직임에 대해서 미국이 찬성하는 것은 아니다.[41] 미국은 중국을 경계하는 한편으로 중국과 일본의 충돌을 매우 우려하고 있기 때문이다. 중국과 일본이 충돌할 경우, 미국은 군사동맹을 맺고 있는 일본의 입장에 서지 않을 수 없게 되는 것이다.[42]

오히려 집단적 자위권에 대한 아베 정권의 '집착'에는 일본 국내정치의 역학관계가 작용하고 있다는 지적이 더 설득력이 있다. 중국의 부상이나 미국의 태도 변화 같은 국제정치의 변화가 아니라, 개헌세력이 의회 내에서 힘을 갖게 된 역학관계의 변화를 반영하고 있다는 것이다.[43] 게다가 미국의 헤게모니가 쇠퇴하고 있는 현 세계체제의 변화 양상을 고려하면, 평화헌법의 개정에 대한 미국의 견제가 계속 이어질지도 속단할 수 없는 문제다. 미국이 일본의 개헌을 용인하기 전에, '동아시아의 문제는 동아시아로' 되돌릴 필요가 절실하다.

하지만 지금이야말로 제정 당시로 소급하여 평화헌법의 정신을 되돌아볼 필요가 있다. 평화헌법에는 일본을 전쟁국가로 만들지 않으려는 미국의 의도가 크게 작용했으나, 전쟁을 반대하는 일본의 민중과 함께 일본이 일으킨 파멸적인 침략전쟁으로 인해 큰 피해를 입었던 동아시아 민중들의 평화에 대한 희구도 반영되었다. 이런 평화헌법의 정신은, 한국의 안중근과 김구의 사례에서 잘 드러나듯이, 거기에 이르는 평화의 수맥을 조금만 탐색하더라도 명백하게 확인할 수 있는 것이다.

전쟁을 할 수 있는 국가, 곧 정상국가를 만들기 위해 평화헌법을 '개헌'하려는 의도는 그다지 현실적이지 않을뿐더러 어떤 면에서는 시대착오적이다. 게다가 일본의 평화헌법은 시대를 선취한 탈근대적 헌법으로, 구조적 평화의 도래를 의도하는 적극적 평화 개념을 담고 있다. 평화헌법 지키기 운동이 동아시아의 평화를 지향하는 좋은 토대가 될 수 있는 것은 이 때문이다.

2004년에 시작된 '9조회운동'으로 일본 내에서만 7000개가 넘는 '9조회'가 결성되었으며, 이 운동은 평범한 시민들이 주도하는 풀뿌리 '호헌운동'의 양상으로 이어지고 있다.[44] 앞에서 살펴본 '헌법 9조에 노벨상을, 실행위원회'가 중심이 된 호헌운동도 넓게는 9조회운동의 영향 아래서 전개되었던 것이다. 여기에 한국을 포함한 외국에서도 다양한 방식으로 9조회운동이 확대되고 있는바, 이 운동은 이미 세계평화의 실현에도 기여하고 있다고 할 것이다.[45]

중국을 필두로 동아시아 경제가 빠르게 성장하고 있으며, 지역 내의 경제적 융합도 신속하게 진행되고 있다. 동아시아 전체가 세계경제 속에서 급속하게 부상함에 따라, 이런 현상이 세계체제의 거대한 구조적 전환으로 이어지게 될지 주목받고 있다. 이런 구조적 전환이 세계체제의 헤게모니 체계의 쇄신으로 이어질지는 또 다른 문제이지만, 이 과정에서 일본의 평화헌법이 수행할 수 있는 역할은 자못 크다고 할 것이다.

동아시아 역내의 국가들이 구조적 평화 혹은 적극적 평화에 입각한 평화로운 사회와 국가를 건설하고, 이를 바탕으로 동아시아 시민사회를 형성하게 될 때, 평화의 동아시아공동체가 모습을 드러내게 될 것이다. 또한 이런 평화의 동아시아는 세계체제의 헤게모니 전환에서도 적극적인 역할을 수행하게 될 것이다.

평화헌법을 세계유산으로 만들자는 논의가 제기되기도 한다.[46] 평화헌법이 노벨상 후보로 거론되거나 세계문화유산의 대상으로 논의되는 것은, 평화헌법이 세계평화에 기여할 수 있는 가능성을 높이 평가하기 때문일 것이다. 다만 그런 시도가 평화헌법의 정신을 박제화하는 방식으로 기능하는 것은 경계해야 한다. 평화는 인류가 함께 만들어나가야 하는 것이지 주어져 있는 대상은 아니기 때문이다.

평화헌법을 고정된 대상으로 두고 이를 방어하는 데 골몰하는 방식으로는 적극적인 평화에 입각한 세계평화의 도래를 기약할 수 없다. 일본의 평화헌법을 지켜나갈 뿐만 아니라 이를 바탕으로 각국의 헌법을 더욱 적극적인 평화주의 헌법으로 바꿔나갈 의무를, 모든 인류는 지고 있다. 일본의 평화헌법을 세계문화유산으로 만드는 것은, 세계평화운동의 모델이자 장전으로 만들어나가는 하나의 방법이 될 것이다.

여기에서 우리는 니시카와 나가오가 말하는 진정한 '전후'를 회복하는 길을 발견하게 될 것이다. 니시카와는 지금까지 일본의 '전후'를 '전쟁을 하는 전전(戰前)으로 회귀'하고 있는 상태라고 진단하고, '전쟁이 없는 전후'를 다시 한 번 고집함으로써 '착각 상태의 전후'를 벗어나 진정으로 '전쟁을 하지 않는 전후'를 새로 만들어가는 길을 찾아가야 한다고 주장한 바 있다.[47] '전쟁이 없는 전후'는 상호의존적인 연대를 강화함으로써 얻게 될 동아시아의 평화, 다시 말해 자유주의적이고 제도적인 평화를 넘어서 더욱 적극적인 평화를 향해 동아시아가 함께 나아갈 때 주어지게 될 것이다.

냉전과 동아시아

다시, 트랜스내셔널 동아시아에 대하여

지금까지의 논의는 모두 '근대 동아시아사의 전개'를 어떻게 볼 것인가에 초점을 맞춘 것이었다. 이는 '방법론적 동아시아'로서 트랜스내셔널 방법론과 '인식론적 동아시아'로서 식민지근대론에 입각한 것이다. 식민지근대라는 시대인식은 세계체제적 차원에서 본 근대인식으로서 트랜스내셔널 방법론의 근거가 된다.

이제 근대 동아시아사의 전개를 다음 두 가지 문제의식을 중심으로 간명하게 정리해보려 한다. 하나는 제국사와 트랜스내셔널 입장에서 본 동아시아사의 전개 과정이고, 두 번째는 동아시아 사회의 트랜스내셔널 변용에 관한 것이다.

먼저 제국사를 중심으로 한 트랜스내셔널 동아시아사의 전개에 대해 살펴보자. 제국사의 문제의식을 동아시아사에 적용하면 동아시아 지역에서의 근대 국민국가 건설은 근대 제국의 형성과 깊은 관련을 가지게 된다. 동아시아에서 근대 국민국가 건설 과정을 근대제국의 형성과 상호작용하는 과정으로 이해하는 것, 곧 동아시아에서의 제국사와 국민국가사의 상호관련을 해석하는 일이 필요하게 되는 것이다.

한국사를 동아시아사의 일환으로 이해하기 위해서는 먼저 근대 동아시아에 제국질서가 구축되는 과정(모방과 차이), 이어서 제국질서가 형성되는 가운데서 조선의 국가적 위상이 구축되는 과정(자주와 종속), 그리고 식민지 조선에서 '사회적인 것'이 형성됨으로써 트랜스내셔널 사회가 만들어지는 과정(분리와 통합)을 살펴보아야 한다. 다시 말해, 모방과 차이, 자주와 종속, 분리와 통합이라는 세 가지 은유적 과정은 동아시아 제국사의 틀 속에서 한국의 근대사를 파악하는 데 유용한 접근 틀이다.

이 세 가지 과정을 조금 더 구체적으로 살펴보자. 첫째,

모방과 차이로 은유되는, 근대 동아시아에 제국질서가 구축되는 과정은 다음과 같이 전개되었다. 16세기 이후 명·청 왕조를 중심으로 한 중화질서는 두 번의 '제국화 과정'을 거치면서 근대제국으로 팽창했으나 서구 제국주의의 침략으로 인해 결국 해체되고 말았다. 17세기 청조가 추진했던 제국적 군사 팽창과 영토 확장이 '제1차 제국화'였고, 조선처럼 종래의 종주권적 지배질서 속에 있던 지역을 1870년대 이후 국제법 질서 속의 종속관계, 즉 실질적인 근대적 지배관계로 전환하려 했던 것이 '제2차 제국화' 시도였다. 그러나 이 두 번째 시도는 실패하고 말았는데, 그 공백을 뚫고 들어가 성장한 것이 일본제국이다.

일본 역시 두 번의 제국화 시도를 통해 여러 식민지를 포함하는 공식 제국과 여러 '괴뢰정권' 및 '군사점령지'로 구성되는 비공식 제국으로 이루어진 광대한 제국을 구축하게 되었다. 1870년대 이후 일본은 홋카이도와 오키나와는 물론, 두 번의 전쟁을 통해 타이완과 조선까지도 식민지로 편입했다. 이것이 근대 일본의 '제1차 제국화'다. 1930년대 일본제국은 만주를 침략하여 만주국을 건설하고, 이후 이른바 '대동아공영권'으로 포괄되는 광범한 지역을 제국 속으로 편입하게 되는바 이를 '제2차 제국화'로 지칭할 수 있겠다. 이는 유럽의 제국주의적 침략과 지배를 모방한 것이었지만, 다른 한편으로는 중화질서의 지배논리를 비유적으로 차용한 것이기도 했다. 이처럼 동아시아에서 제국이 형성되는 과정은 모방과 차이의 과정이었다.

둘째, 자주와 종속의 과정은, 조선에서 근대국가적 위상이 구축되는 과정을 은유하는 것이다. 동아시아에 제국질서가 형성되는 가운데 조선의 국가적 위상도 크게 변하고 있었다. 17세기 이후 중화질서의 주변에서 형성되고 있던 소중화라는 발상은, 애초에 중화제국 밖의 역외 주체와의 소통 가능성을 차단하고 있었다. 소중화주의에 입각해 있던 19세기 조선은 중화질서와 새로운 만국공법 질서 사이에서 고통을 겪을 수밖에 없었다. 이처럼 중화질서를 표상하는 '속국자주'와 만국공법 질서를 드러내는 '독립자주' 사이의 갈등을 돌파하지 못하고, 조선은 '이중국가'(보호국 상태) 그리고 '식민국가'(조선총독부)로 각기 그 모습을 변용하게 되었다. 제국질서의 변화 속에서 조선은 자주에서 종속으로 국가론적 위상의 변화를 겪게 되었던 것이다.

셋째, 식민지 조선에서 '사회적인 것'이 형성되는 과정은 분리와 통합의 과정이었다. 자본주의 국가로서 성립한 '식민국가'인 조선총독부는 경제영역을 독립시킴으로써 새로운 사회적 관계를 창출하고 있었다. 이러한 근대적 경제영역의 성립은 '경성상업회의소' 같은 자본가단체의 형성 사례를 통해 잘 드러난다. 일본인 상공업자의 헤게모니가 관철되고 있었다손 치더라도, 경성상업회의소는 조선이 일본제국 내에서 차지하는 특수성을 강조했고, 이를 통해 다른 지역과의 트랜스내셔널 관련을 확대하고자 했다. 경성상업회의소는 일정한 의사결정의 '자율성'을 확보하고서 조선인과 일본인 중소상공업자들의 이익을 옹호하는 각종 활동을 독립적으로 전개할 수 있었다. 나아가 조선에서 형성된 자율적인 경제영역은, 일본 내지 그리고 '만주국'의 사회적 영역과 트랜스내셔널 네트워크를 형성했다. 식민지 조선에서의 사회의 '분리'를 통해 일본제국 내의 트랜스내셔널 사회적 네트워크가 통합되고 있었던 것이다.

한국의 근대는 동아시아의 제국질서 속에서 트랜스내셔널 네트워크를 통해 형성되었다. 일본제국의 영역이 확장되면서 공식·비공식 제국을 포함하는 일본제국 내의 트랜스내셔널한 상호관련성은 더욱 강화되었다. 근대 한국은 동아시아 제국질서의 일부를 구성하거나 혹은 거부하는 방식으로 자신의 정체성을 형성해왔던 것이다. 요컨대 한국사는 제국사의 일부를 구성하거나 그와 길항하고 있었다. 그리하여 근대 한국사는 '동아시아사로서의 한국사'라는 면모를 가지게 되었다.

이제 두 번째 과제, 즉 동아시아 사회의 트랜스내셔널 변용에 대해 정리해보자. 동아시아 제국질서 속에서 트랜스내셔널 네트워크를 통해 형성되고 있던 한국의 근대를 통해, 동아시아의 트랜스내셔널 변용 상황을 이해할 수 있을 것이다. 19세기에는 '진정한' 의미에서 글로벌 세계체제가 등장했고, 이를 표상하는 가장 중요한 변화가 바로 '이주'와 '교역', '소통'이라는 세 가지 현상이었다. 마찬가지로 근대 동아시아가 만들어내고 있는 새로운 트랜스내셔널한 내적 질서를 이주, 교류, 소통이라는 세 가지 차원을 통해 파악할 수 있을 것이다.

먼저 '이주하는 동아시아'란 무엇인가. 동아시아에서 사람의 이주가 본격적으로 전개되고 이주자들이 본국과의 연락 관계를 유지함으로써 이주자 네트워크가 활성화되기 시작한 것은 근대 이후의 일이었다. 동아시아 역내의 이주는 제국 본국과 식민지 혹은 세력권 사이에서 쌍방향적으로 이루어졌다. 제국 본국으로부터 식민지로의 이주가 먼저 시작되었지만, 나중에는 식민지로부터 제국 본국 혹은 여타 식민지로의 이주가 역내 이주의 중심을 형성하게 되었다. 특히 식민지기 조선인 인구 증가분의 약 30퍼센트에 이르는 노동력 인구는 해외로 이주했는데, 이는 조선 내부의 사회 변화와 제국의 총동원정책의 영향이었다. 조선인의 해외 이주가 동아시아의 트랜스내셔널 네트워크를 구축하는 데서 수행한 매개 역할은 지대한 것이었다.

둘째, '교역'하는 동아시아는 어떠했던가. 전근대 동아시아 지역에는 지역경제 네트워크를 바탕으로 근대 동아시아 무역권이 형성되었는데, 조선의 경제는 이른바 '미면교환체제'의 기본 구조가 강화되는 방식으로 동아시아 무역권 형성에서 주요한 역할을 수행했다. 제국으로 성장하고 있던 일본은 국내의 산업화를 추진하는 과정에서 발생하는 인구·식량문제를 국외에서 식량을 수입하고 공업제품을 수출함으로써 해결하려 했다. 이를 통해 조선에서 형성된 것이 미면교환체제였다. 이후 전쟁이 확대되면서 동아시아 무역권은 '엔블록'으로 급속하게 편입되었고, 식민지 무역을 중심으로 한 일본의 '엔블록'은 세계 최대의 '식민지제국'이 되었다. 지역 간의 트랜스내셔널 상품 교역을 통해 식량문제를 해결하고, 다른 한편으로는 식민지를 영유하거나 자국민을 대거 이주시키는 방식으로 인구 문제를 해소하려 했던 것이다. 이처럼 상품의 교역과 인구의 이주 문제는 내적으로 깊이 연결되어 있었다.

셋째, 이를 바탕으로 동아시아는 소통하고 있었다. 특히 사람의 이주에 수반되는 지식과 정보의 소통은 급속하게 양적·질적으로 심화·확산되었다. 이는 소통을 강화하는 근대적 하부구조, 즉 전신과 전보, 철도 등이 구축되고 신문·잡지 등의 새로운 매체들이 등장하여 확산되는 과정과 깊은 관련을 가지고 있었다. 예를 들어 동아시아에서 '동양' 개념은 민족 개념 혹은 민족주의와 깊이 연결되어 유통·소비되었다. 이는 동양 개념이 인구의 이주 혹은 상품의 교역과도 무관하지 않았음을 의미한다. 동아시아 연대론 혹은 문명론적 동양론이 부상하여 동아시아에서 소통될 때, 동양론은 이주와 교역을 촉진하는 역할을 수행했을 것이다. 이에 반해 동양론의 배타적인 측면이 부상하게 될 때에는 그 역할이 부정적일 수밖에 없었을 것이다.

이처럼 한국의 근대는 동아시아의 제국질서가 형성되는 과정에서 특히 트랜스내셔널 네트워크의 구축 과정을 통하여 잘 이해할 수 있다. 동아시아의 근대는 이주, 교역, 소통 과정에서 형성되었으며, 그 과정은 국민국가 내부의 정치·경제·사회적 질서의 형성과 깊은 관련을 가진 것이었다. 역으로 한 (국민)국가 내부의 정치·경제·사회적 과정은 일국적 차원에서 완결되지 않았으며, 대개 지역적 혹은 전 지구적 범위와 연계되어 있었다.

그런 점에서 트랜스내셔널한 지역사 이해, 곧 트랜스내셔널 동아시아사의 바람직한 이해를 위해서는, 지역으로부터 국민국가 내부로의 '하강' 과정과 아울러 국민국가 내부로부터 지역으로의 '상승' 과정을 되풀이할 필요가 있다. 지역사를 파악하는 것과 일국의 역사를 해석하는 것이 분리되어 있지 않기 때문이다. 어쩌면 일국의 정치·경제·사회적 질서를 해석하는 것은 그것이 지역질서 속에서 트랜스내셔널한 관련을 맺는 양상, 곧 그 상호관련성을 이해하는 과정일 것이다. 물론 트랜스내셔널(trans-national) 상호관련성 역시 트랜스 로컬(trans-local) 혹은 트랜스 리저널(trans-regional)한 관련 속에서만 좀 더 정확히 이해될 수 있을 것이다.

냉전과 동아시아

2차 세계대전이 종결되자 동아시아에는 커다란 변화가 초래되었다. 동아시아 지역을 지배하던 내부의 '제국'은 소멸했고, 지역은 전체적으로 세계체제로 강고하게 편입되기 시작했다. 미완의 제국이었던 일본은 '평화국가'라는 이름으로 미국의 헤게모니 아래로 편입되었다. 중국은 전근대제국의 잔재가 최종적으로 소멸되었으며, '국민국가' 체제로의 이행을 본격적으로 경험하기 시작했다. 한국은 식민지로부터 해방되었으나 단일한 국민국가를 수립하는 데는 성공하지 못했다. 중국과 한국은 내전을 거치면서 '분단국가'로 정착하는 과정을 밟아나갔으며, 일본은 중국과 한국의 내전을 전후 복구의 계기로 적극 활용하면서 성장과 통합의 길을 걸어갔다.

한국에서 벌어진 내전이 국제전의 형식으로 종결되면서, 1950년대 동아시아에는 냉전의 '차가운 물결'이 전 지역을 뒤덮었다. 동아시아의 냉전은 동아시아에 거대한 '대분단'을 함께 초래했는데,[1] 이로써 동아시아 지역은 '세계체제의 단층'이 가장 뚜렷하게 드러난 곳이 되었다. 동아시아 지역은 세계체제 차원의 미소 냉전과 결합함으로써, 미일동맹체제와 아시아대륙 사이의 분단으로 귀결되었다. 이와 아울러 한국과 중국의 분단이 동아시아 전체의 분단을 구성하는 요소로 작용함으로써, 동아시아의 대분단은 더욱 견고하고 구조적인 것으로 정착했다. 한국과 중국 내부의 분단은 내전의 결과로 주어진 것이었으므로 더 큰 폭력성을 간직하고 있었다. 그리하여 동아시아 지역의 분단은 한국과 중국 내부의 분단, 미일동맹과 중국 대륙 사이의 분단 그리고 미소 간 세계체제 차원의 냉전 등 세 가지 수준의 대립과 갈등이 중첩된 것이었다.[2]

동아시아 대분단체제는 실제로는 '동아시아 없는 동아시아'로서 '반쪽짜리 동아시아'에 지나지 않았다. 대분단체제의 동쪽, 즉 미일동맹을 중심으로 한 반공적 동아시아는, 실제로는 미국의 헤게모니가 관통하는 지역이었다. 분단국가로 자리 잡은 남한은 정치적 차원만이 아니라 지리적으로도 '섬'으로 변했다. 반도가 섬으로 변해버린 현실, 그것이 바로 동아시아 대분단체제에 놓인 한국이었다. 냉전이 격화된 시기의 한국에는 단지 미국과 일본을 향한 통로밖에 열려 있지 않았다.

동아시아 대분단체제가 구조화되는 1950년대의 냉전은,

매우 폭력적이었고 또 군사적인 성격이 강했다. 그러나 미국과 소련이 세계적 차원의 핵 확산 방지에 합의하는 1960년대 초반 이후, 동아시아 지역의 냉전은 점차 군사적인 성격을 탈각하여 정치적인 성격을 띠기 시작했다. 미국의 근대화론을 비판하면서 제3세계의 비동맹운동이 대두하고 미국과 소련(그리고 중국)이 제3세계에 대한 '원조게임'에 돌입하면서, 전쟁은 국지화되고 이와 아울러 차츰 데탕트가 도래하는 상황이 조성되었다. 냉전이 정치화되면서 미국의 동아시아 지역전략은 '지역통합' 전략으로 변화하기 시작했다. 이런 변화는 동아시아 지역의 냉전을 군사적 차원의 경쟁에서 경제적 차원의 경쟁으로 바꾸는 계기가 되었다. 1960년대 후반에 도래한 데탕트는 경제적 경쟁을 중심으로 한 냉전이 정착하는 결정적 계기가 되었다.

1960년대 지역통합을 목표로 한 미국의 동아시아 전략은 한국과 일본이 국교정상화를 통한 경제적 상호의존을 강화하는 계기로 작용했다. 한편 베트남전쟁이 한국과 중국의 분단과 대립을 격화시켰으나, 역으로 미일동맹을 바탕으로 한국과 타이완이 경제적 성장과 사회적 통합을 이루는 중요한 계기가 되었다. 동아시아 '네 마리 용'의 등장은 이처럼 냉전으로 인한 자유주의·자본주의 시장의 개방을 통해 주어진 것이었다. 냉전으로의 '초대를 통한 성장'이라는 이 '거대한 역설'은, 동아시아의 냉전이 걸어온 '내밀한 경로'를 잘 보여준다.[3]

탈냉전 이후 동아시아 경제의 상호의존이 급속하게 강화된 것은 이런 냉전기의 경험에 바탕을 둔 것이었다. 먼저 중국과 베트남은 동아시아의 네 마리 용이 걸어온 경험을 거울로 삼아 변화를 모색했고, 급속한 경제성장을 이룰 수 있었다. 탈냉전 이후 비로소 '동아시아 없는 동아시아' 혹은 '반쪽짜리 동아시아'라는 불구의 상황은 개선되기 시작했다. 냉전의 해체와 아울러 동아시아 전 지역에서, 시간의 차이는 있지만, 개방과 개혁이 이루어지기 시작했다. 또 일본을 시작으로 한국과 중국 등에서 동아시아의 상호소통과 교류, 나아가 지역통합에 관한 수많은 논의가 이루어지기 시작했다. 동아시아 지역 내부에서 '의미 있는 동아시아론'이 생산되기 시작한 것은, 동아시아의 교류와 소통 그리고 경제적 상호의존이 급속히 심화되었던 현실과 무관하지 않다.

아직도 '냉전의 섬'이라고 불리기도 하는 한반도에는, 마치 지금까지도 냉전이 유지되고 있는 것 같은 '착시효과'가 지배하고 있다. 그러나 이런 착시효과에 더 이상 현혹되어서는 안 된다. 이것은 탈냉전시기 북한이 추진해오던 핵과 미사일 개발 전략이 만들어낸 일종의 '냉전적 효과'일 따름이다. 냉전이 해체된 이후 초거대제국 미국의 헤게모니가 관철되고 있는 지구사회에서, 핵과 미사일 개발은 마치 냉전적 대치 상황이 유지되고 있는 듯한 환상을 만들어낸다.[4] 북한 사회 내부의 국민의 생존과 민주주의를 희생시킴으로써 만들어낸 이런 '냉전적 환상'이 더 이상 유지되어서는 안 될 것이다. 이제 북한도 개방과 개혁의 길로 나서야 하며, 이런 길로 가는 것을 동아시아 주변국들이 도와주어야 한다. 더욱이 북한이 만들어내는 냉전적 환상이 더 이상 동아시아 통합에 걸림돌로 작용해서는 안 될 것이다.

현재 동아시아 지역은 아세안 국가들에서 급속한 경제성장이 이루어지고 있으며, 이를 바탕으로 경제적 상호의존도가 높아지고 있다. 다른 한편 여러 지역에서 강한 민족주의에 바탕을 둔 영토분쟁과 갈등이 빚어지고 있으며, 군비경쟁도 강화되고 있다. 그럼에도 전체적으로 높은 수준의 정치적 안정이 유지되고 있는 것은 주목할 만하다. 물론 여기에는 미국의 헤게모니와 경제력, 군사력이 큰 영향을 미치고 있다.

이제 '동아시아인의 동아시아' 혹은 '동아시아에 의한 동아시아'를 구축해나가야 할 때다. 동아시아 지역은 모든 다른 지역과 마찬가지로 수많은 내부 문제를 안고 있지만, 상대적으로 큰 경제 규모와 정치적 역량을 바탕으로 새로운 지구세계에서 주요한 역할을 수행해나가야 한다. 동아시아의 새로운 지역통합을 구축해나가는 데서 유념해야 할 측면 두 가지를 언급해둔다.

하나는 아래로부터의 동아시아다. 경제적 상호의존을 바탕으로 한 지역통합은 동아시아 시민사회의 구축에 의해 진전되고 심화될 수 있다. 동아시아 지역 내의 상호교류와 소통, 그리고 이를 통한 공동의 역사기억을 만들어갈 필요가 있다. 기억의 공유를 통한 공동의 정체성 만들기는 동아시아 시민사회 구축을 위한 필수적인 경로가 될 것이다.

다른 하나는 위로부터의 동아시아다. 동아시아에서 전쟁이 되풀이되지 않도록 특히 강대국들 사이의 경쟁을 제한해야 한다. 그리고 동아시아에 평화롭고 새로운 정치적 질서를 만들어내는 데 모든 주권국가들의 노력이 결집되어야 한다. 이런 노력의 과정에서 주권에 관한 새로운 인식이 중요하다는 지적에 귀 기울일 필요가 있다. 이제 개별 주권국가들의 권리만이 아니라 의무도 포용할 필요가 있다는 것이다. 이와 아울러 주권국가들이 중심이 된 다자주의 국제기구 혹은 국제적 제도에 대한 참여의 범위가 더욱 포용적이고 개방적일 필요가 있을 것이다.[5] 개방적인 주권에 입각한 국민국가에 의한 '위로부터의 동아시아'와, 동아시아 시민사회가 주도하는 '아래로부터의 동아시아'가 상호협력함으로써 동아시아 지역통합이 더욱 바람직한 방향으로 진행될 것이다.

서장: 왜 동아시아인가?

1 싱가포르의 총리를 지낸 리콴유(李光耀)와 유명한 지식인 키쇼어 마부
바니(Kishore Mahbubani)의 논의를 대표적 사례로 들 수 있다. Tommy
Koh, Lay H Yeo, Asad Latif, *Asia and Europe*, NJ: World Scientific
Pub and Asia-Europe Foundation, 2000; Kishore Mahbubani, *The
New Asian Hemisphere: The Irresistible Shift of Global Power to the East*,
Public Affairs, 2008.

2 Mahatir bin Mohamad and Shintaro Ishihara, *The Voice of Asia*,
Kodansha International, 1995.

3 옌쉐퉁(閻學通), 고상희 옮김, 《2023년》, 글항아리, 2014.

4 조경란, 《국가, 유학, 지식인》, 책세상, 2016.

5 전인갑, 《현대 중국의 제국몽》, 학고방, 2016.

6 이승주, 〈아시아 패러독스(Asia Paradox)를 넘어서: 경제적 상호의존과
제도화의 관계에 대한 비판적 검토〉, 《한국정치외교사논총》 36-2, 2015.

7 P. J. カッテエンスタイン, 光辻克馬·山影進 譯, 《世界政治と地域主義》, 書
籍工房早山, 2012 참조.

8 이 글에서는 상황에 따라서 동아시아를 포괄하는 범위를 달리할 것이다.
우선 '동아시아사'를 논의할 경우에는 한국, 중국, 일본을 중심으로 하는

동북아시아만을 동아시아로 지칭한다. 그러나 동북아시아에 아세안을 중심으로 하는 동남아시아를 포함하여 사용하는 경우도 있을 것이다. 현실적인 동아시아 협력과 관련한 논의에는 이런 범주가 주로 사용될 것이다.

9 신채호가 동양주의를 비판하면서 한 말이다. 윤해동, 〈신채호의 민족주의, 민중적 민족주의 혹은 민족주의를 넘어서〉, 《식민지의 회색지대》, 역사비평사, 2003 참조.

10 다케우치 요시미(竹内好), 윤여일 옮김, 《다케우치 요시미 선집》 1 · 2, 휴머니스트, 2011 참조.

11 와다 하루키(和田春樹), 이원덕 옮김, 《동북아시아 공동의 집》, 일조각, 2004; 강상중, 이경덕 옮김, 《동북아시아 공동의 집을 향하여》, 뿌리와이파리, 2002; 다니구치 마코토, 김종걸 · 김문정 옮김, 《동아시아 공동체》, 울력, 2007 등 참조.

12 동아시아 담론의 흐름을 아는 데 도움이 되는 주요한 논의에는 다음과 같은 것들이 있다. 백영서, 《동아시아의 귀환》, 창비, 2000; 이정훈 · 박상수 편, 《동아시아, 인식지평과 실천공간》, 아연출판부, 2010; 윤여일, 《동아시아 담론》, 돌베개, 2016; 고성빈, 《동아시아 담론의 논리와 지향》, 고려대학교 출판문화원, 2017.

1부 트랜스내셔널 역사학과 식민지근대

1장 방법론적 동아시아사 — 트랜스내셔널 히스토리와 동아시아사

1 A. Iriye & P. Saunier eds., *The Palgrave Dictionary of Transnational*

History: From the Mid-19th Century to the Present Day, Palgrave Macmillan, 2009; Pierre-Yves Saunier, *Transnational History*, Palgrave Macmillan, 2013 참조.

2 윤해동 편,《트랜스내셔널 역사학 탐구》, 한양대학교 출판부, 2017 참조. 이 밖에 트랜스내셔널 인문학에 관한 다음 저작들도 참고가 된다. 김상현 편,《트랜스내셔널 인문학으로의 초대》, 한양대학교 출판부, 2017; 윤해동 편,《트랜스내셔널 지구공동체를 향하여》, 한양대학교 출판부, 2018.

3 Wikipedia, transgender 항목 참조.

4 지구사 연구의 문제의식과 현황에 대해서는 임지현, 〈지구사' 연구의 오늘과 내일〉,《역사비평》 83, 역사비평사, 2008; 조지형, 〈지구사란 무엇인가?〉,《서양사론》 92, 2007; 조지형, 김용우 편,《지구사의 도전》, 서해문집, 2010 참조.

5 내셔널한 현실의 기반을 인정함으로써 'glocal'이라는 용어를 사용할 때 빠지기 쉬운 위험을 넘어설 수 있다는 점에서도 트랜스내셔널 히스토리가 가진 현실성을 인정할 수 있을 듯하다. 오경환, 〈로컬, 글로벌, 트랜스내셔널: 로컬의 트랜스내셔널한 구축을 위하여〉,《로컬리티 인문학》 16, 2016 참조.

6 임지현은 트랜스내셔널 히스토리를 '방법론적 민족주의(Methodological Nationalism)'로 간주한다. Jie-Hyun Lim, "Transnational History as a Methodological Nationalism—Comparative Perspectives on Europe and East Asia," *Globalization from Below: Theory and Praxis of Transnationalism* (RICH, Hanyang University, 2008).

7 근대경험 일반을 해명하는 데 도움이 된다는 것은, 제국과 식민지 혹은 식민주의를 본질로 삼는 근대세계의 역사적 경험을 해명하는 데도 트랜

스내셔널 히스토리가 유효할 것이라는 점을 시사한다.

8 山本有造, 〈序文〉, 山本有造 編, 《帝國の研究》, 名古屋大學出版會, 2003 참조. 일본에서의 제국사의 대두에 대해서는 山內昌之·增田一夫·村田熊二郞 編, 《帝國とは何か》, 東京: 岩波書店, 1997 참조.

9 린다 콜리, 〈오늘날 제국이란 무엇인가?〉, 데이비드 캐너다인 편, 문화사학회 옮김, 《굿바이 E. H. 카》, 푸른역사, 2005, 230~258쪽.

10 제인 버뱅크·프레드릭 쿠퍼, 이재만 옮김, 《세계제국사》, 책과함께, 2016 참조.

11 山本有造, 앞의 글.

12 山本有造, 〈帝國とはなにか〉, 山本有造 編 , 앞의 책, 10~19쪽.

13 제국사와는 다르지만, 근대 세계경제 형성 과정에서의 트랜스내셔널한 역학을 강조하는 스기하라 가오루(杉原薰)의 연구나 '지역'과 '네트워크'를 강조하면서 영역성을 전제로 한 국민국가 형성사를 비판하는 하마시타 다케시(濱下武志)의 연구도 트랜스내셔널 히스토리의 중요한 사례로 들 수 있다. 杉原薰, 《アジア間貿易の形成と構造》, 東京: ミネルヴァ書房, 1996 (박기주·안병직 옮김, 《아시아 간 무역의 형성과 구조》, 전통과현대, 2002); 濱下武志, 《朝貢システムと近代アジア》, 東京: 岩波書店, 1997 참조.

14 山室信一, 〈'國民帝國'論の射程〉, 山本有造 編, 앞의 책, 87~128쪽.

15 강성호, 〈'빅 히스토리'로 다시 보는 인류사: 데이비드 크리스천을 중심으로〉, 《내일을 여는 역사》 42, 2011, 222~242쪽.

16 데이비드 크리스천, 이근영 옮김, 《시간의 지도, 빅 히스토리》, 심산, 2013.

17 신시아 브라운, 이근영 옮김, 《빅 히스토리》, 바다출판사, 2017; 이언 크

로프턴·제러미 블랙, 이정민 옮김, 《빅뱅에서 인류의 미래까지 빅 히스토리》, 생각정거장, 2017 참조.

18 유발 하라리, 조현욱 옮김, 《사피엔스》, 김영사, 2015 참조.

19 구대열의 식민지기 한반도 국제관계 연구가 전형적으로 이런 입장에 있는 것이다. 구대열, 《한국 국제관계사 연구》 1·2, 역사비평사, 1995 참조. 이런 계열의 연구는 상당히 많다. 최근의 성과로는 나가타 아키후미(長田彰文), 박환무 옮김, 《일본의 조선통치와 국제관계》, 일조각, 2008 참조.

20 민두기의 일련의 논저가 이런 방면의 연구에서 선구적인 역할을 수행한 것으로 보인다. 민두기, 《시간과의 경쟁》, 연세대학교 출판부, 2001 참조. 다른 한편 해방 이후의 중국사 연구를 한중관계사 연구가 주도했다는 점도 흥미롭다. 한중관계사 연구가 식민주의 사학의 영향과 무관하지 않다는 지적도 있는데, 이 역시 국제관계사 연구가 연구자의 주관적 의도와 달리 빠질 수 있는 위험을 암시하는 것이라 하겠다. 하세봉, 〈한국 동양사학계에 대한 비판적 검토〉, 《동아시아 역사학의 생산과 유통》, 아세아문화사, 2001 참조.

21 윤해동, 〈만보산 사건과 동아시아 기억의 터―한국인들의 기억을 중심으로〉, 윤해동 편, 《트랜스내셔널 역사학 탐구》, 한양대학교 출판부, 2017; 이 책의 4부 1장 '동아시아의 기억을 만드는 방법' 참조.

22 베네딕트 앤더슨, 《比較の亡靈》, 2005, 作品社 (Benedict Anderson, *The Spectre of Comparison*, London, New York: Verso, 1998) 참조.

23 문학–문화연구 분야를 중심으로 글로벌 연구의 동향을 분석하면서, 비교연구의 어려움을 논한 논문으로 다음을 참조할 수 있다. 박선주, 〈권위의 시대 학문의 지평―글로벌 연구의 동향〉, 《안과 밖》 25, 영미문학연구회, 2008, 252~335쪽.

24 사례를 들 것도 없이, 아직도 식민지기에 관한 대부분의 통사적 서술이나 상당수의 개별 연구는 이런 인식에 기초를 두고 있다.

25 박섭, 《식민지의 경제변동—한국과 인도》, 문학과지성사, 2001; 강만길 외, 《일본과 서구의 식민통치 비교》, 선인, 2004; 변은진 외, 《제국주의 시기 식민지인의 정치참여 비교》, 선인, 2007; 호리 가즈오(堀和生)·나카무라 사토루(中村哲) 편, 박섭·장지용 옮김, 《일본 자본주의와 한국·대만》, 전통과현대, 2007 등 참조.

26 대표적인 동아시아사 서술의 시도로 한중일3국공동역사편찬위원회, 《미래를 여는 역사》, 한겨레출판, 2012를 들 수 있다. 나리따 류우이찌(成田龍一), 〈동아시아사'의 가능성〉, 《창작과 비평》 131, 2006 참조. 이 밖에도 다양한 주체에 의해 다양한 방식으로 한일 양국의 공동역사 교재가 편찬되고 있다.

27 유용태, 〈다원적 세계사와 아시아, 그리고 동아시아〉, 김한종 외, 《역사교육과 역사인식》, 책과함께, 2005; 김기봉, 《동아시아 공동체 만들기》, 푸른역사, 2006; 백영서, 〈自國史와 地域史의 疏通: 東아시아人의 歷史敍述의 省察〉, 《역사학보》 196, 역사학회, 2007 등 참조.

28 한중일3국공동역사편찬위원회, 《한중일이 함께 쓴 동아시아 근현대사》 1·2, 휴머니스트, 2012.

29 유용태 외, 《함께 읽는 동아시아 근현대사》, 창비, 2016.

30 유용태, 《동아시아를 보는 눈》, 서울대학교 출판문화원, 2017.

31 안병우 외, 《동아시아사》, 천재교육, 2012; 손승철 외, 《동아시아사》, 교학사, 2012.

32 교육과학기술부, 〈2007년 사회과 교육과정〉, 2007, 교육과학기술부 홈페이지.

33 니시지마 사다오(西嶋定生), 이성시 편, 송완범 옮김, 《일본의 고대사 인식—'동아시아세계론'과 일본》, 역사비평사, 2008 참조.

34 이성시, 〈일본 역사학계의 동아시아세계론에 대한 재검토〉, 《역사학보》 216, 2012, 57~80쪽.

35 이런 문제의식에 대해서는 테사 모리스-스즈키(テッサ モーリス-スズキ), 임성모 옮김, 《변경에서 바라본 근대》, 산처럼, 2006; 岸本美緒, 〈東アジア史の'パラダイム転換'をめぐって〉, 國立歷史民俗博物館 編, 《韓國倂合 100年を問う》, 岩波書店, 2011, 228~239쪽.

36 동아시아 지역 범주를 어떤 방식으로든 설정하지 않으면 기술을 시작하기 어려운 동아시아사 통사의 경우와 달리, 동아시아 근현대사의 경우에는 이런 지역 범주 설정의 곤란함으로부터 조금은 벗어나 있다. 즉 지역 범주 설정 자체를 처음부터 제한함으로써 이런 난관을 탈피할 수 있을 것이다. 예컨대 《한중일이 함께 쓴 동아시아 근현대사》처럼 역사기술의 주체를 제목에 붙여 지역 범주를 제한하는 방식이다. 한중일3국공동역사편찬위원회, 앞의 책 참조.

37 山室信一, 〈國民國家のトリアーデと東アジア世界〉, 古屋哲夫, 山室信一 編, 《近代日本における東アジア問題》, 東京: 吉川弘文館, 2000, 120~153쪽 참조.

38 山室信一, 앞의 글, 120~153쪽 참조.

39 냉전기 미국 중심의 동아시아 경제체제가 중국 중심의 조공무역체제와 유사하다는 세계체제론자들의 지적은 전후 동아시아의 트랜스내셔널한 상황을 잘 보여준다고 할 것이다. 지오바니 아리기·비벌리 실버 외, 최홍주 옮김, 《체계론으로 보는 세계사》, 모티브북, 2008, 381~429쪽 참조.

2장 인식론적 동아시아사 — 식민지근대 혹은 근대를 보는 눈

1   이와 관련하여 이 책의 3부 1장 '동아시아 식민주의와 한국' 중 '식민주의' 부분 참조.

2   월터 미뇰로, 김은중 옮김, 《라틴아메리카, 만들어진 대륙》, 그린비, 2010 참조.

3   이매뉴얼 월러스틴, 나종일 외 옮김, 《근대세계체제》 I ~ Ⅳ, 까치, 2013 ~ 2017 참조.

4   미야지마 히로시(宮嶋博史), 〈동아시아의 근대화, 식민지화를 어떻게 이 해할 것인가〉, 《국사의 신화를 넘어서》, 휴머니스트, 2004 참조.

5   김상준, 《맹자의 땀, 성왕의 피》, 아카넷, 2016 참조.

6   김상준, 위의 책, 1장 참조.

7   필립 큔, 윤성주 옮김, 《중국현대국가의 기원》, 동북아역사재단, 2009 참조.

8   Kenneth Pomerants, *The Great Divergence: China, Europe, and the Making of the Modern World Economy*, Princeton University Press, 2001 참조. 세계체제의 대분기에 대해서는 구미학계에서 커다란 논란이 이어지고 있다. 대부분의 연구는 중국의 강남 농업지역과 산업혁명 이후 영국의 방직공업 지역을 대상으로, 1인당 GDP와 실질임금의 수준을 실증자료를 통해 검토하는 데 초점을 맞추고 있다. 하지만 포머런츠의 결론을 뒤집기는 어려운 것으로 보인다. Kent Deng and Patrick O'Brien, *How Well Did Facts Travel to Support Protracted Debate on the History of the Great Divergence between Western Europe and Imperial China?*, Munich Personal RePEc Archive, 2017.

9 중국의 제국화 시도에 대해서는 이 책의 2부 1장 '제국과 근대국가' 참조.

10 쉬무엘 N. 아이젠스타트, 임현진 외 옮김, 《다중적 근대성의 탐구》, 나남, 2009 참조. 비슷한 문제의식을 가진 책으로, 알렉산더 우드사이드, 민병희 옮김, 《잃어버린 근대성들》, 너머북스, 2012 참조.

11 이성시는 동아시아 20세기를 사학사의 차원에서 다음과 같이 평가한다. "훗날 동아시아 사학사에서 20세기란 국민국가의 거푸집 속에서 상상의 공동체를 창출하기 위한 이야기를 재생산한 '국사의 시대'로 자리매김될 것"이라고. 이성시는 국민국가 시대를 국사의 시대로 표상하고 있는바, 국민국가 시대에 근대역사학이 수행했던 역할을 잘 압축하고 있다고 할 것이다. 이성시, 박경희 옮김, 《만들어진 고대》, 삼인, 2001 참조.

12 수탈론 대 식민지근대화론 사이의 논쟁에 대해서는 다음의 글들을 참조할 수 있다. 조석곤, 《한국 근대토지제도의 형성》, 해남, 2003; 한국정신문화연구원 편, 《식민지 근대화론의 이해와 비판》, 백산서당, 2004 ; 정태헌, 《한국의 식민지적 근대 성찰》, 선인, 2007; 김낙년, 〈식민지근대화' 재론〉, 《경제사학》 43, 2007 등.

13 정태헌은 식민지근대화론의 속성을 '경제성장론'으로 파악하고 그렇게 지칭할 것을 주장한다. 식민지근대화론이 제국주의 침략과 지배의 속성을 언급하지 않은 채 식민지배하의 경제적 성장을 과대포장함으로써, 식민지기 근대화를 경제성장으로 대치시키는 측면이 강하다는 점에서 경제성장론이라는 명명에는 타당성이 있다고 할 것이다. 정태헌, 〈경제성장론 식민지상의 대두와 파탄의 논리〉, 《한국의 식민지적 근대 성찰》, 145~149쪽 참조. 하지만 여기에서는 일반화된 명칭인 식민지근대화론을 그대로 사용하기로 한다.

14 식민지근대화론의 대표적 성과로 김낙년 편, 《한국의 경제성장》, 서울대

학교 출판부, 2006 참조. 이 저작은 식민지기 국민계정을 새로이 추계한 노작이다. 그럼에도 식민지 상황을 부당하게 전제하거나 추계를 과도하게 해석하는 것은 문제가 있는 것으로 보인다. 식민지기의 경제상황을 국민 계정 추계를 통해 해석할 때에는 통계 자체에 대한 근본적인 회의가 필요 할 뿐만 아니라, 해석의 범주에 대한 근본적인 재검토가 필요하다. 식민지 는 독립적 국민국가가 아니기 때문이다.

15 신고전주의 경제학에 대한 비판은 행동경제학과 정보경제학을 통해 살펴 볼 수 있다. 행동경제학에 대해서는 에릭 바인하커, 안현실·정성철 옮김, 《부의 기원》, 랜덤하우스, 2007을, 정보경제학에 대해서는 조지프 스티글 리츠, 강신욱 옮김, 《시장으로 가는 길》, 한울아카데미, 2003을 참조.

16 대표적인 시장중심주의적 견해로 주익종의 글을 들 수 있다. 주익종은 식 민지 공업화를 식민국가의 시장 개입적인 산업정책에 의해 수행된 것이 아니라고 주장하면서, 이를 상대가격체제의 변화에 의한 시장중심적 논 리를 통해 확인하고자 한다. 식민지에 공업화를 위한 요소가 부존하고 있고 시장친화적인 산업정책이 수행되지 않았다면, 식민지 공업화는 불 가능했을 것이라고 주장한다. 식민지의 공업화를 식민국가의 산업정책 을 도외시하고서 이해할 수 있다고 주장하는 것은, 식민지의 시장을 완전 하고 자율적으로 간주하기 때문에 가능한 발상이다. 하지만 이는 역사적 맥락을 무시한 시장 맹신주의라고 하지 않을 수 없다. 주익종, 〈일제하 한 국의 식민정부, 민간기업, 그리고 공업화〉, 《경제사학》 35, 2003; 주익종, 《대군의 척후》, 푸른역사, 2008 참조.

17 김낙년, 《일제하 한국경제》, 해남, 2003 참조.

18 山本有造, 〈'帝國'とはなにか〉, 山本有造 編, 《帝國の研究》, 名古屋大學出 版會, 2004, 10~19쪽. 광역적 공공재 혹은 국제 공공재에 대해서는 衫

原薫, 〈近代國際經濟秩序の形成と展開—帝國·帝國主義·構造的權力〉, 같은 책 참조.

19 아마티아 센, 김원기 옮김, 《자유로서의 발전》, 갈라파고스, 2013; 네르덴 샤이크 편, 김병철 옮김, 《역사로서의 현재》, 모티브북, 2008, 15~37쪽 참조.

20 정태헌은 수탈론을 원시적 수탈론과 과학적 수탈론 혹은 개발-수탈론으로 구별한다. 수탈론을 정교화하려는 시도가 전혀 의미 없는 것은 아니지만, 아직 자신의 논리를 체계화하여 제출한 적은 없는 듯하다. 정태헌, 앞의 글 참조.

21 정태헌, 위의 글 참조.

22 허수열, 《개발 없는 개발—일제하 조선경제개발의 현상과 본질》, 은행나무, 2016 참조.

23 자신의 논리를 '개발-수탈론'이라고 주장하는 정태헌 역시 수탈은 간단한 개념이 아니라는 점을 인정한다. 이를 규명하기 위해서는 제국주의의 식민지에 대한 수탈의 작동원리와 규모, 그것이 조선 사회와 식민지민의 삶과 이후 역사에 미친 영향을 종합적으로 규명하는 방법론을 필요로 한다는 것이다. 정태헌, 〈경제성장론 식민지상의 대두와 파탄의 논리〉, 《한국의 식민지적 근대성찰》, 147~148쪽. 하지만 수탈은 분석적 개념으로 성립하기 어렵다는 점에서, 수탈의 작동원리와 규모를 파악하는 방법론이 수립될 수 있을지는 의심스럽다.

24 윤해동, 〈'식민지근대'의 패러독스〉, 《식민지근대의 패러독스》, 휴머니스트, 2007, 54~55쪽. 수탈에 대한 이런 이해는 식민지의 특질을 "식민지에 거주하고 있는 이민족에 의한 식민지 토착민족의 조직적 차별"이라고 정의하는 박섭의 논의와 상통하는 점이 있다. 박섭, 〈식민지기 한국의 경제성

장: 제국주의 정책과 식민지민의 상호작용〉, 한국정신문화연구원 편, 앞의
책, 47~53쪽 참조.

25 저자는 수탈 개념과 아울러 '저항'도 재개념화할 필요가 있다고 주장해왔
다. 식민지배하에서 저항과 협력이 교차하는 지점에 '정치적인 것'으로서
의 '공적영역'이 존재하고, 이를 통해서 식민지를 재해석할 수 있다고 보는
것이다. 윤해동, 앞의 글, 55~56쪽 참조.

26 식민지근대화론자들이 정치적으로 뉴라이트의 입장을 취하면서 국가중
심주의적 현대사 해석을 과도하게 주장하는 것은, 시장중심주의의 시각
에서 이해하기 어려운 측면도 있지만, 경제성장 중심의 일원론이라는 점
에서는 일관성이 있다고 할 것이다.

27 대만 근대에 대한 커즈밍(柯志明)의 해석은 흥미롭다. 대만의 식민지 경
험에 대한 연구 역시 오랫동안 발전과 종속, 시장균형과 계급착취라는 이
분법적 논쟁에서 빠져나오지 못했던바, 이 난국을 돌파하기 위해 커즈밍
은 연속이론(articulation theory)의 입장을 취한다. 자본주의와 전자본
주의라는 상이한 생산양식의 운동법칙을 개별적으로 파악하고, 구체적
인 맥락 속에서 양자가 어떤 입장을 취했는가를 경험적으로 설명함으로
써, 대만의 근대성을 해명하고자 하는 것이다. 커즈밍, 문명기 옮김, 《식민
지 시대 대만은 발전했는가》, 일조각, 2008 참조. 한국의 경우에도 커즈밍
이 주장하는 이른바 절합이론을 식민지근대성 해명에 활용하는 것을 고
려해볼 필요가 있을 것이다. 커즈밍은 절합(articulation)을 연속(連屬)이
라는 용어로 번역하여 사용하고 있다.

28 대표적인 논저로 박지향 외, 《해방전후사의 재인식》 1·2, 책세상, 2006;
이영훈, 《대한민국 이야기》, 기파랑, 2007 참조.

29 데이비드 헬드 외, 조효제 옮김, 《전 지구적 변환》, 창작과비평사, 2002;

헬무트 안하이어 외, 조효제 외 옮김, 《지구시민사회―개념과 현실》, 아르케, 2004 참조.

30 식민지근대성론에 대해서는 다음의 저작을 참조할 것. 신기욱·마이클 로빈슨 편, 도면회 옮김, 《한국의 식민지근대성》, 삼인, 2006 (Gi-Wook Shin & Michael Robinson eds., *Colonial Modernity in Korea*, Harvard University Asia Center, 1999); 임지현·이성시 편, 《국사의 신화를 넘어서》, 휴머니스트, 2004; 공제욱·정근식 편, 《식민지의 일상, 지배와 균열》, 문화과학사, 2006 등.

31 식민지근대론이 주로 민족주의와 관련해서 독해되고 있는 데서 역설적으로 일국사적 관점의 강고함을 확인할 수 있겠다. 이승렬, 〈'식민지근대'론과 민족주의〉, 《역사비평》 80, 2007 참조.

32 대만이나 일본에서 논의되고 있는 다원적 근대성 혹은 대안적 근대성에 대한 논의 역시 전 지구적 근대성에 대한 문제의식과 맞닿아 있는 것으로 보인다. 창룽치(張隆志), 〈식민주의·근대성과 대만 근대사 연구〉, 《역사문제연구》 12, 2004 참조.

33 니시카와 나가오(西川長夫)는 전 지구화 시대의 식민주의를 신식민주의로 재규정하기도 한다. 西川長夫, 《新'植民地主義論―グローバル化時代の植民地主義を問う》, 平凡社, 2006 참조.

34 윤해동, 앞의 두 글 참조.

35 윤해동, 위의 두 글 참조.

36 대표적으로 이매뉴엘 월러스틴, 나종일·백영경 옮김, 《역사적 자본주의/자본주의 문명》, 창작과비평사, 1993 참조

37 백정운동을 인권적 차원에서 해석한 논문으로는 김중섭, 〈인권을 찾아서: 식민지 한국의 백정운동〉, 신기욱·마이클 로빈슨 편, 앞의 책,

439~467쪽 참조.

38 아리프 딜릭, 장세룡 옮김, 《글로벌 모더니티》, 에코리브르, 2016 참조. 지
    구적 근대성에 대한 논의는 세계체제론 혹은 그에 기반한 다양한 세계사
    서술의 시도로 나타나고 있다. 이와 관련하여 캘리포니아학파의 세계사
    논의에 대해서는 강진아, 〈동아시아로 다시 쓴 세계사—포머란츠와 캘리
    포니아 학파〉, 《역사비평》 82, 2008 참조. 이와 아울러 프랭크의 세계사
    논의에 대해서는 안드레 군더 프랑크, 이희재 옮김, 《리오리엔트》, 이산,
    2003; 강성호, 〈'전 지구적' 세계체제로 본 세계사와 동아시아사—안드레
    군더 프랑크〉, 《역사비평》 82, 2008 참조.

2부 제국과 동아시아

1장 제국과 근대국가

1 이 책의 1부 1장 '방법론적 동아시아사' 중 '트랜스내셔널 히스토리' 부분
   참조.
2 山下範久, 〈帝國化する世界システム〉, 山下範久 編, 《帝國論》, 講談社,
   2006, 220~230쪽.
3 이매뉴얼 월러스틴, 나종일 외 옮김, 《근대세계체제》 I~IV, 까치,
   2013~2017 참조.
4 대표적으로 안드레 군더 프랑크, 이희재 옮김, 《리오리엔트》, 이산, 2003
   참조.
5 山下範久, 앞의 글, 220~230쪽.

6   야마시타 노리히사(山下範久)는 장기 16세기 이후 19세기 초까지 존재했
    던 제국을 '근세제국'이라고 규정하고 있다. 하지만 근세라는 개념은 일본
    학계 특유의 시대 규정으로, 초기근대 정도로 이해할 수 있을 것이다. 山
    下範久, 《現代帝國論》, 日本放送出版協會, 2008, 79~107쪽.

7   山下範久, 위의 책, 79~107쪽.

8   토마스 바필드, 윤영인 옮김, 《위태로운 변경》, 동북아역사재단, 2009,
    537~594쪽.

9   이런 시각은 미국의 신청사(新淸史) 연구에서 특히 두드러진다. 김선민,
    〈청제국의 변경통치에 관한 연구동향 분석〉, 윤영인 외, 《외국학계의 정복
    왕조 연구시각과 최근 동향》, 동북아역사재단, 2010, 85~124쪽.

10 피터 퍼듀, 공원국 옮김, 《중국의 서진》, 길, 2012, 27~40쪽; 제인 버뱅크·
    프레드릭 쿠퍼, 이재만 옮김, 《세계제국사》, 책과함께, 2016, 282~331쪽.

11 김선민, 2010, 85~124쪽.

12 김한규, 《한중관계사》 II; 아르케, 1999, 819~915쪽; 김용구, 《세계관 충
    돌과 한말 외교사》, 문학과지성사, 2004; 이삼성, 《동아시아의 전쟁과 평
    화》 2, 한길사, 2009, 263~313쪽; 오카모토 다카시(岡本隆司), 강진아
    옮김, 《미완의 기획, 조선의 독립》, 소와당, 2009, 77~185쪽 참조.

13 야마무로 신이치(山室信一), 정재정 옮김, 《러일전쟁의 세기》, 소화, 2010,
    171~189쪽; 윤해동, 〈동아시아 식민주의의 근대적 성격―'예'로부터 '피'
    로의 이행〉, 《아시아문화연구》 22, 2011, 88~98쪽; 이 책의 3부 1장 '동
    아시아 식민주의와 한국' 참조.

14 山本有造, 《〈大東亞共榮圈〉經濟史硏究》, 名古屋大學出版會, 2011,
    3~44쪽.

15 山本有造, 위의 책.

16 윤해동, 앞의 글, 95~107쪽. 원래 중화주의 역시 주변의 야만사회를 '교화'하여 문명세계로 편입시키는 것을 목적으로 삼았으며, 제국 일본이 내세웠던 '동화주의(同化主義)' 이데올로기도 중화주의의 교화 이데올로기와 무관하다고 할 수 없다.

17 정다함, 〈'事大'와 '交隣'과 '小中華'라는 틀의 초시간적인 그리고 초공간적인 맥락〉, 《한국사학보》 42, 2011; 정다함, 〈麗末鮮初의 동아시아 질서와 朝鮮에서의 漢語, 漢吏文, 訓民正音〉, 《한국사학보》 36, 2009; 정다함, 〈朝鮮初期 野人과 對馬島에 대한 藩籬·藩屛 認識의 형성과 敬差官의 파견〉, 《동방학지》 141, 2008 등 참조.

18 윤해동, 〈연대와 배제—동아시아 근대민족주의와 지식인〉, 《식민지근대의 패러독스》, 휴머니스트, 2007, 100~105쪽 참조.

19 대표적으로 정옥자, 《조선중화사상연구》, 일지사, 1998 최완수 외, 《진경시대》 1·2, 돌베개, 1998; 최희재, 〈동아시아 국제질서의 변화와 한국—14~19세기의 변화를 중심으로〉, 《사학지》 39, 2007 참조.

20 이삼성, 《동아시아의 전쟁과 평화》 1, 한길사, 2009, 419~655쪽.

21 하정식, 《태평천국과 조선왕조》, 지식산업사, 2008 참조.

22 이철성, 〈19세기 전반기 조청무역관계의 특성〉, 한일관계사연구논집편집위원회 편, 《한국 근대국가 수립과 한일관계》, 경인문화사, 2010 참조.

23 안드레 군더 프랑크, 이희재 옮김, 《리오리엔트》, 이산, 2003 참조.

24 박혜정, 〈16~18세기 동아시아의 세계체제적 연계성과 비연계성〉, 《역사학보》 221, 2014.

25 권내현, 〈17세기 후반~18세기 전반 조선의 은 유통〉, 《역사학보》 221, 2014.

26 장한식, 《오랑캐 홍타이지 천하를 얻다》, 산수야, 2015 참조.

27 임형택, 《문명의식과 실학》, 돌베개, 2009, 13~65쪽 참조.

28 니시카와 나가오, 윤해동·방기헌 옮김, 《국민을 그만두는 방법》, 역사비
평사, 2009 참조.

29 김용구, 《세계관 충돌의 국제정치학》, 나남, 1997; 김용구, 《세계관 충돌과
한말 외교사》, 문학과지성사, 2001; 김용구, 《임오군란과 갑신정변》, 원,
2004 등 참조.

30 오카모토 다카시, 앞의 책 참조.

31 무쓰 무네미쓰(陸奧宗光), 김승일 옮김, 《건건록》, 범우사, 1993, 44쪽.

32 무쓰 무네미쓰, 위의 책, 136~139쪽.

33 류준필, 〈19세기 말 '독립'의 개념과 정치적 동원의 용법〉, 이화여대 한국
문화연구원, 《근대 계몽기 지식개념의 수용과 그 변용》, 소명출판, 2004,
15~57쪽 참조.

34 오카모토 다카시, 앞의 책; 岡本隆司 編, 《宗主權の世界史》, 名古屋大學
出版會, 2014, 90~117쪽 참조.

35 이삼성, 《동아시아의 전쟁과 평화》 2, 한길사, 2009 참조. 이삼성은 19세
기 말부터 20세기 초에 걸쳐 새로운 동아시아 질서가 구축되는 과정을,
'제국주의 카르텔'이라는 개념을 이용하여 분석하고 있다. 이 개념은 카우
츠키의 초제국주의(ultra-imperialism) 개념을 변용한 것으로, 이를 이용
하여 미국을 포함한 제국주의 국가들이 동아시아 분할과 새로운 질서의
수립에 어떤 방식으로 참여했는지를 밝히고 있다.

36 스벤 사아러, 김종학 옮김, 〈국제관계의 변용과 내셔널 아이덴티티 형
성—1880년대~1920년대의 《아시아주의》의 창조〉, 《한국문화》 41,
2008; 강창일, 《근대일본의 조선침략과 대아시아주의》, 역사비평사,
2002, 296~366쪽 참조.

37 宮嶋博史, 〈日本における"國史"の成立と韓國史認識〉, 宮嶋博史·金容德 編, 《近代交流史と相互認識》Ⅰ, 慶應義塾大學出版會, 2001, 329~363 쪽 참조.

38 야마무로 신이치, 앞의 책, 171~189쪽 참조.

39 앙드레 슈미드, 정여울 옮김, 《제국 사이의 한국》, 휴머니스트, 2007, 129~327쪽; 야마무로 신이치, 위의 책, 200~202쪽.

2장 트랜스내셔널 동아시아와 한국

1 위르겐 오스터함멜·닐스 페테르손, 배윤기 옮김, 《글로벌화의 역사》, 에코 리브르, 2013, 112~116쪽.

2 위와 같음.

3 위와 같음.

4 강덕상, 김동수·박수철 옮김, 《학살의 기억, 관동대지진》, 역사비평사, 2005; 야마다 쇼지(山田昭次), 이진희 옮김, 《관동대지진, 조선인 학살에 대한 일본 국가와 민중의 책임》, 논형, 2008; 강덕상 외, 《관동대지진과 조선인 학살》, 동북아역사재단, 2013.

5 이에 대해서는 이 책의 4부 1장 '동아시아의 기억을 만드는 방법' 참조.

6 허핑티(何炳棣), 정철웅 옮김, 《중국의 인구》, 책세상, 1994, 169~206쪽.

7 蘭信三 編, 〈序〉, 《日本帝國をめぐる人口移動の國際社會學》, 不二出版, 2008.

8 위와 같음.

9 木村健二, 《在朝日本人の社會史》, 未來社, 1989; 다카사키 소지(高崎宗司), 이규수 옮김, 《식민지 조선의 일본인들》, 역사비평사, 2006 참조.

10 우치다 준(Jun Uchida), 〈총력전 시기 '내선일체' 정책에 대한 재조선일본인의 협력〉, 헨리 임·곽준혁 편, 《근대성의 역설》, 후마니타스, 2009, 233~271쪽; 森田芳夫, 《朝鮮終戰の記錄》, 巖南堂店書, 1964 참조.

11 박경숙, 〈식민지 시기(1910년-1945년) 조선의 인구 동태와 구조〉, 《한국인구학》 32, 2009, 29~58쪽.

12 박기주, 〈1930年代 朝鮮의 産業變化와 人口移動〉, 《경제사학》 28, 2000; 박이택, 〈식민지기 조선인 인구추계의 재검토—1910~1940〉, 《대동문화연구》 63, 2008.

13 박경숙, 앞의 글; 도노무라 마사루(外村大), 신유원·김인덕 옮김, 《재일조선인 사회의 역사학적 연구》, 논형, 2010, 89~116쪽.

14 박경숙, 위의 글.

15 이은희, 〈일제하 조선·만주의 제당업 정책과 설탕유통〉, 《동방학지》 153, 2011; 이은희, 〈근대 한국의 설탕 소비문화 형성〉, 《한국사연구》 157, 2012; 이은희, 〈19세기 말~20세기 초 조선과 동아시아 설탕무역〉, 《한국민족운동사연구》 75, 2013.

16 송규진, 《일제하의 조선무역 연구》, 고려대학교 민족문화연구원, 2001; 허수열, 《일제초기 조선의 농업》, 한길사, 2011.

17 송규진, 〈일제하 '쌀이출 좁쌀수입' 구조의 전개과정〉, 《사총》 55, 2002.

18 濱下武志, 《朝貢貿易システムと近代アジア》, 東京大學出版會, 1990.

19 스기하라 가오루(杉原薰), 안병직·박기주 옮김, 《아시아 간 무역의 형성과 구조》, 전통과현대, 2002.

20 강진아, 〈이주와 유통으로 본 근현대 동아시아 경제사〉, 《역사비평》 79, 2007.

21 모모키 시로(桃木至郎), 최연식 옮김, 《해역아시아사 연구입문》, 민속원,

2012.

22 홍성구, 〈근대 중국과 일본의 무역〉, 홍성구 외, 《근대중국 대외무역을 통해 본 동아시아》, 동북아역사재단, 2008.

23 村上勝彦(무라카미 가쓰히코), 정문종 옮김, 《식민지》, 한울, 1984.

24 최태호, 〈개항기의 무역구조와 무역물가에 관한 연구〉, 《허선도 선생 정년 기념 한국사학논총》, 일조각, 1989.

25 하원호, 《한국근대경제사연구》, 신서원, 1997, 39~40쪽.

26 이은희, 〈개항기 한국 무역사 연구 성과와 과제〉, 《학림》 34, 2013.

27 이은희, 위의 글; 籠谷直人, 《アジア國際通商秩序と近代日本》, 名古屋大學出版會, 2000; 古田和子, 《上海ネットワクと近代東アジア》, 東京大學出版會, 2000; 이시카와 료타(石川亮太), 〈국경을 뛰어넘는 지역의 다중적 구조―개항기 조선과 아시아교역권론〉, 《한국학연구》 19, 2008.

28 강진아, 앞의 글; 강진아, 〈식민지 대만과 조선의 對中貿易 구조 비교〉, 《대구사학》 81, 2005.

29 송규진, 앞의 책, 19~72쪽.

30 이미 대한제국기부터 진휼정책의 일환으로 불령인도로부터 '안남미'가 수입되고 있었다. 이에 대해서는 박성준, 〈대한제국기 진휼정책과 내장원의 곡물공급〉, 《역사학보》 218, 2013 참조.

31 송규진, 앞의 책, 19~72쪽.

32 송규진, 위의 책, 75~125쪽.

33 송규진, 위의 책, 129~226쪽.

34 호리 가즈오, 〈일본제국과 식민지 관계의 역사적 의의〉, 호리 가즈오·나카무라 사토루 편, 박섭·장지용 옮김, 《일본 자본주의와 한국·대만》, 전통과현대, 2007, 3~29쪽.

35 호리 가즈오, 위의 글.

36 홍성구, 앞의 글; 박정현, 〈근대중국과 동남아시아의 무역〉, 홍성구 외,
《근대중국 대외무역을 통해 본 동아시아》, 동북아역사재단, 2008.

37 企劃院研究會, 《大東亞建設の基本綱領》, 同盟通信社, 1943, 12~17쪽.

38 대표적으로 문경연, 《좌담회로 읽는 《국민문학》》, 소명출판, 2010 참조.

39 樽井藤吉, 影山正治 譯, 《現代譯 大東合邦論》, 大東塾出版部, 1963.

40 김윤희, 〈1909년 대한제국 사회의 '동양' 개념과 그 기원—신문 매체의 의
미화 과정을 중심으로〉, 《개념과 소통》 4, 2009; 김종준, 《일진회의 문명
화론과 친일운동》, 신구문화사, 2010 참조.

41 스테판 다나카, 박영재·함동주 옮김, 《일본 동양학의 구조》, 문학과지성
사, 2004.

42 박훈, 〈18세기후반-막말기(幕末期) 일본인의 '아시아' '동양' 개념의 형성
과 변용〉, 《동양정치사상사》 9-2, 2010; 김윤희, 앞의 글 참조.

43 이광린, 〈개화기 한국인의 아시아연대론〉, 《개화파와 개화사상 연구》, 일
조각, 1989; 조재곤, 〈한말 조선 지식인의 동아시아 삼국제휴 인식과 논
리〉, 《역사와 현실》 37, 2000; 김도형, 〈대한제국기 계몽주의계열 지식층
의 '삼국제휴론'—'인종적 제휴론'을 중심으로〉, 《한국근현대사연구》 13,
2000; 백동현, 〈대한제국기 언론에 나타난 동양주의 논리와 그 극복〉,
《한국사상사학》 17, 2001; 정문상, 〈19세기말~20세기초 '개화지식인'의
동아시아 지역 연대론〉, 《아세아문화연구》 8, 2004; 이헌주, 〈1880년대 전
반 조선 개화지식인들의 '아시아 연대론' 인식 연구〉, 《동북아역사논총》
23, 2009; 김윤희, 앞의 글 등 참조.

44 윤해동, 〈신채호의 민족주의, 민중적 민족주의 혹은 민족주의를 넘어서〉,
《식민지의 회색지대》, 역사비평사, 2003.

45 김경일, 〈동아시아의 맥락에서 본 안중근과 동양평화론: 열린 민족주의와 보편주의로의 지평〉, 《정신문화연구》 32-4, 2009.

46 김윤희, 앞의 글.

47 권보드래, 〈근대 초기 '민족' 개념의 변화—1905~1910년 《대한매일신보》를 중심으로〉, 《민족문학사연구》 33, 2007.

48 백영서, 〈韓國人의 歷史的 經驗 속의 '東洋'〉, 《동방학지》 106, 1999.

49 정종현, 《동양론과 식민지 조선문학》, 창작과비평사, 2011, 39~82쪽.

50 위와 같음.

51 박양신, 〈1930年代 日本의 '民族' 槪念과 政治의 交錯〉, 《한일민족문제연구》 18, 2010.

3부 동아시아와 한국

1장 동아시아 식민주의와 한국

1 이 글은 한국병합을 식민주의라는 측면에서 조명한 다음 논문을 바탕으로 그 문제의식을 종횡으로 확장한 것이다. 尹海東, 〈植民主義と近代〉, 國立歷史民俗博物館 編, 《韓國倂合100年を問う》, 岩波書店, 2011. 이에 대해 독자들의 양해를 구한다. 또한 니시카와 나가오의 최근 작업은 '식민주의'의 중요성과 그 의미를 새로 환기시키는 데 큰 역할을 했다. 니시카와 나가오, 박미정 옮김, 《신식민주의론》, 일조각, 2009(西川長夫, 《新植民地主義論—グローバル化時代の植民地主義を問う》, 平凡社, 2006) 참조.

2 김철, 〈머리말〉, 《식민지를 안고서》, 역락, 2009.

3 '추상개념을 향한 분노'가 얼마나 위선적이고 위험한 것인지를 평화운동 가 더글러스 러미스는 다음과 같이 말했다. "쓰지: 일본에서 지내면서 히로시마와 나가사키에 관련된 증오와 원망을 받은 적이 있습니까? 러미스: 그것에 대해서는 참으로 지금도 놀랍습니다. 피해자들의 분노가 전쟁이라는 추상개념을 향해 있지, 미국을 향해 있진 않다는 것이지요. 어떻게 그게 가능한지, 믿어지지 않아요." 더글러스 러미스·쓰지 신이치, 김경인 옮김,《에콜로지와 평화의 교차점》, 녹색평론사, 2010, 97~99쪽. 러미스는 일본인들의 핵무기에 대한 인식이 추상적인 전쟁을 향한 분노로 위장되어 있음을 통렬하게 비판했는데, 한국인들의 식민지에 대한 인식 역시 식민지라는 추상을 향해 있는 것은 아닌지 반성해볼 일이다.

4 이와 관련하여 이 책의 1부 2장 '인식론적 동아시아사' 중 '식민지근대' 부분 참조.

5 에르네스트 르낭,《지적 개혁과 도덕적 개혁》; 에메 세제르, 이석호 옮김,《식민주의에 관한 담론》, 동인, 2004, 28~29쪽에서 재인용.

6 에르네스트 르낭, 위의 책; 에메 세제르, 위의 책, 27쪽에서 재인용. 위르겐 오스터함멜(Jurgen Osterhammel)은 일반적으로 식민주의자들은 자신보다 열등한 타자성을 구성한다는 점을 강조한다. 열등한 인종적 타자성을 구성하는 방식으로는 종교적, 기술적, 환경결정론적, 인종적인 것 등이 있는데, 인종적인 방식은 그 가운데 마지막으로 나타난 것이라고 한다. 위르겐 오스터함멜, 박은영·이유재 옮김,《식민주의》, 역사비평사, 2006, 165~174쪽.

7 에메 세제르, 위의 책, 21~28쪽.

8 에메 세제르, 위의 책, 21쪽.

9 에메 세제르, 위의 책, 34쪽.

10 니시카와 나가오, 앞의 책, 43~67쪽.

11 西川長夫, 〈植民主義の再發見〉, 《長周新聞》, 2010년 1월 11일, 13일, 15
일, 18일 참조.

12 더글러스 러미스, 김종철·이반 옮김, 《경제성장이 안 되면 우리는 풍요롭
지 못할 것인가》, 녹색평론사, 2002, 59~92쪽.

13 지그문트 바우만, 한상석 옮김, 《모두스 비벤디—유동하는 세계의 지옥
과 유토피아》, 후마니타스, 2010, 15~46쪽; 윤해동, 〈'진보'라는 '욕'에 대
하여—메타역사학적 비판〉, 《근대역사학의 황혼》, 책과함께, 2010 참조.

14 오스터함멜은 식민주의적 사고의 기본 요소로 다음 세 가지를 든다. 첫
째, 인류학적으로 자신과 대조적인 타자상을 구성한다는 점. 둘째, 사명
에 대한 믿음과 보호의 책임, 곧 사명 이데올로기를 정식화한다는 점. 셋
째, 식민지에 비정치적 성격을 갖는 유토피아, 곧 질서의 왕국을 건설해
야 한다는 의무감을 가진다는 점. 오스터함멜이 거론한 세 가지 요소 중
에서, 특히 둘째와 셋째 사항이 잘 드러나지 않는다는 점을 동아시아 식
민주의가 지닌 두드러진 특징으로 거론할 수 있지 않을까 싶다. 아래에서
설명하겠지만, 민도(民度)라는 자의적인 잣대로 구성된 문명화의 사명을
내세웠지만 그것은 그다지 강하지 않았으며, 식민지배 말기로 갈수록 식
민지의 정치적 역할은 더욱 강조되었던 것이다. 위르겐 오스터함멜, 앞의
책, 165~174쪽 참조.

15 니시카와 나가오는 식민주의란 '현재적 과제'에 의해 새로이 재조명된 것
이며, 그런 점에서 식민주의는 탄력적인 '발견의 과정'이 되어야 한다는 점
을 강조한다. 西川長夫, 앞의 글 참조.

16 오구마 에이지(小熊英二), 조현설 옮김, 《일본 단일민족신화의 기원》, 소명
출판, 2003, 106~162쪽 참조.

17 야마무로 신이치, 정재정 옮김, 《러일전쟁의 세기》, 소화, 2010, 50~51쪽. 하지만 이를 두고, 서구의 국제법 체제를 내걸고 출범한 메이지 국가가 조공-책봉체제로 회귀했다고 보기는 어려울 것이다.

18 小松綠, 《朝鮮併合之裏面》, 中外新論社, 1920, 144~156쪽.

19 일시동인이란 당송팔대가의 한 사람인 한유(韓愈)의 〈원인(原人)〉이라는 시에 나오는 말이다. 是故聖人一視而同仁, 곧 모든 사람을 동일하게 인으로 대하는 것은 유교사회 제왕의 역할에 속하는 일이라는 지적이다.

20 朝鮮出版協會, 《朝鮮併合十年史》, 有文社, 1922, 221~227쪽.

21 일본 제국주의가 표방했던 식민주의 이데올로기인 동화정책의 기원과 그 폭력성에 대해서는 다음을 참조할 것. 가라타니 고진(柄木眞人), 이경훈 옮김, 《유머로서의 유물론》, 문화과학사, 2002, 297~300쪽; 윤해동, 《식민지근대의 패러독스》, 휴머니스트, 2007, 229~247쪽. 구체적인 동화정책의 전개에 대해서는 호사카 유지, 《일본제국주의의 민족동화정책 분석》, 제이앤씨, 2002; 권태억, 〈동화정책론〉, 《역사학보》 172, 2001; 권태억, 〈1920, 30년대 일제의 동화정책론〉, 《한국사론》 53, 2007 참조.

22 고마고메 다케시(駒込武), 오성철 외 옮김, 《식민지제국 일본의 문화통합》, 역사비평사, 2008; 류미나, 〈일본 '국민도덕론'의 유입과 재생산—1910년대~20년대 경학원 활동을 중심으로〉, 《인문연구》 52, 2007 참조.

23 다카하시 도루(高橋亨), 구인모 옮김, 《식민지조선인을 논하다》, 동국대학교 출판부, 2010 참조.

24 '무장적 문비'란, 대만 민정장관과 만철 총재를 지내면서 일본 식민주의 이데올로기를 정초한 이론가로 평가받는 고토 신페이(後藤新平)가 주창했던 '문장적 무비'라는 용어를 비꼬아 만든 말이다. 문장적 무비란 고토가 대만 통치 경험을 바탕으로 만주 통치의 청사진으로 제시하기 위해 고

안한 것으로, 식민통치 과정에서 문장적 시설을 중시하되 무력 사용을 아끼지 않는다는 맥락에서 사용하고 있다. 하지만 1910년대 조선에서는 무력을 전면에 내걸고서 각종 문장 시설과 동화정책을 적극적으로 시행하려 했다. 이런 점에서, 외양에서는 차이가 있었지만 1910년대 조선의 식민정책이 대만 및 만주에 대한 식민정책과 크게 달랐다고 보기는 어려울 듯하다. 야마무로 신이치, 앞의 책, 241~247쪽; 문명기, 〈대만·조선총독부의 초기 재정 비교연구─'식민제국' 일본의 식민지 통치역량과 관련하여〉, 《중국근현대사연구》 44, 2009 참조.

25 Gil J. Stein ed., *The Archaeology of Colonial Encounter*, School of American Research Press, 2005, pp. 3~32. 이 책의 저자들은, 모든 식민지 지배에서 식민 지배자─피지배자의 이분법적 구분이 아니라 영향의 쌍방향성이 관철되고 있었음을 강조한다.

26 이 시기의 국체론과 민족이론의 동향에 대해서는 오구마 에이지, 앞의 책, 164~270쪽; 고마고메 다케시, 앞의 책, 243~295쪽 참조.

27 대표적으로 다음 논문들을 참조할 수 있다. 장신, 〈1920년대 민족해방운동과 치안유지법〉, 《학림》 19, 1998; 水野直樹(미즈노 나오키), 이영록 옮김, 〈朝鮮에 있어서 治安維持法 體制의 植民地的 性格〉, 《법사학연구》 26, 2002; 최종길, 〈식민지 조선과 치안유지법의 적용〉, 《한일관계사연구》 30, 2008.

28 成田龍一, 《大正デモクラシー》, 岩波書店, 2007 참조.

29 일선동조론에 관한 최근의 성과로는 미쯔이 다카시(三ツ井崇), 〈일선동조론(日鮮同祖論)'의 학문적 기반에 관한 시론─한국병합 전후를 중심으로〉, 《한국문화》 33, 2004; 장신, 〈일제하 日鮮同祖論의 대중적 확산과 素戔鳴尊 신화〉, 《역사문제연구》 13-1, 2009; 장신, 〈3·1운동 직후 잡지

《동원》의 발간과 일선동원론(日鮮同源論)〉,《역사와 현실》73, 2009 참조.

30 미야지마 히로시는 일선동조론과 정체론이 상호모순적이라고 간주한다.
전자는 문명론적 아시아주의에, 후자는 탈아론적인 일본 인식에 근거하
기 때문이라는 것이다. 미야지마 히로시, 앞의 글 참조. 그러나 위에서 본
바와 같이, 현실에서 양자는 모순적인 방식으로 작동한 것이 아니라, 절
묘하게 상호보완적인 역할을 수행하고 있었다.

31 총력전체제가 가진 조합주의적 성격과 복지국가적 전망에 대해서는 다음
의 저작을 참조할 것. 山內靖, ヴィクタ·コシュマン, 成田龍一 編,《總力戰
と現代化》, 柏書房, 1995.

32 총동원정책과 교육, 징병, 참정권 등의 관련에 대해서는 윤해동,〈식민지
인식의 회색지대〉,《식민지의 회색지대》, 역사비평사, 2003 참조.

33 천광싱(陳光興)은 동화(assimilation)와 황국신민화(imperialization of
the subject)를 영문으로 번역할 때 어휘에 차이가 나는 점을 근거로 이
두 개념을 구분한다. 곧 동화는 피식민자가 식민자를 향해 변화하는 일방
적인 과정으로, 황국신민화=제국화는 그 양자의 쌍방향 운동의 과정이
라고 본다. 천광싱,〈세계화와 탈제국, '방법으로서의 아시아'〉, 이정훈·박
상수 편,《동아시아, 인식지평과 실천공간》, 아연출판부, 2010, 93~94쪽
참조. 그러나 일본제국에서 시행된 황국신민화 정책은 그 이전부터 시행
되어온 동화정책을 심화시킨 것으로, 양자를 명확히 분리해서 이해하기
어려운 연속성을 가진 실체다. 또 동화정책이라는 동일화 이데올로기 역
시 그 표방의 일방성과는 달리 쌍방향적 상호작용의 속성을 가지고 있다
고 이해해야 할 것이다.

34 윤해동,〈식민지 관료로 본 제국과 식민지〉,《근대역사학의 황혼》, 책과함
께, 2010, 246~254쪽 참조.

35 박명규·김백영, 〈식민지배와 헤게모니 경쟁: 조선총독부와 미국 개신교 선교세력간의 관계를 중심으로〉, 《사회와 역사》 82, 2009, 12~14쪽.

36 스벤 사이러, 김종학 옮김, 〈국제관계의 변용과 내셔널 아이덴티티 형성—1880년대~1920년대의 《아시아주의》의 창조〉, 《한국문화》 41, 2008, 135~156쪽.

37 이리에 아키라(入江昭), 이성환 옮김, 《일본의 외교》, 푸른산, 1993, 59~145쪽; 이리에 아키라, 이종국·조진구 옮김, 《20세기의 전쟁과 평화》, 연암서가, 2016 참조.

38 야마무로 신이치, 앞의 책, 186~190쪽.

39 니시카와 나가오, 앞의 책, 251~256쪽.

2장 트랜스내셔널 한국사

1 베트남의 경우 소중화의식이 '남국의식(南國意識)'으로 드러났는데, 이 역시 보편국가 의식과 아울러 원초적 민족의식의 이중적 측면을 가지고 있었다. 후루타 토모오(古田元夫), 박홍영 옮김, 《베트남의 세계사》, 개신, 2008, 28~29쪽.

2 山下範久, 《現代帝國論》, 日本放送出版協會, 2008, 79~107쪽.

3 김한규, 《한중관계사》 II, 아르케, 1999, 819~915쪽; 이삼성, 《동아시아의 전쟁과 평화》 2, 한길사, 2009, 263~313쪽; 오카모토 다카시, 강진아 옮김, 《미완의 기획, 조선의 독립》, 소와당, 2009, 77~185쪽; 윤해동, 〈동아시아 식민주의의 근대적 성격—'예'로부터 '피'로의 이행〉, 《아시아문화연구》 22, 2011, 88~95쪽 참조. 이와 관련하여 이 책의 2부 1장 '제국과 근대국가' 참조.

4 서영희,《대한제국 정치사 연구》, 서울대학교 출판부, 2003; 운노 후쿠쥬 (海野福壽), 정재정 옮김,《한국병합사 연구》, 논형, 2008; 오가와라 히로 유키(小川原宏幸), 최덕수·박한민 옮김,《이토 히로부미의 한국 병합 구 상과 조선 사회》, 열린책들, 2012 참조.

5 윤해동,〈식민지근대와 대중사회의 등장〉,《식민지근대의 패러독스》, 휴머 니스트, 2007.

6 水野直樹,〈戰時期の植民地支配と'內外地行政一元化'〉,《人文學報》79, 1997.

7 이승일,《조선총독부 법제정책—일제의 식민통치와 조선민사령》, 역사비 평사, 2008, 344~365쪽.

8 清宮四郎,《外地法序說》, 有斐閣, 1944.

9 山室信一,〈'國民帝國'論の射程〉,《帝國の研究》, 名古屋大學出版會, 2004, 87~128쪽.

10 山室信一, 위의 글, 87~124쪽.

11 박혜정,〈트랜스내셔널 사회사, 상호전이사, 지구사—독일에서의 민족사 패러다임의 트랜스내셔널 확대 논의〉,《독일연구》18, 2009, 211~241쪽. 이 글은 역사학자 오스터함멜과 알베르트 비르츠(Albert Wirz) 등의 논 의를 통해 독일의 트랜스내셔널 사회사 연구 동향을 소개하고 있다. 박혜 정,〈민족적인 것의 경계를 넘어서—트랜스내셔널 히스토리를 통한 민족 사 패러다임의 극복 가능성〉,《독일연구》20, 2010도 참조.

12 이와 유사한 문제의식을 다룬 책으로 다음을 참조. 김현주,《사회의 발 견》, 소명출판, 2013.

13 전성현,〈일제초기 '조선상업회의소령'의 제정과 조선인 상업회의소의 해 산〉,《한국사연구》118, 2002; 조재곤,〈1910년대 상업회의소와 조선인

자본가〉, 권태억 외, 《한국 근대사회와 문화》 Ⅱ, 서울대학교 출판부, 2013,
237~268쪽.

14 四方博, 《京城商工會議所二十五年史》, 京城: 京城商工會議所, 1941,
185~214쪽.

15 四方博, 위의 책, 185~214쪽; 기유정, 〈일본인 식민사회의 정치활동과
조선주의에 관한 연구: 1936년 이전을 중심으로〉, 서울대학교 정치학과
박사논문, 2011, 112~142쪽; 전성현, 〈일제하 조선 상업회의소와 '조선
철도12년계획(朝鮮鐵道十二年計劃)'〉, 《역사와 경계》 71, 2009.

16 四方博, 위의 책, 251~287쪽; 양지혜, 〈1930년대 전반기 경성상공(업)회
의소의 '중소상공업옹호운동'〉, 한양대학교 석사논문, 2009.

17 四方博, 위의 책, 281~284쪽; 기유정, 앞의 글, 159~183쪽; 김제정, 〈대
공황 전후 조선총독부 산업정책과 조선인 언론의 지역성〉, 서울대학교 국
사학과 박사논문, 2010, 47~73쪽.

18 김제정은 조선의 특수성을 조선의 '지역성'이라고 표현했다. 김제정, 위의
글 참조. 이에 반해 기유정은 '조선주의'라는 개념으로 특수성에 대한 의
식을 강조했다. 기유정, 위의 글 참조.

19 四方博, 앞의 책, 285~287쪽; 김제정, 위의 글, 91~99쪽.

20 田中隆一, 《滿洲國と日本の帝國支配》, 有志社, 2007 참조.

21 임성모, 〈중일전쟁 전야 만주국·조선 관계사의 소묘―'日滿一體'와 '鮮滿
一如'의 갈등〉, 《역사학보》 201, 2009; 송규진, 〈일제하 조선과 만주국의
무역에 관한 연구〉, 《중국학보》 52, 2005; 송규진, 〈일제하 '선만관계'와
'선만일여론'〉, 《한국사연구》 146, 2009.

22 조선의 발권은행이었던 조선은행의 기능과 활동이 만주, 중국에 걸
친 트랜스내셔널한 성격을 띠었던 점에도 주목할 필요가 있다. 조명근,

⟨1920~30년대 조선은행의 금융활동에 대한 조선 내 여론동향⟩, 《대동문화연구》 75, 2011; 조명근, ⟨1910년대 조선은행의 만주 진출과 '해외은행' 으로서의 정체성 형성⟩, 《아세아연구》 55-4, 2012 참조.

4부 동아시아의 기억과 평화

1장 동아시아의 기억을 만드는 방법

1   윤해동, ⟨'기억을 둘러싼 내전'—한국에서의 기억 연구와 그 과제⟩, 《근대 역사학의 황혼》, 책과함께, 2010; 제프리 올릭 편, 최호근·민유기·윤영휘 옮김, 《국가와 기억—국민국가적 관점에서 본 집단기억의 연속, 갈등, 변화》, 민주화운동기념사업회, 2006; 최호근, ⟨집단기억과 역사⟩, 《역사교육》 85, 2003.

2   전진성, ⟨역사와 기억—"기억의 터"에 대한 최근 독일에서의 논의⟩, 《서양 사론》 72, 2002; 피에르 노라·이용재 대담, ⟨피에르 노라와 《기억의 터 전》: 프랑스 국민정체성의 역사 다시 쓰기⟩, 《역사비평》, 2004년 봄호; 피에르 노라 외, 김인중 외 옮김, 《기억의 장소》(전5권), 나남, 2010.

3   《기억의 터》 7권의 구성은 다음과 같다. 1권 공화국(이상 1부 공화국), 2권 비물질, 3권 물질, 4권 이상(이상 2부 민족), 5권 갈등과 타협, 6권 전통, 7권 문서에서 문장으로(이상 3부 프랑스들). 이 작업은 이미 국제적 성과를 얻고 있으며 영어판, 독일어판, 일어판 등이 출간되었고, 독일에서는 이와 유사한 《독일 기억의 터》 3권이 출간되었다. 한편 한국에서도 2010년에 번역서가 출판되었는데, 프랑스어 원본의 전체 논문 136편 가운

데 36편의 논문을 5권으로 나누어 펴냈다. 그중 1권은 '공화국', 2권은 '민족', 나머지 3~5권은 '프랑스들'로 구성되어 있다. 피에르 노라 외, 위의 책.

4   박진빈, 〈9·11 기억의 터: 미국 예외주의의 트라우마〉, 《사회와 역사》 78, 2008, 97~101쪽.

5   전진성, 앞의 글.

6   전진성, 위의 글.

7   전진성, 위의 글; 피에르 노라·이용재, 앞의 대담.

8   김기봉, 《동아시아 공동체 만들기》, 푸른역사, 2006, 157~198쪽.

9   '기억의 터' 개념을 탈구축하여 동아시아 차원에서 적용하려는 시도로는 다음 저작을 참조할 것. 板垣龍太·鄭智泳·岩崎稔 編, 《東アジアの記憶の場》, 河出書房新社, 2011.

10   김철, 〈몰락하는 신생─'만주'의 꿈과 〈농군〉의 오독〉, 《'국민'이라는 노예》, 삼인, 2005, 105~146쪽.

11   민두기, 〈萬寶山事件(1931)과 韓國言論의 對應: 相異한 民族主義的 視角〉, 《동양사학연구》 65, 1999, 143~174쪽.

12   박영석, 《만보산 사건 연구─일제 만주 침략정책의 일환으로서의》, 아세아문화사, 1978, 98~101쪽; 김철, 앞의 글.

13   '배화사건'이라는 용어의 사용에는 신중할 필요가 있다. 조선 거주 화교를 집단적으로 습격하여 폭행하고 학살한 사건을, 단순히 '배화사건' 혹은 '배화폭동'이라는 용어로 개념화하기는 어렵다. '조선화교 학살사건'이라고 하는 것이 더 정확할 것이다. 여기에서는 배화사건이라는 용어를 그대로 사용하지만, 추후 이에 대한 논의가 학계에서 본격적으로 진행되기를 기대한다.

14   박영석, 앞의 책, 117~125쪽.

15 〈참변과 재만동포문제〉, 《동광》 24, 1934년 8월.

16 이훈구, 《만주와 조선인》, 한성도서주식회사, 1932, 243~263쪽.

17 이상경, 〈1931년의 '배화(排華)사건'과 민족주의 담론〉, 《만주연구》 11, 2011. 이상경은 반성적 지식인의 사례로 오기영을 들고 있다.

18 矢內原忠雄, 《滿洲問題》, 岩波書店, 1934, 75쪽.

19 강동진, 《일본 언론계와 조선: 1910~1945》, 지식산업사, 1987, 257~260쪽.

20 위와 같음.

21 中西伊之助, 〈萬寶山事件と鮮農〉, 《中央公論》, 中央公論社, 1931년 8월.

22 中西伊之助, 〈滿洲に漂迫ふ朝鮮人〉, 《改造》, 改造社, 1931년 8월.

23 권영민, 〈나까니시 이노스케(中西伊之助)와 1920년대의 한국 계급문단〉, 《외국문학》 29, 1991; 오황선, 〈中西伊之助 소설의 내면 풍경─1910년대의 조선〉, 《외국문학》 29, 1991; 勝村誠, 〈中西伊之助の植民地觀〉, 《日本文化研究》 14, 2005.

24 오황선, 〈伊藤永之助의 만보산론〉, 《일본학보》 38, 1997; 유수정, 《万宝山》, 농민문학과 개척문학〉, 《만주연구》 11, 2011.

25 장영우, 〈만보산 사건과 한·일 소설의 대응〉, 《한국문예창작》 6-2, 2007, 175~186쪽.

26 猪谷善一郎, 《アジヤ經濟の展望》, 千倉書房, 1931, 61~88쪽.

27 後藤誠夫, 《英米赤露の襲來─SOSの日本》, 大京社, 1932, 5~7쪽.

28 金聲律, 《史觀より觀たる內鮮一體》, 大海堂印刷株式會社, 1938, 485~489쪽.

29 市瀨五郎, 《半島は回轉る》, 朝鮮問題調査會, 1931, 295~296쪽; 佐藤庸也, 《活機戰第一部》, 日本軍用圖書株式會社, 1943, 95~96쪽.

30 高橋晃昌 編, 《朝鮮と滿洲を觀る》, 財界往來社, 1932, 455~461쪽.

31 손승회, 〈萬寶山事件과 중국의 언론〉, 《역사문화연구》 28, 2007, 235~268쪽.

32 이재령, 〈南京國民政府時期 中國의 韓國認識─萬寶山事件에 관한 興論 動向을 중심으로〉, 《중국사연구》 31, 2004, 367~399쪽; 손승회, 〈1931 년 植民地朝鮮의 排華暴動과 華僑〉, 《중국근현대사연구》 41, 2009, 154~163쪽.

33 손승회, 〈萬寶山事件과 中國共産黨〉, 《동양사학연구》 83, 2003, 115~149쪽.

34 이석태 편, 《사회과학대사전》, 문우인서관, 1948, 213~214쪽.

35 이석태 편, 위의 책.

36 김우평, 〈만보산 사건 寸前의 만주 출장〉, 《동아일보》, 1955년 5월 15일.

37 서범석, 〈반세기의 증언, 횃불은 흐른다 (12)─만보산 사건〉, 《조선일보》, 1964년 5월 17일.

38 김준연, 〈민족·반공투쟁과 동아일보〉, 《동아일보》, 1960년 4월 1일.

39 최무수, 〈만보산 사건 연구초〉, 《대학신문》, 1964년 9월 21일.

40 박영석, 앞의 책; 민두기, 앞의 글.

41 박영석은 만보산 사건을 통한 일제의 대륙 침략 의도가 제대로 달성되지 못했다고 간주한다. 한·중 양국의 민족지도자들이 일제의 의도를 간파하고 대응책을 강구함으로써, 만보산 사건은 대륙 침략의 교두보 역할을 하지 못하고 일단 일제의 침략 의도에 좌절감을 안겨주었다는 것이다. 이런 해석 역시 만보산 사건을 통해 한중연대가 강화되었다고 보는 점에서 반일 민족주의가 관통한다고 할 수 있다. 박영석, 위의 책.

42 유신순, 신승하 옮김, 《만주사변기의 중일외교사》, 고려원, 1994; 이옥련, 《인천 화교사회의 형성과 전개》, 인천문화재단, 2008, 191~202쪽.

43 조용만, 《경성야화》, 창, 1992, 183~186쪽.

44 이상진, 〈《토지》 속의 만주, 삭제된 역사의 징후적 독법〉, 《현대소설연구》 24, 2004, 232~256쪽.

45 박경리, 《만리장성의 나라》, 나남출판, 2003, 11~28쪽.

46 위와 같음.

47 신주백, 〈만주와 해방 후의 기억〉, 《만주연구》 2, 2005, 113~133쪽.

48 김광남 외, 《고등학교 한국 근·현대사》, 두산, 2003, 218쪽.

49 강진아, 〈중일 무역마찰의 전개와 조중 관계의 변화―1920~1930년대를 중심으로〉, 이규수 외, 《근대전환기 동아시아 속의 한국》, 성균관대학교 출판부, 2004, 147~181쪽; 박은경, 《한국 화교의 종족성》, 한국연구원, 1986, 70쪽, 105~106쪽.

50 강진아, 위의 글, 147~181쪽; 王恩美, 《東アジア現代史のなかの韓國華僑》, 東京: 三元社, 2008, 102~104쪽; 백영서, 〈한국인의 역사적 경험 속의 '동양'〉, 《동아시아의 귀환》, 창작과비평사, 2000.

51 강진아, 위의 글.

52 전우용, 〈한국 근대의 華僑 문제〉, 《한국사학보》 15, 2003, 378~409쪽; 김태웅, 〈1920·30년대 한국인 대중의 華僑 認識과 國內 民族主義 系列 知識人의 내면세계〉, 《역사교육》 112, 2009, 93~131쪽.

53 김영신, 〈日帝時期 在韓華僑(1910-1931)―仁川地域 華僑를 중심으로〉, 《인천학연구》 4, 2005.

54 장세윤, 〈만보산 사건 전후 시기 인천 시민과 화교의 동향〉, 《인천학연구》 2-1, 2003.

55 윤휘탁, 〈'滿洲國'의 '2等 國(公)民', 그 實像과 虛像〉, 《역사학보》 169, 2001; 윤휘탁, 〈侵略과 抵抗의 사이에서: 日·中 갈등의 틈바귀에 낀 在

滿朝鮮人〉,《한국사학보》 19, 2005; 윤휘탁, 〈근대 조선인의 만주농촌체험과 민족인식—조선족의 이민체험 구술사를 중심으로〉,《한국민족운동사연구》 64, 2010; 윤휘탁, 〈萬寶山사건 전후 동북아의 민족관계와 민족모순—중국인의 사건 인식을 중심으로〉,《역사학보》 210, 2011.

56 叢成義, 〈萬寶山事件後在華韓人的自衛活動〉,《中國學論叢》 25, 2009.

57 김주현·권혁건, 〈일제 강점기 만주의 농업 기술을 통해 본 민족 문제 시론(試論)—안수길의 작품을 중심으로〉,《한국문학논총》 58, 2011.

58 한수영, 〈'재만(在滿)'이라는 경험의 특수성—정치적 아이덴티티와 이민족의 형상화를 중심으로〉,《동남어문논집》 29, 2010, 224~230쪽.

59 김재용 편,《만보산 사건과 한국근대문학》, 역락, 2010; 하정일, 〈1930년대 후반 이태준 문학과 내부 식민주의 성찰〉,《배달말》 34, 2004; 하정일, 《해방전후사의 재인식》의 민족과 민족주의〉,《창작과 비평》 135, 2007.

60 김철, 〈몰락하는 신생—'만주'의 꿈과 〈농군〉의 오독〉,《'국민'이라는 노예》, 삼인, 2005; 이경훈, 〈만주와 친일 로맨티시즘〉,《한국근대문학연구》 4-1, 2003.

61 김철, 위의 글.

62 하정일, 앞의 글(2007), 335~351쪽.

63 노상래, 〈참예술가 노릇하기: 〈농군〉, 그 문학적 글쓰기〉,《동아인문학》 13, 2008.

64 신승모, 〈식민지기 일본어문학에 나타난 '만주' 조선인상〉, 동국대 문화학술원 한국문학연구소 편,《제국의 지리학, 만주라는 경계》, 동국대학교 출판부, 2009; 최일, 〈신분과 역사 서사—'만보산 사건'의 문학화를 중심으로〉, 중국해양대 해외한국학 중핵대학사업단 편,《근대 동아시아인의 이산과 정착》, 경진, 2010.

65 한석정, 〈만주의 기억〉, 한일연대21 엮음, 《한일 역사인식 논쟁의 메타히
스토리》, 뿌리와이파리, 2008 ; 한석정, 《만주모던 : 60년대 한국 개발체제
의 기원》, 문학과지성사, 2016.

66 박경리, 앞의 책.

67 이상진, 앞의 글, 232~256쪽.

68 정경모, 《시대의 불침번—정경모 자서전》, 한겨레출판, 2010, 50~52쪽.

69 손승회, 〈소설 《만보산》과 만보산 사건〉, 《대동문화연구》 54, 2006.

70 손승회, 앞의 글(2009), 163~164쪽.

71 손승회, 〈지역너머의 萬寶山事件(1931년)—사건을 둘러싼 실체적 외교행
위 규명을 중심으로〉, 《인문연구》 53, 2007, 91~129쪽.

72 손승회, 〈근대 한중관계사의 새로운 시각 모색—萬寶山事件 연구에 대한
적용 가능성을 중심으로〉, 《역사학보》 202, 2009, 395~403쪽.

73 데이비드 에러너비치, 이정아 옮김, 《음모는 없다》, 시그마북스, 2012.

74 야마무로 신이치, 윤대석 옮김, 《키메라—만주국의 초상》, 소명출판,
2009, 284~293쪽 ; 오카베 마키오(岡部牧夫), 최혜주 옮김, 《만주국의
탄생과 유산》, 어문학사, 2009.

75 山本有造 編, 《滿洲—記憶と歷史》, 京都大學學術出版會, 2007, 9~32쪽.

76 綠川勝子, 〈萬寶山事件および朝鮮內排華事件についての一考察〉, 《朝
鮮史硏究會論文集》 6, 1969 ; 菊池一隆, 〈萬寶山·朝鮮事件の實態と構
造—日本植民地下朝鮮民衆による華僑虐殺暴動を巡って〉, 《人間文化》
22, 愛知學院大學人間文化硏究所, 2007.

77 趙景達, 《植民地期朝鮮の知識人と民衆》, 有志舍, 2008, 123~133쪽.

78 야마무로 신이치, 앞의 책, 57~62쪽.

79 1936년 이른바 《동아일보》의 '일장기 말소사건'이 일어났을 때에도, 총독

을 비롯한 총독부의 고위 간부는 아무도 경성에 없었다. 천정환의 다음과 같은 표현이 그 상황을 상징적으로 드러내준다. "일장기를 지운 (1936년—인용자) 8월 25일자 《동아일보》가 전국에 뿌려지던 그 오후, 《동아일보》와 조선 언론의 운명을 좌지우지할 일본인들은 아무도 총독부에 없었다." 천정환, 《끝나지 않는 신드롬》, 푸른역사, 2005, 250~253쪽. 조선에 배화사건이 일어나던 그 사흘 동안에도 조선총독부의 치안책임자는 조선에 한 명도 없었던 것이다.

80 李正熙, 〈1931年排華事件の近因と遠因〉, 《朝鮮華僑と近代東アジア》, 京都大學出版會, 2012. 조선총독부의 고위관료로 근무한 가리노 켄주(狩野謙重)의 증언도 이런 사실을 뒷받침하고 있다. 狩野謙重·朴永錫 對談, 〈萬寶山事件後 朝鮮內排華暴動事件の回顧〉(8706, T392), 東京: 學習院大學東洋文化研究所, 1972.

81 피에르 노라·이용재, 앞의 대담, 338쪽.

82 피에르 노라는 아우슈비츠가 의심할 나위 없이 유럽적 기억의 터라고 규정하고 있다. 이와 아울러 베네치아나 몰다우 강도 탁월한 유럽적 기억의 터가 될 수 있다고 주장한다. 피에르 노라·이용재, 위의 대담, 340쪽. 아우슈비츠가 참혹하고 부정적이며 갈등을 대표하는 기억의 터인 반면, 베네치아나 몰다우는 교류와 연대 그리고 협력을 대표하는 긍정적인 기억의 터가 될 것이다.

83 한수영, 앞의 글.

84 손승회, 〈근대 한중관계사의 새로운 시각 모색—萬寶山事件 연구에 대한 적용 가능성을 중심으로〉, 《역사학보》 202, 2009.

85 고바야시 레이코(小林玲子), 〈만보산 사건과 《리턴보고서》—재만조선인에 대한 조사결과를 중심으로〉, 《만주연구》 11, 2011.

2장 '평화헌법'과 동아시아의 평화

1 〈엄마들이 수호 앞장선 일 헌법 9조〉, 《조선일보》, 2014년 10월 7일.

2 〈"일본헌법 9조 노벨평화상 땐, 아베더러 받아오라 할 것"〉, 《경향신문》, 2014년 10월 10일; 〈"전쟁국가 일본 안 된다" 거리로 나선 풀뿌리들〉, 《경향신문》, 2014년 10월 18일.

3 미우라 도시아키(三浦敏昭), 〈강병으로의 길, 용납할 수 없다〉, Asahi Asia Antenna, 2014년 7월 2일.

4 엔만 료타(円満了太), 〈해석개헌 각의결정, 해외에서 무력행사 용인〉, Asahi Asia Antenna, 2014년 7월 2일.

5 일본헌법 9조는 다음과 같다. 9조 ① 일본 국민은 정의와 질서를 기조로 하는 국제평화를 성실히 희구하고, 국권의 발동에 의한 전쟁과 무력에 의한 위협 또는 무력의 행사는 국제분쟁을 해결하는 수단으로서는 영구히 이를 포기한다. ② 전항의 목적을 달성하기 위하여 육해공군과 기타의 전력(戰力)은 보유하지 않는다. 국가의 교전권을 인정하지 않는다. 이상은 田中伸尙, 《憲法九條の前後史》, 岩波書店, 2005.

6 田中伸尙, 위의 책.

7 〈"전쟁국가 일본 안 된다" 거리로 나선 풀뿌리들〉, 《경향신문》, 2014년 10월 18일.

8 손형섭, 〈일본 평화헌법 개정 논의의 현황과 쟁점〉, 《의정연구》 20-1, 2014.

9 '社說', 《朝日新聞》 2014년 3월 3일. 일본의 헌법학자로 구성된 '입헌민주주의모임'에서도 "입헌주의를 근본부터 부정하고 국민주권과 민주주의에 대한 근본적인 도전"이라는 항의성명을 발표했다. 김영일·김유정, 〈일본

헌법 제9조 해석 변경의 배경과 시사점〉,《이슈와 논점》886, 2014년 7월 21일, 국회입법조사처.

10 〈집단적 자위권 해석개헌 모순 드러나〉, Asahi Asia Antenna, 2014년 7월 16일.

11 '사설', Asahi Asia Antenna, 2014년 7월 2일.

12 조흥민, 〈힘내라! 일본 평화헌법〉,《경향신문》2014년 10월 20일; 〈아베 일 총리, 개헌의지 밝혀〉,《조선일보》, 2014년 10월 19일.

13 조흥민, 위의 글.

14 이토 나리히코(伊藤成彦), 강동완 옮김,《일본헌법 제9조 또 하나의 일본》, 행복한책읽기, 2005.

15 타케마에 에이지(竹前榮治), 송병권 옮김,《GHQ 연합국 최고사령관 총사령부》, 평사리, 2011, 201~202쪽.

16 코세키 쇼오이찌(古關彰), 김창록 옮김,《일본국 헌법의 탄생》, 뿌리와이파리, 2010.

17 아메미야 쇼이치(雨宮昭一), 유지아 옮김,《점령과 개혁》, 어문학사, 2012, 101~102쪽.

18 이토 나리히코, 앞의 책, 52~107쪽 참조.

19 코세키 쇼오이찌, 앞의 책, 282~286쪽.

20 코세키 쇼오이찌, 위의 책, 291~295쪽.

21 우쓰미 아이코(內海愛子), 이호경 옮김,《조선인 BC급 전범, 해방되지 못한 영혼》, 동아시아, 2007; 우츠미 아이코, 〈동남아시아에서 생각하는 전쟁재판과 배상〉,《4·3과 역사》7, 2007 참조.

22 이노우에 히사시(井上ひさし), 서동주 옮김, 〈전쟁과 헌법〉,《일본비평》창간호, 2009.

23 야마무로 신이치, 박동성 옮김, 《헌법 9조의 사상수맥》, 동북아역사재단, 2010.

24 이토 나리히코 역시 평화헌법의 수맥을 국내외적으로 추적·검토하고 있다. 이토 나리히코, 앞의 책, 82~196쪽 참조.

25 안중근의 동양평화론에 대해서는 김경일, 〈동아시아의 맥락에서 본 안중근과 동양평화론: 열린 민족주의와 보편주의로의 지평〉, 《정신문화연구》 32-4, 2009 참조.

26 이 한시는 고토쿠 슈스이가 안중근의 사진 위에다 쓴 것으로, 샌프란시스코의 평민사(平民社)에서는 이를 사진엽서로 만들어 배포했으며 다시 한국인이 발간하던 신문인 《신한민보(新韓民報)》가 게재했다. 고토쿠 슈스이가 체포될 때 그의 가방 안에서도 이 엽서가 발견되었다고 한다. 도진순, 〈안중근 의사는 이토를 죽여 의롭게 되었지만 스스로의 죽음으로 거룩하게 되었다〉, 《조선일보》, 2014년 10월 23일.

27 도진순, 위의 글.

28 정경환, 〈백범김구의 이상국가론: 문화국가를 중심으로〉, 《한국정치외교사논총》 27-2, 2006 등 참조.

29 헌법학계에서는 근대 입헌주의 헌법을 '제1세대 헌법', 사회적 시장경제와 사회국가 모델에 입각한 복지국가적 헌법을 '제2세대 헌법'이라고 하고, 미래 세대의 헌법이 될 평화주의 헌법을 '제3세대 헌법'이라고 지칭한다. 정극원, 〈헌법상 평화조항에 관한 일고찰〉, 《세계헌법연구》 18-3, 2012.

30 日高六郎, 〈平和意識と平和政策〉, 《思想》 1994年 2月號.

31 日高六郎, 위의 글; 이상봉, 〈전후 일본보수정치와 평화헌법: 평화헌법의 출현, 존재방식, 의의에 대한 비판적 연구〉, 《국제정치연구》 9-1, 2006.

32 김학재, 《판문점체제의 기원》, 후마니타스, 2015, 19~180쪽 참조.

33 〈일왕, "평화국가로서 이웃나라와 함께 가야"〉, 《동아일보》, 2014년 12월 24일; 〈일 왕세자, "일 겸허히 역사 돌아봐야"〉, 《경향신문》, 2015년 2월 24일.

34 헤어프리트 뮌클러, 공진성 옮김, 《새로운 전쟁》, 책세상, 2012; 메리 캘도어, 유강은 옮김, 《새로운 전쟁과 낡은 전쟁》, 그린비, 2010 참조.

35 Michael W. Doyle, "Kant, Liberal legacies and Foreign affairs," *Philosophy and Public affairs*, vol. 12, no. 3~4, 1983; 김학재, 앞의 책, 47~64쪽.

36 김학재, 위의 책, 47~64쪽.

37 田中伸尙, 앞의 책, 233~244쪽.

38 위와 같음.

39 요한 갈퉁, 이재봉 외 옮김, 《평화적 수단에 의한 평화》, 2000, 들녘.

40 남창희, 〈일본의 해석개헌, 위협인가 자산인가?〉, 《국제정치논총》 54-1, 2014; 최운도, 〈일본의 집단적 자위권: 개념, 해석 그리고 헌법 개정〉, 《국방연구》 56-4, 2013; 이상수, 〈일본의 평화헌법 개정과 보통국가론 그리고 한반도〉, 《평화연구》 14-2, 2006. 동북아 안보문제를 논의하는 한국의 정치학자들은 대개 향후 일본이 '보통국가'가 된다는 것을 전제로 대일정책을 수립할 필요가 있다는 점을 강조한다. 문은석, 〈아베 정권의 우경화와 동북아 안보 향배〉, 《일본문화연구》 50, 2014 참조.

41 문은석, 위의 글 참조.

42 후지와라 기이치(藤原歸一, 인터뷰이), 〈역사·외교의 갈등 넘어 인식공유로〉, 정구종(인터뷰어), 《한일교류 2천 년, 새로운 미래를 향하여》, 나남, 2015, 448~474쪽.

43 후지와라 기이치·정구종, 위의 글.

44 정현숙, 〈일본의 호헌운동─9조회(九條の會) 풀뿌리 운동을 중심으로〉, 《일본학연구》23, 2008.

45 이부영, 〈내일의 일본을 생각한다〉, 《경향신문》, 2015년 1월 15일. 평화헌법 9조 노벨평화상 추천 한국위원회는 9조회와 다카스 나오미(鷹單直美)를 2015년 노벨평화상 후보로 추천했다고 한다.

46 太田光·中澤新一, 《憲法九條を世界遺産に》, 集英社, 2006. 이 책은 일본의 코미디언 두 사람이 진행한 대담집이다.

47 西川長夫, 《植民地主義の時代を生きて》, 平凡社, 2013, 87~88쪽.

종장: 냉전과 동아시아

1 동아시아 '대분단'이라는 용어는 이삼성이 처음으로 사용한 것이다. 이삼성, 〈동아시아 국제질서의 성격에 관한 일고: '대분단체제'로 본 동아시아〉, 《한국과 국제정치》22-4, 2006 참조.

2 이삼성, 위의 글 참조. 이삼성은 동아시아 지역의 냉전 해체 과정이 지연되고 있는 것은 동아시아 대분단체제가 가진 독자성 때문이라고 해석하고 있지만, 여기에는 이견이 있을 수 있다.

3 스테판 해거드, 박건영 옮김, 《주변부로부터의 오솔길》, 문학과지성사, 1994 참조.

4 윤해동, 〈'비대칭상황'─변화하는 한국 민족주의를 이해하기 위한 몇 가지 조건〉, 《사회와 역사》110, 2016 참조.

5 리처드 하스, 김성훈 옮김, 《혼돈의 세계》, 매일경제신문사, 2017, 210~306쪽.

ㄱ

강점 157, 158

개념사 147

개토귀류 104

개헌 252~259, 270, 277

거꾸로 돌려진 망원경 58

거대사 → 빅 히스토리

건국 89

경성상업회의소 200~203, 205, 285

경제성장 23, 37, 80, 82~89, 269, 293, 294

경제인 80~82, 85, 172

고토쿠 슈스이 265, 266

공법질서 107, 117, 119, 122

공식 제국 109

관동군 222, 227, 231, 245

관동대지진 128

관동주 109, 131

괴뢰정권 110, 122, 191, 283

교역 74, 115, 116, 125~127, 136~138, 144, 151~153, 287~289

교역 네트워크 138

9조회운동 275, 278

국가 간 체제 78, 119, 254

국가주의 40

국민 만들기 79, 88~90

국민국가 13, 14, 20, 21, 34, 37, 38, 40, 54, 56, 57, 60~63, 66~69, 78, 79, 82, 87~92, 102, 103, 107, 119, 162, 183, 184, 187, 188, 194~196, 206, 271, 282, 289, 290, 296

국민당 227, 228

국민부 219, 220

국민제국 54, 194, 195

국민제국론 54

국민화 과정 178, 195, 196

국사 48

국제관계사 56, 60

국제법 107, 117~119, 171, 190,

283

국체 170, 172, 173, 177

근대 세계체제 47, 49, 73, 74,
76~78, 92

근대 제국 194, 282

근대성 10, 11, 71~79, 86~97,
162, 182

근대역사학 47, 48, 56, 60, 79

근대제국화 시도 76, 77

근대화론 57, 59

근세 74

기억 14, 15, 29, 42, 56, 57,
78, 158, 211~218, 228, 230,
232~234, 239~242, 246~249

기억의 터 14, 57, 211, 213~216,
241, 246, 247, 249

김상준 74~76

김철 238~240

ㄴ

나카니시 이노스케 223, 224

남아시아 29~30, 76

남양군도 109

내면화된 식민주의 158, 161, 163

내선융합 173, 176

내선일체 176

내재적 발전론 79, 91, 97

냉전 23, 30, 37, 38, 182, 184,
244, 251, 255, 270~272, 281,
290~294

네르친스크 조약 77

노라, 피에르 212~215, 246

노벨상 252, 253, 278~279

니시지마 사다오 64

니시카와 나가오 161, 183, 280

ㄷ

다문화사회 27, 185, 274

다원적 근대성 77, 95

다이쇼 데모크라시 171~174

다카하시 도루 168, 169

당송변혁기 74

대동아 145, 146, 193

대동아공영권 29, 31, 35, 36, 50,
109, 110, 150, 180, 283

대동아성 193

대동합방론 146

대분기 77

대한제국 140, 190, 191, 193

독립 34, 118, 119, 165, 195, 257,

265

동남아시아 9, 27~30, 110, 144

동북아시아 27~30, 37

동삼성 107

동아 147, 150

동아담론 147, 150

동아동문회 120

동아시아 기억공동체 15, 42

동아시아 담론 36, 38

동아시아 대분단 290, 291

동아시아 무역권 115, 138, 152, 287

동아시아 문화권 64~66

동아시아 세계론 64, 65

동아시아 시민사회 41, 42, 90, 275, 279, 295, 296

동아시아 연대 34, 35, 50, 122, 288

동아시아 평화 251, 252

동아시아공동체 15, 24, 28, 37, 39~42, 90, 215, 249, 275, 279

동아시아론 13, 21, 36, 40, 293

동아시아인식공동체 27

동아시아통화공동체 25

동아시아환경공동체 25

동아신질서 150, 180

동아연맹론 150

동아협동체 50, 150

동양 8, 19, 31, 32~36, 147~153, 180~183, 288

동양사 31

동양주의 35, 110, 148, 150, 163, 166, 167, 169

동양평화 34, 35, 171, 265

동양평화론 34, 148, 265

동일화 163, 166~169, 171, 173~178, 181

동종동문 108

동화 50, 92

동화정책 166, 167, 170, 171, 174, 175, 178

동화주의 110

딜릭, 아리프 95

ㄹ

러일전쟁 34, 35, 108, 121, 164, 179, 264

류큐 33

리튼 조사단 218, 221, 248

ㅁ

만국공법 67, 117, 118, 123, 190, 204, 284

만몽 110, 220, 227, 228

만보산 128

만보산 사건 14, 56, 57, 128, 129, 211~249

만주 59, 69, 104, 106, 109, 128, 130~137, 141, 144, 175, 202, 214, 216, 218~248

만주국 109, 131, 175, 202, 203, 216, 239, 244, 283, 285

만주사변 221, 232, 243

만주족 13, 77, 104, 107, 189

맥아더 260, 262, 263

메타역사 214

명 왕조 33

모스크바 공국 76

몽골 64, 65, 104, 105

문명 19~21, 31, 33, 67, 68, 75, 77, 78, 89, 92, 93, 110, 112, 116, 117, 120, 121, 147~149, 151, 153, 158, 160~174, 177, 181, 182, 288

문명화의 사명 158, 160

미곡단작 137

미놀로, 월터 72, 72

미면교환체제 139~144, 152, 287

미야지마 히로시 74

민도 167~170, 173, 174, 176

민족국가 88, 130, 196, 197, 271

민족성 168

민족주의 10, 21, 35~40, 58, 113, 116, 147~153, 172, 214, 215, 221, 228, 232, 234, 238, 239, 242, 244, 245, 288, 294

민주주의 평화론 270

ㅂ

박경리 233, 241, 242

박영석 231, 232

방법으로서의 동아시아 37

방위청 255

배화사건 218~223, 232, 239, 245

배화폭동 129, 235~236, 242

베스트팔렌 질서 76

베트남 9, 33, 59, 64, 65, 107, 189, 293

보수주의 21

보통국가 257, 259, 270, 271

보편사 48

보호국 190, 191, 204, 284

복지국가 182, 183

본격근대 75, 76

북경조약 77, 130

불교 64, 105

불균등 성장 93, 94, 273

불평등조약 체제 139

비공식제국 110, 122, 202, 203, 205, 283, 285

비교사 56~60, 63, 79

비교의 망령 58, 59

빅 히스토리 48, 51, 55

ㅅ

사대주의 111

사명 이데올로기 163, 164, 166, 181

사할린 109, 131

사회적인 것 14, 197, 204, 282, 284

삼국공영론 34

삼국인 216

삼국정립론 148

상조권 218, 226

새로운 전쟁 270

선교사 76

선만일여 203

선미옹호운동 201

설탕 136, 137

세계문화유산 275, 279

세계사 48, 52, 55, 95, 170, 172, 179

세계시민주의 41

세계체제 12, 36, 47, 49, 61, 67~78, 87, 88, 92, 103, 106, 107, 115, 117, 125, 127, 158, 195, 277~279, 281, 286, 290, 291

세력권 131, 152, 287

센, 아마르티아 84

소중화 33, 112~116, 123, 189, 284

소통 11, 38, 40, 51, 101, 123, 125~127, 145, 147, 151, 153, 189, 284, 286, 288, 289, 293

속국론 118

수탈 59, 80, 85~87, 89, 93, 223, 237, 244

수탈론 79, 84~88, 96

식민국가 80~82, 188, 193,
195~199, 204, 205, 284

식민성 72, 73, 182

식민적 권력 매트릭스 73

식민주의 14, 32, 72, 92,
157~185

식민지 11, 14, 35, 39, 49~61,
68, 69, 72, 73, 78~97, 102,
108~110, 114, 122, 129,
131~136, 143~149, 152,
157, 158, 161~165, 168~185,
189~193

식민지 경제 82, 83, 86

식민지 사회 83, 86, 183, 196,
197, 199

식민지근대화론 80~89, 96

심상지리 8, 32

ㅇ

아래로부터의 동아시아 14, 38,
41, 211, 251, 295, 296

아렌트, 한나 195

아베 정권 252~254, 257~260,
269, 270, 275, 276

아세안 24, 28, 294

아시아 간 무역론 137

아시아 패러독스 22

아시아적 가치 20

안남미 141

안중근 148, 264~266, 277

앤더슨, 베네딕트 58

야마모토 유조 53

야마무로 신이치 54, 194, 245,
264

야만 33, 89, 112, 160, 161, 180,
220, 233

야스쿠니 신사 38

엔블록 143, 144, 152, 287, 288

여진족 116

역사교과서 38, 62

연합국 극동위원회 261

열린 동아시아공동체 41

영구병합 50

영구평화론 260

엔쉐퉁 21

오키나와 59, 108, 109, 189, 273,
283

옥시덴탈리즘 20

왕도낙토 110

외지 109, 131, 193, 194

우경화 253, 269, 275

원형 민족주의 113, 116

월러스틴 73, 74, 94, 103

위임통치 109

유럽공동체 39

유럽연합 22, 24, 29, 39, 41

유럽중심주의 11, 48, 58~60, 74, 95, 103

유학 63

율령 64

은경제 115, 116

은경제권 115

은교역체제 115, 116

음모 219~246

음모론 220, 222, 229~234, 237, 242~246

이승만 37

이주 63, 106, 125~136, 151~153, 199, 216, 225, 227, 235, 240, 248, 286~289

이중국가 190, 191, 284

이중국적 218, 223

이토 에이노스케 224, 242

이휘영 242

인도네시아 58

일국사 10, 11, 45, 48, 60, 78~80, 87, 89~92, 96, 97, 101, 185, 187, 188, 214, 241, 248

일국사적 근대성 79, 87, 88, 96, 97

일만일체 203

일본인 31, 81, 126, 128, 130~132, 134, 168, 174, 176~178, 199~202, 205, 222, 225, 229, 237, 244, 252, 259, 262, 268, 285

일선동조론 164, 174

일시동인 108, 165, 171

입적 220

ㅈ

자국사 39

자민당 257

자위대 254~256

자유주의 171, 172, 184, 221, 222, 260, 268, 280, 293

자유주의 평화론 270

자주 118, 119, 189, 190, 196,

204, 282, 284

잠재능력 84

장기 16세기 73, 103, 104, 115

장제스 37

재만동포 234, 236

재만한인옹호운동 219

저항인 85

전 지구적 근대성 11, 89, 91,
94~97

전간기 169~172, 184, 261

점령국 259, 260

정당정치 172

정상국가 259, 270, 271, 277

제3세대 헌법 267

제국론 103

제국몽 21

제국사 50~54, 61, 62, 188, 194,
206, 281, 282, 286

제국주의 30~32, 35, 49, 50, 59,
68, 72, 78, 82, 85, 86, 88, 93,
94, 102, 107, 108, 110, 118,
119, 122, 158, 163~169, 174,
179~183, 190, 195, 224, 225,
227, 230~233, 236, 238, 239,
245, 283, 284

제국주의론 88

제국질서 14, 29, 111, 123, 125,
189, 190, 204~206, 282~286,
289

제국헌법 193, 194

조공무역체제론 137

조공-책봉체제(질서) 107, 108,
114, 117, 164, 112, 166

조선 사회 135, 188, 196, 242

조선상업회의소 199, 201

조선인 93, 128~149, 152,
167~178, 200~205, 216~248,
285, 287

조선일보 129, 217~219, 221,
231, 239, 245

조선적인 것 149, 150

조선중화주의 113

조선총독부 80, 136, 167,
191~193, 195, 197, 199~201,
203~205, 232, 245, 284, 285

조선특수성론 193

존화사상 113

종속 188~190, 196, 204, 282,
284

종주권 107

주권 66, 103, 264, 268, 271, 296

주변국 56, 68, 253, 254, 258, 266, 294

중국공산당 227

중국몽 21

중층근대성 74, 75

중화사상 105, 189

중화제국 21, 67, 77, 102, 105, 108, 114, 122, 123, 206, 284

중화질서 29, 32~34, 36, 62, 67, 107, 108, 111~114, 117~123, 130, 147, 164, 165, 190, 204, 283, 284

지구사 48, 49, 55, 95, 96, 294

지구화 38, 60, 61, 89, 95, 102, 103, 161

지역통합 22, 24, 28, 29, 37, 41, 292~296

진보 87, 162, 166, 167

집단적 자위권 254, 256, 258, 276

ㅊ

차별 81, 83, 86, 145, 168, 173, 176, 178, 225, 244

척무성 193

청 왕조 → 청조

청일전쟁 34, 35, 108, 118, 119, 121, 122 140, 165, 190, 264

청조 9, 33, 65, 76, 102, 104~108, 122, 189, 190, 206, 283

초기근대 74, 75, 96

총동원정책 135, 145, 170, 175~178, 287

총력전체제 133, 135, 175, 176, 182, 183

최후의 식민지 171

추밀원 193

치안유지법 172, 173

ㅋ

크리스천, 데이비드 55

ㅌ

타이완 37, 59, 69, 106, 108, 109, 131, 136, 140, 283, 292

타케우치 요시미 37

탈냉전 20, 45, 102, 293, 294

탈아입구 31, 34

티베트 불교 105

ㅍ

팔굉일우 110, 145

평화를 위한 권리장전 260, 263, 268

평화주의 264, 266~268, 279

평화헌법 15, 18, 211, 251~255, 259~264, 267~279

프롤레타리아 94, 95

ㅎ

한국사 39, 187, 188, 205, 206, 241, 282, 286

한국전쟁 23, 252, 255, 273

한류 26

한자 64

해석개헌 253~255, 257, 258, 275

헌법 9조 252~258, 263, 264, 269, 278

홋카이도 108, 109, 283

화교 128, 129, 140, 217~220, 233, 235~237, 242, 244

화교 노동자 235, 236

화이질서 33, 113, 181

황국신민화 정책 176, 177

황민화정책 110

황화론 121

후금 116

휴머니즘 158, 160

동아시아사로 가는 길

트랜스내셔널 역사학과 식민지근대

The Road to the East Asian History
—Transnational History and Colonial Modern

1판 1쇄 2018년 4월 5일

지은이 | 윤해동(尹海東, Yun, Hae-Dong)

펴낸이 | 류종필
편집 | 이정우, 최형욱
마케팅 | 김연일, 김유리
디자인 | 박미정
교정교열 | 오효순

펴낸곳 | (주)도서출판 책과함께
　　　　주소 (04022) 서울시 마포구 동교로 70 소와소빌딩 2층
　　　　전화 (02) 335-1982
　　　　팩스 (02) 335-1316
　　　　전자우편 prpub@hanmail.net
　　　　블로그 blog.naver.com/prpub
　　　　등록 2003년 4월 3일 제25100-2003-392호

ISBN 979-11-88990-01-6 93910

이 도서의 국립중앙도서관 출판시도서목록(CIP)은
e-CIP 홈페이지(http://www.nl.go.kr/ecip)와 국가자료공동목록시스템
(http://www.nl.go.kr/kolisnet)에서 이용하실 수 있습니다.
(CIP제어번호: CIP2018008808)

* 이 저서는 2008년 정부(교육과학기술부)의 재원으로 한국연구재단의 지원을
받아 수행된 연구임(NRF-2008-361-A00005).
This work was supported by National Research Foundation of Korea Grant
funded by the Korean Government(NRF-2008-361-A00005).